面向 21 世纪电子政务专业核心课程系列教材

全国高等院校电子政务联编教材

电子政务建设与管理

Construction and Management of E-Government Affair

刘邦凡　编著

内 容 提 要

本书包括绪论在内共 14 章。内容主要涉及电子政务建设与管理的基本概念、电子政务建设原则、电子政务建设的管理体制与方法、电子政务的建设模式、电子政务建设的规划管理、电子政务建设的技术设计、电子政务的建设成本与项目预算、电子政务建设的项目招标与投标、电子政务建设的项目监理、电子政务基础平台建设、电子政务网络设备的选用与管理、电子政务建设的制度、中央电子政务建设与管理、地方电子政务建设与管理等。

阅读本书，能帮助读者基本掌握我国现阶段电子政务建设与管理的基础知识、基本技能和主要方法。该书适宜高等院校电子政务专业和相关专业作为教材使用，也适宜爱好电子政务的读者阅读。

图书在版编目（CIP）数据

电子政务建设与管理/刘邦凡编著．—北京：北京大学出版社，2005.6
（面向 21 世纪电子政务专业核心课程系列教材）
ISBN 7-301-08839-6

Ⅰ．电… Ⅱ．刘… Ⅲ．电子政务—高等学校—教材 Ⅳ．D035.1-39

中国版本图书馆 CIP 数据核字（2005）第 031079 号

书　　　名：	电子政务建设与管理
著作责任者：	刘邦凡　编著
责 任 编 辑：	黄庆生　桂春
标 准 书 号：	ISBN 7-301-08839-6/D·1136
出　版　者：	北京大学出版社
地　　　址：	北京市海淀区成府路 205 号　100871
电　　　话：	邮购部 62752015　发行部 62750672　编辑部 62765013
网　　　址：	http://cbs.pku.edu.cn
电 子 信 箱：	xxjs@pup.pku.edu.cn
印　刷　者：	北京大学印刷厂
发　行　者：	北京大学出版社
经　销　者：	新华书店
	787 毫米×1092 毫米　16 开本　13.75 印张　328 千字
	2005 年 6 月第 1 版　2005 年 6 月第 1 次印刷
定　　　价：	24.00 元

前　言

近几年来，关于电子政务理论与实践的研究为学术界广泛关注，不仅发表了大量研究论文、实践报告，而且出版了不少著作，但这些著作大多是从总体上或整体上论述的电子政务理论与实践的，少有专业化、课程化的著作。我国一些高校已经开设"电子政务"的本科专业，需要专业化和课程化的著作作为教材。本书正是围绕电子政务一个重要方面——"建设与管理"而编写的专著性质的教材。

所谓电子政务建设，不外就是指建立起"电子政务"这一新事业或新设施的过程以及已经建立起的"电子政务"事业或设施。电子政务建设的基本理念是"三分电子，七分政务"，重心与重点在于"政务"建设，即公共行政学关心的学术领域，同时也不能忽略"电子"的建设，即信息科学所关心的技术领域。

所谓的"管理"概念，更应该是"管制和服务"。在理想化的"管理"中，"管制"是管理的理性化和法制化成分，而"服务"是管理的人性化和非理性成分；"管制"在管理中比重不超过三分之一，而"服务"却应该在三分之二以上。因此，管理的着重点在于"服务"，而不是管制。所谓电子政务管理，不过就是针对电子政务的管制与服务而已。

围绕以上两个基本理念，本书从宏观和微观的层面都展开了讨论，同时也讨论了电子政务建设的管理问题。

课题研究，需要注意研究方法的选择和使用。本书除了应用通常所使用的研究方法（如文献检索、联系实践等）之外，特别注重文化诠释与历史概括研究方法的应用。作者一直认为，文化诠释与历史概括是社会科学研究的主要和重要研究方法，这不仅在于一切社会科学知识都是历史的和文化的，只有从文化和历史的维度解读和理解知识，才能从本质上把握知识的特定内涵与外延，而且在于社会科学研究的价值归属更以获得思想解放为宗旨，只有从文化与历史的层面考察知识，才能从思想上把握知识之理、获得思想解放。因此，本书对一些概念的解释，不囿于他人的观点，而是注重文化诠释与历史分析。这也许是本书的一个特点。

教材不同于阐发个人思想的专著，本书也大量吸收了一些著作和论文的观点，力求使读者通过该书的阅读能总体上把握我国电子政务建设与管理方面的知识、理论与方法。当然由于作者水平有限、时间仓促，不论是文献引用、语言文辞上，还是在知识概括、观点阐发上，难免还有错误存在，敬请读者批评指出，定在本书再版时修正。

作　者
2005 年 5 月

目　　录

绪论 1
  0.1　电子政务与电子政务建设 1
    0.1.1　什么是电子政务 1
    0.1.2　"电子政务"是什么 2
    0.1.3　什么是电子政务建设 3
  0.2　电子政务管理的内涵与外延 5
    0.2.1　什么是电子政务管理 5
    0.2.2　电子政务管理管理什么 6
  0.3　电子政务的研究方法 9
  0.4　电子政务建设与管理的价值 11

第1章　电子政务建设原则 14
  1.1　应用原则 14
  1.2　方向原则 15
    1.2.1　宏观方向原则 15
    1.2.2　微观方向原则 17
  1.3　经济原则 18
  1.4　效益原则 19
  1.5　规划、实施、监理三结合原则 20
  1.6　标准、开放、安全三前提原则 22
  1.7　系统原则 23
    1.7.1　电子政务是一个不同于传统政务的政务系统 23
    1.7.2　电子政务是一个信息系统 25

第2章　电子政务建设的管理体制与方法 27
  2.1　电子政务建设管理体制 27
    2.1.1　电子政务的本质是利用现代通信技术的政务创新 27
    2.1.2　因地制宜地确立电子政务管理体制 28
    2.1.3　我国电子政务管理体制的基本结构 28
    2.1.4　明确管理机构职能 28
  2.2　电子政务建设管理方法 29
    2.2.1　管理的三阶段 29
    2.2.2　电子政务"三好三差" 29
    2.2.3　转变的核心是转轨 30
  2.3　电子政务建设项目的组织与管理 30

第3章 电子政务的建设模式 34
3.1 电子政务建设模式的概念与分类 34
3.1.1 什么是模式 34
3.1.2 如何设计模式 34
3.1.3 模式的价值与思想 35
3.1.4 电子政务建设模式的选择 35
3.1.5 电子政务建设模式的类型 37
3.2 电子政务建设的项目模式 37
3.2.1 自建模式 37
3.2.2 外包模式 38
3.3 电子政务建设的管理模式 40
3.3.1 电子政务建设的目标模式 40
3.3.2 "双棱柱"发展模式 42
3.3.3 企业型的新加坡模式 42
3.3.4 地方模式 44

第4章 电子政务建设的规划管理 47
4.1 电子政务建设的整体规划 47
4.1.1 国家层面电子政务建设规划的设计 47
4.1.2 地区性、行业性或地方电子政务建设整体规划 50
4.2 电子政务建设的阶段规划 51
4.3 电子政务建设的项目规划 52
4.3.1 电子政务建设项目规划的重要性 52
4.3.2 项目规划的设计步骤 52
4.3.3 电子政务建设项目规划的管理 54
4.4 电子政务建设的项目管理 56
4.4.1 项目管理的重要性 56
4.4.2 我国电子政务项目管理有待加强 57
4.4.3 国外电子政务项目建设经验 57
4.4.4 电子政务建设项目管理的四大要素 58

第5章 电子政务建设的技术设计 59
5.1 信息开发技术设计 59
5.1.1 概论 59
5.1.2 电子政务系统软件设计原则 60
5.1.3 电子政务的解决方案 61
5.1.4 上网方式的选择 62
5.2 电子政务安全技术设计 63
5.2.1 概论 63
5.2.2 防火墙技术 64
5.2.3 防水墙技术 65
5.3 电子政务顶层设计 66

5.3.1　什么是电子政务顶层设计 66
　　5.3.2　电子政务顶层设计的对象 66
　　5.3.3　电子政务顶层设计出发点 67
　　5.3.4　电子政务顶层设计的作用 68
　5.4　电子政务操作平台设计 69
　　5.4.1　办公操作平台的设计 69
　　5.4.2　网站建设的初步设计 73
　　5.4.3　网站设计 75
　　5.4.4　邮箱使用 75
　　5.4.5　网络会议的设计 76
　　5.4.6　文件传输（FTP） 76
　　5.4.7　网络与网页下载 76

第6章　电子政务的建设成本与项目预算 78
　6.1　电子政务建设成本 78
　6.2　电子政务建设经费的筹集 78
　6.3　电子政务项目经费的预算 81
　　6.3.1　预算的基本知识 81
　　6.3.2　项目预算的基本知识 82
　　6.3.3　电子政务项目预算的基本原则 83
　　6.3.4　电子政务项目预算的基本方法 85

第7章　电子政务建设的项目招标与投标 87
　7.1　有关招投标的基本知识 87
　7.2　招标前的基本准备 87
　　7.2.1　招标前的项目确定 87
　　7.2.2　招标文件的编写 88
　7.3　电子政务建设项目招标书例 89
　7.4　电子政务建设项目的投标 90
　　7.4.1　投标书的编制 90
　　7.4.2　投标取胜的技巧 92
　7.5　电子政务建设项目招标管理与评标 95
　　7.5.1　电子政务建设项目招标管理 95
　　7.5.2　电子政务建设项目评招 96

第8章　电子政务建设的项目监理 99
　8.1　什么是项目监理 99
　8.2　电子政务工程项目监理制度 99
　　8.2.1　建立电子政务工程项目监理制度 99
　　8.2.2　电子政务工程项目监理制度的框架 102
　　8.2.3　电子政务工程项目监理法律制度 102
　8.3　电子政务项目工程的监理 103
　　8.3.1　电子政务工程监理与项目管理 103

8.3.2 监理工作的依据 104
8.3.3 监理工作的内容 104
8.3.4 监理工作对象与领域 106
8.3.5 电子政务工程项目监理的特殊性 107
8.3.6 监理工作的管理与规范 108

第9章 电子政务基础平台建设 110
9.1 什么是电子政务基础平台 110
9.2 电子政务主机平台建设 111
    9.2.1 实体主机平台建设 111
    9.2.2 虚拟主机平台建设 111
9.3 电子政务网络平台建设 112
9.4 电子政务智能大厦建设 114
    9.4.1 智能大厦与综合布线 114
    9.4.2 电子政务机房建设 116
9.5 政府门户网站建设 117
    9.5.1 什么是政府门户网站 117
    9.5.2 政府网站建设的基本原则和步骤 119
    9.5.3 国外政府门户网站建设 121
    9.5.4 我国政府门户网站建设 123
    9.5.5 我国政府门户网站的评价指标 125
9.6 电子政务软件平台建设 126
    9.6.1 软件平台的相关概念 126
    9.6.2 软件的开发与管理 127
9.7 电子政务资源库建设 128
    9.7.1 电子政务资源库的内涵 128
    9.7.2 建设电子政务资源库的价值 128
    9.7.3 电子政务资源库的建设方略 130

第10章 电子政务网络设备的选用与管理 133
10.1 网络服务器的选购与管理 133
    10.1.1 什么是网络服务器 133
    10.1.2 网络服务器分类 133
    10.1.3 网络服务器选用 134
10.2 网络工作站的选购与管理 134
10.3 网卡的选购与管理 135
10.4 集线器的选购与管理 136
    10.4.1 什么是集线器 136
    10.4.2 集线器类型 137
    10.4.3 局域网集线器选择 137
10.5 交换机的选购与管理 139
    10.5.1 网络交换机 139

10.5.2 交换机类型 140
 10.5.3 交换机选用 144
10.6 路由器的选购与管理 145
 10.6.1 什么是路由器 145
 10.6.2 路由器分类 146
 10.6.3 路由器的选用 147
10.7 中继器和网桥的选购与管理 148
 10.7.1 中继器的概念与选用 148
 10.7.2 网桥的概念与选用 149
10.8 防火墙的选购与管理 151
 10.8.1 防火墙的特征 151
 10.8.2 防火墙类型 151
 10.8.3 防火墙选用 153
10.9 其他网络设备的选购与管理 154
 10.9.1 Modem 154
 10.9.2 综合布线设备 156
 10.9.3 UPS 157

第11章 电子政务建设的制度 158
11.1 电子政务建设的政治制度 158
 11.1.1 政治对电子政务的推动 158
 11.1.2 网络政治与电子政务 159
 11.1.3 我国政治制度与电子政务发展 162
11.2 电子政务建设的技术制度 162
 11.2.1 我国电子政务建设技术制度的背景 162
 11.2.2 我国电子政务建设技术制度的机构 163
 11.2.3 我国电子政务建设技术制度建设过程 164
 11.2.4 我国电子政务建设技术制度的框架 165
11.3 电子政务建设的政府制度 166
 11.3.1 政府管理制度 166
 11.3.2 电子政务人员培养制度 167
 11.3.3 基础环境建设制度 167
 11.3.4 电子政务运行安全制度 168
 11.3.5 信息普及制度 169
11.4 电子政务建设的法律制度 169
 11.4.1 概论 169
 11.4.2 电子政务法律制度建设的基本原则 170
 11.4.3 电子政务法的体系 171
 11.4.4 我国电子政务立法现状 173

第12章　中央电子政务建设与管理 175
12.1　中央政府概论 175
12.1.1　政府与中央政府 175
12.1.2　我国国家机构概论 175
12.1.3　中国中央行政机关机构设置 178
12.2　中央政府门户网站建设 179
12.2.1　中央政府门户网站建设的重要意义 179
12.2.2　中央政府门户网站的建设原则 179
12.2.3　中央国家机关门户网站运行情况 180
12.3　政府上网工程建设与管理 181
12.3.1　什么是政府上网工程 181
12.3.2　政府上网工程的启动 182
12.3.3　政府上网的意义 183
12.3.4　政府上网工程的主要内容 183
12.3.5　政府上网工程的实施 184
12.4　金字工程建设与管理 186

第13章　地方电子政务建设与管理 188
13.1　地方政府概论 188
13.1.1　什么是地方政府 188
13.1.2　地方政府的特点 189
13.1.3　地方政府的类型 189
13.1.4　我国地方行政区域的结构和框架 190
13.2　地方电子政务建设总体思路 192
13.2.1　目标明确而适用 192
13.2.2　正确把握需求与应用的关系 192
13.2.3　讲求建设策略 193
13.2.4　注重"第三方专业服务" 194
13.2.5　克服软件建设弊端 195
13.3　省级电子政务建设与管理 197
13.3.1　我国省级政府网站建设现状 197
13.3.2　省级电子政务外网建设 204
13.3.3　省级电子政务建设经验 206
13.4　地、县电子政务建设与管理 206
13.4.1　地、县电子政务建设与管理概况 206
13.4.2　地、县电子政务建设经验 208
13.5　基层电子政务建设与管理 208

后记 210

绪　　论

0.1　电子政务与电子政务建设

0.1.1　什么是电子政务

电子政务于20世纪90年代兴起。1993年美国克林顿政府提出"电子政务"概念；2002年12月17日，美国总统布什签署了"2002电子政务法案"；2003年4月17日成立的白宫电子政务办公室公布了实现领导人电子政务管理议程《电子政务战略》白皮书；2004年1月CDT（中央时区）与美国技术委员会举办了关于机读隐私政策的论坛。随着电子政务实践的展开，电子政务理论逐步形成，这一理论涉及到信息学、计算机科学等自然科学领域和管理学、政治学、经济学、社会学、法学与伦理学等社会科学领域，更受到公共管理学界的关注。目前，从事电子政务理论与实践研究的专家、学者正致力于将其发展为电子政务学。

关于"电子政务"的概念，目前有多种说法。例如：电子政府、网络政府、政府信息化管理等。真正的电子政务绝不是简单的"政府上网工程"，更不是为数不多的网页型网站系统。"电子政务"一词是相对于传统政务和电子商务而言的。原国务院总理朱镕基2002年3月5日在《政府工作报告》中说："加快政府管理信息化建设，推广电子政务，提高工作效率和监管有效性。"这是我国政府首次对"电子政务"概念的认可，从而逐渐使人们对这一概念有了比较明晰的认识。

简单地讲，电子政务就是指政府机构的政务处理电子化，即运用电子化手段实施的政府管理或公共管理工作，应该是Electronic Government Affair[1]或Electronic Governmental Affairs，简写为E-Government Affair。

严格地说，所谓电子政务，就是政府机构应用现代信息和通信技术，将管理和服务通过网络技术进行集成，在互联网上实现政府组织结构和工作流程的优化重组，超越时间和空间及部门之间的分隔限制，向社会提供优质的和全方位的、规范而透明的、符合国际水准的管理和服务。

如果更细致的理解电子政务的概念，还可以有广义、中义与狭义之分[2]。

（1）广义的电子政务是指一个国家的各级政府机关或有关机构以电子化的手段处理各类政府事务，以及其他组织与组织、机关与机关、机构与机构之间的管理事务的交互处理，

---

[1] 有些书上"电子政务"的英文是Electronic Governance或E-governance，我们以为不妥。对于E-Business、E-Commerce二词，通常人们翻译为"电子商务"，尽管现在汉语的"电子政务"一词最初来源于美语的E-Government一词，但在我国电子政务实践中，E-Government不能代表我国现行的"电子政务"概念。另外，英文E-governance更应该对应于汉语的"电子治理"一词。

[2] 主要参考：娄策群. 电子政务与电子商务的关系. 华中师范大学学报（人文社会科学版），2002.2.54-59.

包括：

① 政府机构及其工作人员通过电子方式或从网上获取信息；

② 政府信息资源形式的数字化、管理的自动化和发布的网络化；

③ 政府机关内部办公自动化（含电子公文管理、会议与领导活动管理自动化、机关事务管理自动化、决策支持系统的应用）；

④ 政务的网上交互式处理（含网上公文传递，网上项目申请、审批和注册，网络会议，电子福利支付，电子税务，公民参与公共决策，网上选举，网上民意调查，公务员网上招聘，网上公共事业服务等）；

⑤ 政府网上采购；

⑥ 组织（机关、机构）管理事务的交互式处理。

广义的电子政务不仅包括电子政府主要工作内容，而且也包括企业之间、社会组织之间的政务处理。

（2）中义的电子政务是指采用电子方式进行的政府管理工作，主要包括政府机关内部办公自动化和政务的网上交互式处理。但由于现代政府的管理越来越依赖于信息资源的开发与利用，政府信息发布也是政府管理中必不可少的工作，因此，中义的电子政务还可以包括政府部门以电子方式获取、管理和发布信息。

（3）狭义的电子政务仅仅指在计算机网络上进行的政府管理活动，即在计算机网络上进行的政务交互式处理。

0.1.2 "电子政务"是什么

电子政务是一个系统工程，应该符合三个基本条件：

（1）电子政务是必须借助于电子信息化硬件系统、数字网络技术和相关软件技术的综合服务系统。

① 硬件部分：包括内部局域网、外部互联网、系统通信系统和专用线路等。

② 软件部分：大型数据库管理系统、信息传输平台、权限管理平台、文件形成和审批上传系统、新闻发布系统、服务管理系统、政策法规发布系统、用户服务和管理系统、人事及档案管理系统、福利及住房公积金管理系统等等数十个系统。

（2）电子政务是处理与政府有关的公开事务，内部事务的综合系统。包括政府机关内部的行政事务以外，还包括立法、司法部门以及其他一些公共组织的管理事务，如检务、审务、社区事务等。

（3）电子政务是新型的、先进的、革命性的政务管理系统。电子政务并不是简单地将传统的政府管理事务原封不动地搬到互联网上，而是要对其进行组织结构的重组和业务流程的再造。因此，电子政府在管理方面与传统政府管理之间有显著的区别。

进一步分析"电子政务"的概念，需要特别注意以下几点。如前所述，电子政务对我们来说还是一项崭新的事业，因此无论在认识上还是实践中都难免存在一些误区，需要我们理清思路，准确把握。

① "电子政务"中的"政务"是核心，"电子"是手段。国内外电子政务建设实践充分表明："电子政务"中的关键是"政务"，而非"电子"，电子仅仅是手段。因为，电子政务是一场改革，在某些方面甚至是一场革命。没有强有力的政治领导，个人和集体利益就

无法触动，利益冲突就无法协调，标准规范无法统一，系统无法一体化，资源无法共享，重复建设就无法避免。那种把电子政务建设仅仅当作是技术人员的事，认为给了钱、物、人，开发一个信息系统，事情就可以办成的认识和做法是达不到预期目的或者说根本就不会成功的。

② 电子政务不仅仅是政府业务的全面"无纸化"。实施电子政务可以实现政府工作的"少纸化"，从而降低政府业务运行的成本。这是电子政务建设众多目标之一，电子政务建设还有诸如加强对政务的监管、政务流程的优化、提高企业和公众的满意度等重要的目标。此外，我国特殊的国情（农村人口众多）决定了人人上网在我国存在巨大的困难，这就是所谓的"数字鸿沟"问题。因此，在我国实现政务业务全面"无纸化"是不符合实际的，只能是"少纸化"。

③ 电子政务不只是政府现有业务的电子化、网络化。目前，在电子政务中存在以下两种认识：电子政务就是把现行政府职能进行电子化、网络化，用计算机信息系统去模仿传统的手工政务处理模式，这就等于固化和强化了现有政府结构，从而不利于政府业务流程的优化和改造。电子政务就是政府上网，只要把政府的政策、法规和条例搬上网络就万事大吉了。上述两种认识都没有把政府信息化与政府职能转变有机结合起来，只注重信息手段而忽视了政府业务流程的改进，而电子政务建设的核心是对政务流程通过电子化、网络化手段实现现代化。

④ 电子政务不是包治百病的"灵丹妙药"。电子政务是当前我国政府信息化的主要方面，但它不是万能的，不可能解决所有的问题。一方面由于部分政府业务的特点和来自信息技术发展水平的制约，有些政府部门的业务还不可能做到完全电子化；另一方面电子政务不可能解决政府在以往工作过程中存在的所有问题。因此，更加重要的是在所有政府工作人员中牢固树立为人民服务的观念，完善各种法规制度，在此基础上的电子政务建设才能实现预定的目标。

通常，容易与电子政务相混淆的概念主要有电子政府（E-Government）、办公自动化（Office Automation 或 OA）、政府上网、政府信息化、电子商务（E-Business 或 E-Commerce）、电子社区（E-Community）和电子治理（E-Governance）。我们可以用一个简单的图示来表示几个概念之间的关系，见图0-1。

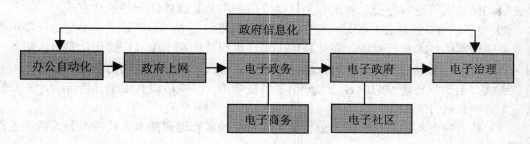

图 0-1　电子政务相关概念的关系

0.1.3　什么是电子政务建设

什么是建设？"建设"一词在古汉语中就有，其义是"设置"、"创立"，《汉书·叙传下》说："建设藩屏，以强守围"，或是"陈设"、"布置"，《礼记·祭义》曰："建设朝事"。只不过，古汉语中"建设"一词的使用，远没有现今汉语使用之频繁。而使用这样之频繁，与社会发展和西方文化输入有密切关系。现今汉语词典中对"建设"一词的解释是：作为动词，指"创立新事业或增加新设施"；作为名词，指"创立的新事业或增加的新设施"。这样的解释英文词语"build"和"construct"意义相通。"build"和"construct"都可以是动词也可以是名词，"build"的含义主要是"To form by combining materials or parts, construct"（通过组合材料或部分构筑而成；建造）、"To increase or strengthen by adding gradually to"（增加，加强逐步增加，逐步加强）；"construct"的含义主要是"To form by assembling or combining parts, build"（建造通过装配或组合部件而构成，建造）。

由此，所谓电子政务建设，不外就是指建立起"电子政务"这一新事业或新设施的过程以及建立起的"电子政务"事业或设施。

电子政务建设的基本理念是"三分电子，七分政务"，重心与重点在于"政务"建设，即公共行政学关心的学术领域，同时也不能忽略"电子"的建设，即信息科学所关心的技术领域。

基于目前我国电子政务建设状况，电子政务建设应该从三个角度来突破。

（1）技术角度：

① 电子政务是建立在计算机应用基础之上的，运行在网络环境下的政府事务处理流；

② 电子政务是政府利用国内、国际互联网对公民信息传递和提供服务；

③ 电子政务是基于现当代信息科学技术和通讯技术的适时应用。

（2）行政视角：

① 电子政务是指国家机关在政务活动中全面应用现代信息技术进行管理和办公，以及为社会公众提供服务。

② 电子政务是政府机关采用现代信息技术，开发应用信息资源，调动人力资源信息潜能，建立与之相适应的组织模式、管理方式和工作流程，推进政务管理现代化建设，并为公众提供贴近式优质服务的过程。

（3）社会视角：

① 电子政务是指公共管理组织在政务活动中，全面应用现代信息技术、网络技术以及办公自动化技术等进行办公、管理和为社会提供各种公共服务的一种治理方式。

② 电子政务，就是公共管理部门应用现代信息和通信技术，将管理和服务的一项项具体业务通过网络技术进行集成，在互联网上实现组织结构和工作流程的优化重组，超越时间、空间与部门分隔的制约，全方位地向社会提供优质、规范、透明的管理和服务。

当然，电子政务建设的内容是十分丰富而复杂的，从现阶段我国整体情况看，主要注重三个方面来展开。

（1）政府内部利用现代化的办公设备、计算机技术和通讯技术来代替办公人员手工作业的办公自动化。

（2）开通政府网站发布信息、提供一站式"在线服务"，推动政府与社会政务活动的政府上网。

（3）实现政府机构内部以及机构之间联网办公，进而形成以信息和技术为依托，以实现完善的政府服务为目标的"虚拟政府"（virtual government）即电子政府。

（4）实现包括电子民主、电子投票和在线参与政治活动在内的、涉及政府、公民参与、政党组织、国会和司法的电子治理。因此，电子政务建设，总体上是一个运用信息技术手段改造政府、提升管理的有效性以满足社会和公众，促进社会经济发展的政府信息化过程。

0.2 电子政务管理的内涵与外延

0.2.1 什么是电子政务管理

什么是管理？这正如有人①所说："关于管理的讨论从来不会停留在一个结论上面，而是会不断延伸，它是一个开放的体系，将来还会有一系列内容。因为无论我们现在领会了多少，关于管理的探讨也将永无止境。"因此，对于"管理"概念的讨论也是难以得出公论或共论的。我们在这里不妨从文化的角度来对"管理"概念作一个最基本的认知。

不但"管理"概念在中国古代文献中没有，而且就是"管理"一词，在中国古代典籍也很少出现。在我国古代文献中"管"与"理"多是分别出现的。

古文的"管"实为"筦"，其义首先是指叫"筦"这种乐器（《诗·商颂·那》有："嘒嘒管声。"），后泛指细长的圆筒形物体。后逐渐引申为"钥匙"（《左传·僖公三十二年》："郑人使我掌其北门之管"。），枢要（《荀子·儒效》："圣人也者，道之管也。"），管理、管辖（韩愈《清河郡公房公墓碣铭》："管有岭外十三州之地"。），过问、顾及（黄庚《江村》诗："十分秋色无人管"。），保证、包管（《西游记》第四十九回:"管你不费事。"）关涉（《红楼梦》第二十八回："凭他谁叫我裁，也不管二爷的事。"）等意思。事实上，现代汉语的"管"字，其含义与古文"管"字含义相差不多，只不过更多时候与"理"联系起来而已。

"理"在古汉语中，有多义：治玉（亦引申为"治疗"），玉石的纹路（引申为"物的纹理或事的条理"）、道理、名分、吏、顺（赞许）、答（顾）、温习等。现今汉语的"理"在古义上增加了多种含义：管理、办理、治理、整理等，同时还指宋明理学的"理"、科学中的"理"（学科的理性）。

管理的英文词是"administer"，被解释为"to manage; to have charge of; to serve out; to give or apply in a formal way; to mete out; to dispense; to minister; to impose, offer, or tender"。对应的汉语词义有"管理"、"给予"、"给与"、"执行"、"掌管"、"处理"、"指导"、"分配"、"照料"、"治理"、"看护"、"照料"、"施行"、"实施"等。

由此，从语言文化的角度看，"管理"一词有"负责"、"管辖"、"处理"、"保管"、"料理"、"照管"等义，是指人们对一定范围内的人员及事务进行安排和处理，以期达到预定目标的活动。简单的说，所谓管理就是对人与物的照管与梳理，使之合乎自然（社会的、政治的、经济的、文化的等等）。

同时，我们认为现今所谓的"管理"概念，更应该是"管制"加"服务"。那么，什么是管制？什么是服务？

"管制"是我国法律条文中一个概念，"管制"是由人民法院判决，对犯罪分子不予

---

① 玛格丽塔、斯通（李钊平译），什么是管理，电子工业出版社，2004.

关押，在一定期限内限制其一定自由，交由公安机关管束和监督的一种刑罚方法。管制是我国刑法规定的五种主刑之一，是主刑中最轻的刑罚。我们在这里取用这一概念，并不是直接使用其义，而喻用其义：管束和监督的进行，都需要以一定的制度为前提或假设，都有时间的预定（有开始、有结束）但不是永远，都具有一定强制性但不是统治和镇压只是轻微的处罚。总之，管理，是对被管理者的行为或行动的一种强制导向与监督，是对被管理者行动不满意的处罚，如果被管理者的行动已经达到令人满意的程度，那么也就不再需要管理。

"服务"的英译是 service，service 的词源是 servus（slave），servus（slave）是"奴隶"的意思，可见所谓"服务"，如果夸张的说，就是"做奴隶"，就是"为他人工作、劳动，而自己无所得"。因此，"服务"可以理解为不以索取为前提、不图回报的为他人（个体或集体）工作的行为。服务，更确切地说是一个由服务的辅助设施、载体、显性服务及隐性服务四方面组成的"服务包"（service package）。在"服务包"中，服务的辅助设施表示服务的物质条件的支持，即政府提供或生产服务的物理环境；服务的载体表示服务的中心内容，服务本身就是这个载体的附属品；显性服务表示可以显现出来的服务内容及其表现出来的给"消费者"带来的利益；隐性服务表示隐藏在"消费者"潜意识中的对服务主体的认可和对服务的感受，这直接关系到"消费者"对于服务的反馈和评价。政府提供服务的同时，也就是"服务包"中的各要素共同运作的过程。每个要素都与服务的质量息息相关。

在理想化的"管理"中，"管制"是管理的理性化和法制化成分，而"服务"是管理的人性化和非理性成分；"管制"在管理中比重不超过30%，而"服务"却应该在70%以上。因此，管理的着重点在于"服务"，而不是管制。由此，所谓电子政务管理，不过就是针对电子政务的管制与服务而已。

0.2.2 电子政务管理管理什么

电子政务管理管理什么呢？

管理的基本要素是管理者、管理对象，以及保证管理在管理对象中发生作用的手段、技术、方法和物质载体（可以概括为"管理载体"）。管理是一个体系，是管理者、被管理者、相应的物质载体，以及管理手段、技术和方法构成的组织系统。事实上，我国现今在针对电子政务管理问题上，还存在众多问题，集中反映在没有解决电子政务的管理体制问题，即没有一个针对管理者、管理对象和管理载体的明确界定和运行机制。

目前国内电子政务管理体制存在四种形式：一是成立各种形式的领导小组及办公室（临时机构）；二是成立专职机构，如信息办、信息产业厅（局）、省市信息中心；三是落实到一个政府部门机构来负责，如科技局、计委；四是由各级办公厅（室）处室管理。

这些管理机构的设置都在很大程度上推进了电子政务的发展，但是这并不完全符合现阶段电子政务发展的要求，其中主要的问题就是：这些机构定位是否合理？作用职能是否到位？

产生这些主要问题的原因，首先是政出多门，多个机构步调不一致。前两年，地方根据上级有关机构意见，下文通知各市（区）县政府一律停建缓建政务信息化建设项目，但是同期上级有关部门又要求各地抓紧建设，这使地方政府无所适从。其次是临时机构规格很高，但主管日常工作的可能就是一个处级机构，临时机构又不是正式行政机构，政府目标考核也不明确，这导致实际协调、推进的效果很不理想。新设立的很多专职机构由于起步规格不高，实际上都是挂在一个政府部门，对现阶段电子政务全局性工作的作用往往不能到位。办公厅（室）系统的机构往往行政职能不到位，也不能发挥应有的作用。因此，电子政务管理体制问题到了急需解决的地步，需要以现行中国政府的管理体制为前提，适时建立合理的电子政务管理体制，设置相应的管理机构。由此，应该明确以下四个问题：

（1）认清电子政务本质。尽管人们对于电子政务的定义很多，但这样观点已经为绝大多数人所认可：电子政务中的关键是"政务"，而不是"电子"，在电子政务中，"政务"是主体、是内容、是灵魂，而"电子"是手段，是为革新和改进政务服务的。在现行体制里，各级、各部门的办公厅（室）是行政的枢纽，电子政务的管理机构应该设置在这里。

（2）因时因地确定管理体制。电子政务管理体制是由电子政务应用发展阶段决定的，而决定电子政务发展阶段的主要因素有：行政、经济、社会、技术等。在行政方面，由于我国是从计划经济体制下发展过来的，计划经济体制的烙印还随处可见，如政府各部门之间职能交叉、审批过多、行政流程不合理、政府决策科学性差、对政府行为缺乏监督等等。在这样的情况下，要迅速实现电子政务要求的"一站式"、"一体化"服务确实还存在很大困难。而电子政务是透明的，为公民提供服务是必须的。我国还处于社会主义初级阶段，在部分地区，为民服务意识还不够，电子政务仅仅作为形象工程。因此造成的结果是，电子政府步履艰难，很多应用形式与内容不符：网上处理事务本身应该增加透明度、公平性，但由于现在办事讲关系，在网上的只是形式，实际操作却是在网下。在社会方面，我国的互联网用户虽然以指数级增长，但是互联网普及率仅在个位数。这表明我国的电子政务还不可能大范围地为普通市民所接受。

（3）现阶段需要的管理体制。一级政府的电子政务管理体制包括：协调小组、管理职能机构、咨询机构、各部门的专职机构、参与的企业这些组成部分。

① 需要一个电子政务协调小组，协调小组实际体现领导建设电子政务的意图，各级领导如果不能对管理现状具有深刻的洞察力和理解，就不能在较高的层次、开阔的视野里对管理现状开展批判性、建设性反思，就只能仅仅停留在工具层面，电子政务的潜力将无从发挥，电子政务的意义会大打折扣。各级领导要站在建设社会主义政治文明的高度、站在实现"执政为民"宗旨的层面上，有政府管理的标准和绩效意识，并落实在具体制度中。

② 电子政务管理机构应该是各级政府办公厅（室）领导兼任的行政机构。这样，责权才能与现在面临的信息资源整合，与为社会提供各类服务相对应，因其行政范围涉及一级政府的各项政务，也可以使技术与政务有效的结合。如果机构负责人不是办公厅（室）领导，那跨越部门工作就只有通过协调小组来实现，但往往这是一个临时机构，因此就可能事倍功半，以至不能实施到位。

③ 实施机构可以是各部门的信息中心或者服务外包企业。由于政府往往没有真正的权威专家，因此在立项、开发和合作方式、规划进程及费用等方面缺乏科学的论证咨询，这是需要我们在实施过程中始终注意的问题。

（4）定位管理机构职能。电子政务管理机构主要是负责解决、协调电子政务建设中的重大问题，督促检查工作，并建立科学的审议和评估机制。它首先要处理好与市场的关系；其次要协调好电子政务管理机构在垂直方面的关系；最后是人员，管理机构、实施机构迫切需要两栖人才，既懂政务又懂技术。目前公务员队伍的素质还不够高，这已经成为制约我国电子政务发展的"瓶颈"。电子政务很大程度上是应用，人员的情况决定了电子政务推广的进度。

发展电子政务涉及很多问题，但管理体制是电子政务走向制度化、规范化的重要保证，其中管理机构又是基础。

我国目前还没有出台针对"电子政务管理"的国家层面制度和法规，但一些地方政府已经出台一些针对"电子政务管理"的法规，如2004年6月21日经天津市人民政府第30次常务会议通过的《天津市电子政务管理办法》从8月1日起实施。《天津市电子政务管理办法》共分为30条，条例对天津市电子政务的实施、管理、奖惩及发展等作了详细的规定。在条例中指出，天津市将建立统一的电子政务顶层网络平台。电子政务顶层网络平台由政务外网、政务内网和政务门户网站三部分组成；政务外网主要为行政机关之间非涉密政务信息交换和业务互动提供网络支持；政务内网主要为行政机关之间涉密政务信息的交换提供网络支持；政务门户网站由市人民政府主网站和各行政机关子网站构成，是通过互联网直接面向社会提供服务的交互式信息网络平台。在条例中指出，所称电子政务，是指行政机关应用信息与网络技术，将管理和服务集成，实现组织结构和工作环境的优化，向社会提供规范、透明、高效、便捷的公共管理与服务的活动；天津市政府将建立政务信息交换机制；在市人民政府的统一协调下，由市信息化主管部门汇总编制政务信息资源共享目录，制定政务信息交换计划，报市人民政府批准后实施；各行政机关应当按照政务信息交换计划，通过统一的电子政务平台，提供、交换政务信息。在条例中，还详细规定了属于行政机关应当主动向社会公开的政务信息和免于公开的信息的范畴。

例：天津市电子政务管理办法

第一条　为了推动本市电子政务工作，提高政府公共管理水平，促进国民经济持续发展和社会全面进步，根据有关法律、法规的规定，结合本市实际情况，制定本办法。

第二条　在本市从事电子政务及其相关活动，应当遵守本办法。

第三条　本办法所称电子政务，是指行政机关应用信息与网络技术，将管理和服务集成，实现组织结构和工作环境的优化，向社会提供规范、透明、高效、便捷的公共管理与服务的活动。

本办法所称行政机关，是指各级人民政府及其工作部门、法律法规授权具有公共管理职能的组织和依法接受委托从事公共管理活动的其他组织。

第四条　开展电子政务工作，应当遵循加强领导、统筹规划、统一标准、资源共享、信息公开和保障安全的原则。

第五条　市信息化主管部门负责本市电子政务工作的综合协调和监督管理工作。

其他各行政机关按照各自职责，根据市人民政府的统一部署，做好电子政务相关工作。

第六条　市和区、县人民政府应当加强对电子政务工作的领导，将电子政务建设纳入本级国民经济和社会发展计划，建立领导责任制，推动电子政务发展。

第七条　市信息化主管部门会同有关部门，根据国家电子政务总体规划和本市实际情况，制定本市电子政务发展规划，报市人民政府批准后实施。

区、县人民政府和政府各部门可以根据本市电子政务发展规划制定本地区或者本部门电子政务建设规划，报市信息化主管部门备案后实施。

第八条　本市建立统一的电子政务顶层网络平台。

电子政务顶层网络平台由政务外网、政务内网和政务门户网站三部分组成。

政务外网主要为行政机关之间非涉密政务信息交换和业务互动提供网络支持。

政务内网主要为行政机关之间涉密政务信息的交换提供网络支持。

政务门户网站由市人民政府主网站和各行政机关子网站构成,是通过互联网直接面向社会提供服务的交互式信息网络平台。

0.3 电子政务的研究方法

什么是方法?对于这个问题,事实上学界也没有统一的结论。我们以为,所谓方法,就是指人们为了达到某种目的而采取的手段、途径和行为方式中所包含的可操作的规则或模式。例如,所谓数学方法,不外就是指人们通过长期的实践,发现了许多运用数学思想的手段、门路或程序。同一手段、同一门路或同一程序被重复运用了多次,并且都达到了预期的目的,就成为数学方法。数学方法是以数学为工具进行科学研究的方法,即用数学语言表达事物的状态、关系和过程,经过推导、运算与分析,以形成解释、判断和预言的方法。数学方法具有以下三个基本特征:一是高度的抽象性和概括性;二是精确性,即逻辑的严密性及结论的确定性;三是应用的普遍性和可操作性。数学方法在科学技术研究中具有举足轻重的地位和作用:一是提供简洁精确的形式化语言,二是提供数量分析及计算的方法,三是提供逻辑推理的工具。现代科学技术特别是电子计算机的发展,与数学方法的地位和作用的强化正好是相辅相成的。至于电子政务的研究是否适宜使用数学方法,那就要看,在从事电子政务的理论与实践研究中,数学的方法,能否对电子政务的理论与实践研究真正起到推动作用。

科学研究应该注重研究方法的寻找与使用。在这里必须明晰两个前提。一是"电子政务"是实践还是科学,二是什么是科学,是社会科学,还是自然科学或技术科学或管理科学。

对于前者,我们可以肯定地说,电子政务首先是"实践","实践"的发展与进步,需要新的方法与理论的推动,围绕电子政务的实践,必将形成系统化的公认知识体系,这样的知识体系就成为了电子政务的理论或科学。因此,目前电子政务还是一个"实践"的概念、范畴和领域,但迟早"电子政务"必将从"电子政务研究"(The studying of electronic government affair)发展成为电子政务学(Electronic- government- affair-study)或电子政务科学(包括电子政务技术)(Electronic- government- affair science or technology)。

我们知道,科学(science)的概念来源于西方文化,中国传统文化中并没有"科学"(science)的概念。因此,科学事实上应该是"西方科学"。西方科学包括两类[①],一类是牛顿式的科学,一类是普里高津式的科学。牛顿式的科学思维从 17 世纪开始就框定了整个社会科学的思维,而普里高津式的科学从 20 世纪 70 年代开始框定整个社会科学思维。

从本质上,电子政务属于社会科学(social science)而不是自然科学(natural science),但它又不像传统的社会科学那样,如社会学、法学、史学、政治学等,与技术科学(technology)和管理科学(manage science)截然分开,而是与技术科学或管理科学有着天然的联系。

在电子政务研究中,应该做到规范性研究和实证性研究相结合。在研究中,有些命题是不能证实的,只能证伪,而有些证伪又是受经验局限的。社会科学自始至终都没有解决

---

① 王正毅,社会科学知识谱系与国际关系研究方法,世界经济与政治,2004.1.

马克斯·韦伯的"价值无涉"问题,这样,就存在不同的研究方法,但无论何种研究方法都应该是真正的规范性研究与实证性研究。在中国,社会科学研究大多局限于"中国",而没有放到"世界"或"国际"中。研究"中国"的社会科学问题与学术时,应该立足于"世界"或"国际",而不仅仅立足于中国。电子政务的研究也是如此。

中国的电子政务研究要从中国实际出发,一定要结合中国是个转型国家/地区性国家的现实来进行研究。但是,中国电子政务研究必须克服三个问题:一是语言的不可通译性问题。研究西方理论时,应该明白这些语言所表达的范式只是对西方历史的经验考察,能不能运用于中国的实际与实践,是值得关注的问题。二是学术的规范性问题,专业的"行会化"有其共同遵守的规范,而这在目前中国的学术界还存在很大差距。为了更有力的推动电子政务的研究与实践,必须首先确立电子政务研究的学术规范,比如一些概念的界定与用词、关键词的确定等。三是知识转化的可能性问题。我们面对中西两个知识系统,在研究中必须有充足的基础知识训练作基础。

近几年来,不论是在我国社会科学界,还是在科学技术界,都十分重视电子政务理论的研究或电子政务技术的开发与应用,不但举办了一些学术会议,而且还成立了一些专业研究机构和专业学术委员会。

（1）会议

国务院信息化领导小组、国家信息中心、中国信息协会、中国信息协会电子政务专业委员会等全国性组织机构组织召开了多次全国性大型会议,各省市也召开过多次省级电子政务发展研讨会议,一些省市出台了相关政策与规定,同时一些行业、社会组织、专业学会（协会、研究会等）也组织召开过数十次有关电子政务发展的研讨会议,这些会议不仅大大促进了我国电子政务发展的步伐,而且也推动了我国电子政务的学术研究与技术开发的进一步发展。

（2）研究机构

一些高等学校与科研单位相继成立电子政务的研究机构。

如国家行政学院电子政务研究中心从 2000 年开始筹备,2001 年成立。国家行政学院电子政务中心凭着强大的专业理论研究队伍和对电子政务的敏锐触觉及深刻分析,逐步提出了创新的电子政务理论框架,并与国内外的相关单位建立起密切的合作伙伴关系,拥有国内目前有能力完成理论、技术、培训、咨询服务等一系列功能的电子政务专家团队。该中心还主办了专门从事电子政务研究的专业性网站——电子政务研究网（www.egovernment.gov.cn）。

北京大学也于 2003 年 9 月 16 日成立电子政务研究院。北京大学电子政务研究院是北京大学所属的专门从事电子政务研究、培训和咨询的机构,是在北京大学电子政务研究中心的基础上组建的。成立于 2001 年 5 月的北京大学电子政务研究中心,是我国高校中为数不多的电子政务专门研究机构之一,在我国电子政务建设和发展过程中,承担了国家社科基金、中央部委和地方政府的一系列研究课题,在学术界享有一定声誉。此次组建成立的研究院将以研究和推广政府管理理念更新,政府管理新技术、新手段应用在电子政务建设中的地位和作用为本位,进一步扩展研究和教学范围,更全面、广泛地开展与政府、企业的合作。

2003 年 3 月,"上海交通大学－好易康达电子政务研究所"成立。该研究所由上海交通大学 21 世纪发展研究院和北京好易康达网络技术有限公司共同组建,是一个非盈利的科研机构,聘请上海交大 21 世纪发展研究院院长翁史烈院士为名誉所长,副院长王浣尘教授为所长及首席科学家,好易康达公司董事长刘文豪博士为副所长。好易康达公司已向新成立的研究所提供 100 万元作为第一期项目启动经费。

成都首个电子政务研究中心也于 2004 年 7 月成立,该中心由电子科技大学与神州数码共同组建。这是成都第一个由高校和上市公司联合投资建立的四川电子政务教学基地、科研基地和科技转化基地,将加强电子政务各领域的理论和实证研究,促进创新成果向商业应用的转化,同时为各级政府提供电子政务理论及技术咨询服务。

一些高校还在积极筹建电子政务的本科专业,2003 年全国有吉林大学、河北经贸大学等四所学校向国家申报了"电子政务"本科专业,尽管没有被批准,但从长远看,"电子政务"必将成为高校很具潜力发展的专业和学科。

一些学会、研究会、协会相继成立。

如中国信息协会电子政务专业委员会(www.ciia-eg.org.cn)于 2003 年成立,并且制定并公布了以下制度。电子政务专业委员会的性质:中国信息协会电子政务专业委员会(以下简称"专委会")是由从事电子政务管理、运营与工程技术研究的机构及个人组成的,是经业务主管部门和国家民政部批准登记注册的中国信息协会所属的分支机构。专委会接受中国信息协会的领导,在中国信息协会章程范围内结合自己的业务特点开展活动,走民主、自律、自我发展的道路。电子政务专业委员会的宗旨:按照国家法律法规和方针政策团结全国电子政务的管理者、从业者与工程技术支持者及研究者、搭建政府与企业、政府与公众的桥梁,动员社会力量,共同发展中国的电子政务事业。作为政府与社会的中介组织,本专委会认真贯彻政府意图,维护行业利益,协调行业关系,服务会员单位。坚持独立、客观、公正的原则,发挥沟通、咨询、服务的功能,为政府服务、为社会服务、为会员服务。努力提高电子政务的经济与社会效益,共同推进中国电子政务的发展。电子政务专业委员会的业务职能:宣传中国政府有关电子政务的法律、法规、方针与政策,提升社会各界对电子政务工作的认识;向政府有关部门反映会员的建议与要求,协助政府推进为公众服务的政府门户网站、专业网站的建设;组织电子政务的理论、技术研究和经验交流,开展电子政务技术培训,提高我国电子政务的管理与技术水平;组织会员自律,共同维护电子政务工程市场的诚信原则与职业道德,营造公平竞争与合作的市场环境;为会员提供网站、内刊、公开刊物及年度的行业报告资料等宣传服务;加强国际合作,促进国际交流,扩大会员的视野,为会员创造国际合作的机会。

0.4 电子政务建设与管理的价值

价值论与存在论(ontology)[①]、认识论(epistemology)在同等理论层次,可相并列[②]。它们是哲学的基础理论(元理论)分支之一。三者的逻辑关系可理解为:

存在论提出和回答的问题是:"什么是存在?什么存在着?怎样存在?"

---

① 旧称"本体论"。现指包含传统"本体论"和新兴"存态论"、亦称"是论"两大部分在内的一个整体。
② 这一观点及以下观点选自:李德顺,价值论研究中的两个问题,学习与探索,
http://www.cass.net.cn/chinese/s14_zxs/facu/lideshun/2000g_lunw.htm.

认识论提出和回答的问题是:"人是否能够和如何知道世界及万物的存在?"

价值论提出和回答的问题是:"世界万物的存在及其认识对于人的意义如何?"

价值既是多样化的,又是多元化的。"多元"是一种实质性、根本性的"多样"。主体的多元存在是现实生活中价值多元的基础。客观的情况是:不同主体之间的价值是多元的、相对的,但在每一主体那里却是一元的,具有某种绝对性;同时,由主体的多元而决定的价值多元,也要通过主体间的共同联系和人类的历史发展而走向统一。但统一不是单一。

在价值的客观存在多元化与一定主体价值取向的一元化之间,应该采取的科学态度和正确立场是:"面对多元化,坚持主体性"。既不因为自己不喜欢,就拒不承认价值多元化的存在,否认现实;也不因为客观上存在着多元化的事实,就以为每一个主体的态度也应该多元化(事实上这恰恰是不可能的),主张放弃应有的主体立场。这两种极端化的态度都不仅是在理论上完全不通的,而且也是在现实中极端有害的。

人,既是具体的人(person),也是抽象的人(people),同时,人总是生活在实际中,也总是在思考中。具体是要变化的,实际是要发展的,人的思考也不可能是固定不变的。本书的电子政务价值思考,只是我们一些个人意见,不可能是人类的意见,同时尽管计算机与信息科学发展迅速,但电子政务的发展前途,谁也不能预言,我们只能就过去而言,因为现在很快就是过去,将来还没有到来,一切都不知道。只不过,我们认为,由于计算机的发展、互联网的实现、电子政务的出现,人们对于政府、政务、行政、政治的认知与评价,都将发生巨大的变化,这是不容质疑的。

汪玉凯[①]先生说:"电子政务的核心价值或主导取向,是其所具有的透明度和政府治理与社会、民众的互动;其基本目标是改善政府的公共服务。具体来说,电子政府把曾经只能在真实空间里行使的政府职能,通过数字化的方式延伸出去;将原来需要大量的人力来处理的行政事务,可以在数字化设备和虚拟空间中轻松,甚至自动地进行。从而使政府、社会与民众的交流、互动都变得十分容易,政府系统的反映、决策、沟通能力也会大大提高,并从根本上把政府治理从封闭的行政系统中拓展出来"。

电子政务的建设与管理,具有多方面多层次的价值。

(1) 电子政务的建设与管理对政府或政务自身有着许多方面的行动价值。主要体现在以下几个方面:改善政府公共服务,提升政府形象;提高行政效率,降低行政成本;促进政务公开和廉政建设,因为电子政务可以通过网络实现政务的公开、透明,有助于加大制度和规则的执行力度,使全程监督、实时监督成为可能;促进政府改革,促进行政管理观念向"小政府、大社会"的观念转变,促进行政管理观念向效能观念的转变,促进政务公开、信息公开、增强政府工作透明度;有利于提高公务员的整体素质;有利于提高政府决策理性和公共政策品质。

(2) 电子政务的建设与管理的社会价值。电子政务的建设与管理必将对全社会产生重大的影响:推动社会信息化、网络公众化,弥和数字鸿沟;促进信息流通利用和平等共享;使人力和信息资源得到最充分的利用和配置。

(3) 电子政务的建设与管理也必将产生巨大的经济价值。这样的经济价值包括自身经济价值和社会经济价值。其自身经济价值主要体现在管理和服务方面,而社会效益则体现在直接拉动社会需求、促进信息技术应用和促进信息产业发展等诸多方面。从管理效益来

---

① 汪玉凯. 中国政府信息化与电子政务. 中国网,2003.2.26.

看，加强电子政务的建设与管理的结果是：提高政府办公效率和办公质量，节省人力，降低行政经费支出，减少国家税收损失。从服务效益来看，电子政务的建设与管理使得政府信息公开，加强了政府与公众的沟通，提高了政府为民众服务的效率。从电子政务的建设与管理的社会经济价值看，电子政务的建设与管理必将直接拉动社会对电子政务设施与技术的需求，促进信息技术应用和信息产业发展，适应 WTO 挑战和全球化经济的发展，促进中小企业发展，促进电子商务的进一步发展。

（4）电子政务的建设与管理也具有巨大的政治价值论。电子政务不只是简单的办公自动化系统，而是要通过运用计算机网络技术手段，加快推进政府在管理体制、管理观念、管理方式和管理手段的转变，切实实现政府职能向宏观调控、社会服务、公共管理和市场监督的转换。电子政务不仅是现代政治文明的应有之义，是社会主义政治文明建设的重要内容，电子政务的推行也将大大地促进社会主义政治文明的建设和发展，电子政务是建设社会主义政治文明的重要途径。

（5）电子政务的建设与管理也有一定的学术价值。电子政务的建设与管理，不仅具有政务价值、社会价值、政治价值、经济价值，而且也将产生深远的理论价值或学术价值，电子政务必将发展成为 21 世纪最具创造性学科，最具应用前景的专业与职业。同时，电子政务的理论与实践，也必将促进相关学科理论的发展，特别是政府管理理论的发展。

第1章 电子政务建设原则

1.1 应用原则

电子政务建设应该首先以"以需求为导向,以应用促发展"为第一原则。

实践证明,电子政务是"用"出来的,电子政务只能由应用推动,应用是规划技术方案的前提。在电子政务建设的初期,普遍存在的问题是:重硬件、轻软件,重资金投入、轻运行管理。这些问题的产生主要就是电子政务的建设者与管理者没有从本质上重视电子政务的应用原则。所谓"以需求为导向,以应用促发展",是指要以需求作为动力,以应用推动政府信息化的发展。在我国,这就要求各级政府在政务信息化的建设中要善于捕捉和发掘政府机关办公业务和领导科学决策的需求,有针对性地开展各项系统建设和应用开发工作,并通过系统应用的成果不断推进系统建设的深入发展。

电子政务的建设与发展,与一个国家、一个地区一定时期内政治与经济发展状况和任务紧密相关。在现阶段,我国电子政务建设以需求为导向,可以理解为:电子政务建设必须紧密结合政府职能转变和管理体制改革,根据政府行政业务的需要,结合人民群众的要求,突出重点,稳步推进;2010年前重点抓好建设统一网络平台、建立标准、健全法制,建设和整合关系国民经济和社会发展全局的业务系统。

而所谓电子政务建设应该注重"以应用促进发展",可以用一些学者提出的三角形原理来概括:"IT"、"业务"、"用户"三者互动,紧密结合、合理选择,应用推动。

IT:网络技术,数据库技术、信息安全技术IT管理,等等。

业务:地域经济基础、信息化程度、业务特点、制度,等等。

用户:公务员、企业用户、社会公众等等。

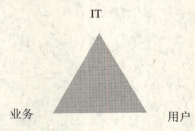

不过,所谓的三角形原理也存在潜在的不足:IT、业务、用户三者的关系中,没有讲明它们相互作用的内在关系、主次关系、动态关系等深层次问题,没有深刻体现在现实中,应用系统构建的主导因素和应用系统推动发展的内在规律。人们发现:业务,是由业务逻辑和业务资料构成,而业务逻辑即是业务流程,体现在应用程序上,业务资料正是信息资源。用户,不仅是指应用系统的使用者,还包括决策者、信息系统管理者,是机构、组织。

一个为人们所达成的共识是:电子政务建设是三分电子、七分政务,这一观点的本质也就是强调电子政务建设的应用原则,因此应用原则也就是重内容、重政务的原则。电子政务的核心不是电子,而是政务,电子只是为政务提供支撑和服务。提高电子政务水平的关键不在于技术,而在于对政府行为、公共管理行为的研究和改进。在电子政务建设中,最大的难点在于政务改造。实施电子政务工程,不可能将现有的政府管理、运作的框架简单地搬到网络上,或者按照传统的政府管理方式,将电子手段加在其中,而是要按照市场经济和电子政务的要求,对现行的政府管理职能、组织以及行政流程进行必要的调整和改革。

应用原则也可以说就是实用性原则。电子政务建设必须保证实用,切实符合政府部门管理、决策、服务及办公自动化等各项业务和职能要求,从而避免在电子政务建设中攀比和一阵风现象的发生。电子政务的生命力在于应用。必须紧密结合政府职能转变和管理体制改革,着眼于政府业务和人民群众的需求,把网上办事、政务公开作为门户网站建设的重点,对面向公众服务的办事项目,规范业务流程,简化工作环节,让企业和群众享受到电子政务的便利。应加强数据库建设,提高信息资源的开发利用水平,为社会提供有价值的信息咨询服务。

实用性原则可以理解为:有用、适用和好用。很明显,我国目前发展电子政务应本着"有用、适用和好用"的原则。也就是说,在西部经济欠发达地区,可以按照"有用"的原则发展电子政务,不去追求设施的高档次;在中部,可以按照"适用"的原则推动电子政务的发展;在东部经济较发达的地区,可以按照"好用"的原则提高电子政务的水平,有些设备可以配置的高一些。

1.2 方 向 原 则

电子政务建设一个国家或地区面对休息时代、知识时代和全球化时代的重要决策。从宏观上讲,电子政务建设具有政治国家的发展方向原则;从微观上讲,电子政务建设具有社会国家的发展方向原则。

1.2.1 宏观方向原则

电子政务建设的宏观方向,是一个国家或地区在一定时期内建设电子政务的总体指导思想、主要目标、基本任务和主要措施。

在我国,十五期间电子政务建设的指导思想是:以"三个代表"重要思想为指导,适应改革开放和现代化建设对政务工作的要求,以更好的为人民服务和提高行政管理水平为目标——需求为导向,以应用促发展,通过积极推广和应用信息技术,增强政府工作的科学性、协调性和民主性,全面提高依法行政能力,加快建设廉洁、高效、勤政、务实的政府,促进国民经济持续快速健康发展和社会全面进步。具体说来主要包括以下几个方面:"十五"期间我国电子政务建设的主要目标是:标准统一、功能完善、安全可靠的政务信息网络平台发挥支持作用;重点业务系统建设取得显著成效;基础性、战略性政务信息库建设取得了重大进展,信息资源共享程度明显提高;初步形成电子政务安全保障体系,建立规范的培训制度,与电子政务相关的法规和标准付诸实施。这些工作完成后,中央和各级地方政府部门的公共服务能力、管理能力、决策能力和应急处理能力将得到较大的加强,电子政务体系框架将初步形成,从而为下一个五年计划期的电子政务发展奠定坚实的基础。

"十五"期间,我国电子政务建设的主要任务是:

(1) 建设和整合统一的电子政务网络。从业务发展和安全保密的要求出发,电子政务网络由政务内网和政务外网构成,政务内网与政务外网之间物理隔离,政务外网与互联网之间逻辑隔离。政务内网主要是副省级以上政务部门的办公网,与省以下的办公网物理隔离。要根据决策和业务需求,统一标准,加快信息资源的开发和整合,按照密级与授权对内网进行科学管理。政务外网是政府的业务专网,主要进行政务部门面向社会的专业性服务业务和不宜在内网上运行的业务。要统一标准、利用统一平台,促进各个业务系统的互联互通,资源共享。约用一年左右的时间,基本形成统一的电子政务内外网络平台,在运行中逐步完善。

(2) 建设和完善重点业务系统。为了提高服务、决策和监管水平,逐步规范政府业务流程,维护社会稳定,要加快十二个重要业务系统建设:继续完善以取得初步成效的办公业务资源系统、金关、金税和金融监管四个工程,促进业务协同、资源整合;启动和加快建设宏观经济管理、金财、金盾、金审、社会保障、金农、金质、金水等八个业务系统工程建设。业务系统建设要统一规划,分工负责,分阶段推进。

(3) 规划和开发重要政务信息资源。为了满足对政务信息资源的迫切需求,国家要组织编制政务信息资源建设专项规划,设计电子政务信息资源目录体系与交换体系。启动人口基础信息库、法人单位基础信息库、自然资源和空间地理基础信息库、宏观经济数据库的建设。

(4) 积极推进部门与地方的公共服务建设。要加快各部门和各级地方政府公开政务和政府信息的步伐,在内部业务网络化的基础上,充分发挥部门和地方政府的积极性,推动各级政府开展对企业和公众的服务,逐步增加服务内容、扩大服务范围、提高服务质量。近两年重点建设中央和地方的综合门户网站,促进并整合政务公开、行政审批、社会保障、教育文化、环境保护、防伪打假、扫黄打非等服务。

(5) 基本建立电子政务安全保障体系。要组织制定我国电子政务安全保障体系框架,逐步完善管理体制,建立电子政务信任体系,加强关键性安全技术产品的研究和开发,建立应急支援中心和数据灾难备份基础设施。

(6) 完善电子政务标准化体系。逐步制定电子政务建设所需的标准和规范。今年要优先制定业务协同、信息共享和信息安全的标准,加快建立和健全电子政务标准实施机制。

(7) 加强公务员信息化培训和考核。要发挥各级各类教育培训机构的作用,切实有效的开展公务员的电子政务知识与技能培训,制定考核标准和制度。今年要制定公务员信息技术知识预计能的培训标准和培训计划,编制培训教材,落实培训机构。

(8) 建立并完善电子政务法律法规和制度。制定和完善配套的法律规范。加快研究和制定电子签章、政府信息公开及信息安全、电子政务项目管理等方面的法律法规和规章。基本形成电子政务建设、运行维护和管理等方面有效的激励约束机制。

"十五"期间,加快我国电子政务建设的主要措施:

(1) 统一认识,加强领导。推进电子政务建设是国家大事,必须按照国家信息化领导小组的决策,统一部署,稳步推进。电子政务建设协调小组负责研究和协调电子政务建设中的重大问题。国务院信息工作办公室具体负责制定总体规划，协调、指导和推进电子政务建设。

（2）明确分工，各司其职。电子政务网络平台建设，由电子政务建设协调小组负责协调、指导，具体工作由国务院办公厅牵头，组织有关部门研究提出实施方案；业务系统和信息库建设项目，按《电子政务一期工程建设任务》规定的分工组织实施；为了保证电子政务建设的顺利进行，国务院信息化工作办公室要在近期内，协同或组织有关部门，加快电子建设的标准体系和安全规范的制定，明确提出统一的地址、域名、路由、信任和密码体系、项目管理等方面的规范，为各部门和地方的电子政务建设创造条件。

（3）稳步推进，不搞重复建设。各部门和部门要按照本指导意见，统一认识，加强领导，制定规划，积极稳妥的做好点在政务建设工作，特别要加快信息资源开发和业务系统建设，要从实际出发，逐步规范业务流程，增加网上业务，加强服务和公共管理。各地方要按照统一要求，加快整合业务系统和信息资源，建成或调整为与中央政务网络标准一致的省市政务统一网络平台，要充分利用现有资源和现有网络平台条件，不搞重复建设。

（4）利用统一网络平台。各部门已经建设的业务系统和网络，要按照统一规划和标准，抓紧调整，逐步规范和完善，实现原有系统与统一网络平台的互联互通，新建的业务系统，原则上要利用统一的网络平台。

（5）规范试点。电子政务建设要抓好试点与示范工作，统筹规划、明确重点、抓出实效，防止一哄而起、盲目追风。国办和科技部等有关部门已经开展的电子政务试点和示范工程，要根据本指导意见提出的任务和要求，进行调整，逐步纳入电子政务建设的总体规划。

（6）保证建设和运行资金，做好项目管理。电子政务建设所需资金，采取中央政府和地方政府分别负担的方式予以解决。中央电子政务系统的建设资金，从中央预算内基本建设资金安排；中央电子政务系统建成之后的运行经费，由财政部有关部门在预算中予以安排。地方电子政务系统的建设资金和运出的电子行经费，由地方政府负担。对确有困难的地区，中央财政给与一定补助。按照国家基本建设项目审批程序，加快推进本文件所提政务建设项目，有关职能部门要做好立项审批的前期工作、项目审批、采购招标、监理和验收工作。

（7）创造有利于电子政务的外部环境。加快制定电子政务建设技术政策，实施有利于国内信息产业发展的采购政策，创造好的外部环境，促进国内软件和系统集成产业的发展；制定电子政务项目概算标准，保障进行维护和培训经费，特别要合理确定和提高软件费用占项目总投资的比重；研究建立电子政务绩效评估机制。

1.2.2 微观方向原则

电子政务建设不仅应该把握国家宏观方面的原则，而且还要紧密联系社会发展、经济发展和技术发展的实际和实践，适时地把握微观层次的建设方向。总体而论，主要注重把握以下几个方面：

（1）社会性。网络联接政府、社会与公众的结合。这就要求：大力发展电子政务应用，鼓励企业、公众上网，在互联网上构建公共行政管理与服务。

（2）安全性。也就是包括信任体系在内的信息安全体系。这就要求：在国家统一领导下,从国家安全出发,构建全国范围、为广义政府服务的信息安全保障。

(3) 可靠性。即抗灾难的信息资源保障体系。这就要求具有:应对灾害、突发事件的国家级的保障能力。

(4) 合法性。使电子政务具有法律效力。这就要求:通过国家有关立法程序,得到法律认可,并在法律框架下运行和管理。

(5) 管理性。也就是电子政务应成为支持管理创新的平台。推行电子政务的目的不是只为了在原有政府机构中采用信息技术,得到浅层次上的工作质量和工作效率的提高,而应当是以"降低行政成本"为驱动力,实现"业务优化、流程再造、机构整合和管理创新",从管理结构上不断改进政府管理,推动政府的机构改革,逐步构建符合信息社会要求的、扁平化的、高效和低成本的、廉洁的政府。实现扁平化管理结构,重要的是:必须依靠信息技术提供的"跨地域、跨机构"的管理能力方能实现,否则无法实现;必须建立能推动"管理结构优化"的技术支撑平台,它决定于应用架构;必须要达到推动"降低行政成本"的目的,否则就没有资金来源,无法进入良性循环和可持续发展。

1.3 经济原则

在电子政务建设中,如何避免建设方式"重新建轻整合"、建设投入"重硬轻软"和"信息孤岛"等问题,不能简单从政策、技术角度去解决,应该注重经济学的视角。总括起来,主要包括以下三个方面:

(1) 从需求出发

电子政务的需求,来自于业务工作实践。电子政务究竟能给业务工作带来哪些好处?这是业务部门真正关心的问题。建设方式"重硬轻软"的原因之一就在于"软环境"的建设在很大程度上依赖于有效需求,需求不足,何谈投入?对"硬投入"的重视,是改善办公条件、树立先进形象、获得上级肯定等外在需求的体现。但这些外在需求不能成为发展电子政务的持久动力。只有确立长期、稳定的来自业务工作自身的内在需求,才有可能形成可持续发展的良性循环。这就要求我们最大限度地挖掘和培养这类需求。对于需求,只有那些对业务与技术两方面都很了解的人,才有发言权。因此业务人员必须有意识地提高信息技术素质,这才有可能发现业务工作与信息技术的最佳结合点,从而提出有价值的需求。最有价值的需求,不仅在于工作效率的提高,更体现在电子政务能够实现传统政务难以达到的深层领域,如科学决策、优化管理等。

需求也存在于电子政务实施过程的控制中。降低代价,就要在实施的步骤、方案上有所取舍。从代价小、成果明显入手,并用取得的成果弥补付出的代价。例如在用户的选择上,以一线业务人员为突破口;在项目的选择上,以日常工作的实际需要为主攻方向。在已经取得较好效益的电子政务工程中,"金关"、"金税"等成功范例都证明了其合理性。

无论是通过电子政务与传统方式的比较来开发需求,还是利用电子政务自身实施代价的控制扩大需求,都是以降低代价,刺激需求为手段,达到推动电子政务发展的目的。

(2) 注重建设的利益最大化。利益最大化主要有两个方面:

① 有偿共享。这里的"有偿",并不仅限于物质方面,也可能是某种无形资产的增加。

"信息孤岛"的出现固然有规范标准滞后的因素,但其根本原因还在于:"孤岛"和"整合",哪个给资源拥有者带来的收益更大?共享使资源拥有者在一定程度上失去了对于资源的垄断和控制,这种利益的损失如何弥补?可见,要整合资源,先整合利益。形成这种效应的前提是资源使用者同时又是资源提供者,每个资源提供者的利益都通过共享得到了补偿。这就好像是加入了某种联盟或多边协议,享受利益的前提是必须遵守约束,即作出贡献。现实情况比较复杂,有的资源使用者并没有提供可共享的资源,有的资源提供者本身并不需要使用资源,且资源的质量不易量化。这种情况下整合利益的关键在于,把资源使用者从共享中获得的利益通过利益补偿机制反馈给资源提供者,使资源提供者和资源使用者在利益分配上趋向平等,从而通过人为干预达成"合作均衡"。只有满足了资源提供者的切身利益,才能保证共享信息的质量、数量,形成资源利用的良性循环。这就需要在各个资源提供者和使用者之间建立横向的资源利用监控与评估体系,这一环节既不能光凭资源提供者的一面之词,也不能仅靠资源使用者的主动反馈,而要通过第三方实现。所以,要做好信息共享,除了统一的规范标准外,还需要公正、有效的资源使用监控、产权保护、应用效益反馈和评价机制。

② 量入为出。这里的"入"是指收益,"出"是指支出。支出的价值可以通过收益来体现,通过收益可以很好地控制支出,建设单位为了今后的利益最大化,不能吝惜自己当前的支出,势必在对应用效益有决定作用的"软投入"、"软环境"和现有资源的整合上多下功夫,这就有效杜绝了"形象"工程、"昙花"工程,限制了自建自用的"孤岛"工程,鼓励了"共享"工程、"实效"工程。这是通过改变约束条件、利用人在重复博弈情况下谋求长远利益最大化的结果。有偿共享,量入为出,无论是帮助获利还是限制获利,都是通过"利益最大化"对电子政务建设进行有效控制的方法。

(3) 以人为本

需求也好,利益也罢,其最小的具体行为单元都是人。信息技术带给人的解放是全方位的:网上办公与网上购物,使人拥有更多的自由时间;工作方式的改变,可增强人的成就感;在线交流沟通,满足了人的社交需求;多媒体娱乐,缓解了日常的焦虑。人是统一的整体,自由的、快乐的、全面发展的人,是社会发展的基础,其具有的能量和潜力是不可限量的。人本管理不仅要激发人的工作积极性、主动性和创造性,更在于促进人自身的自由,使人获得全面的发展。在信息系统建设中,把信息技术对人需求的满足和自由的提升作用人为地剥离出来并加以抛弃,这是造成业务人员对信息技术普遍缺乏兴趣、水平长期得不到提高的原因之一。

将欲取之,必先予之。要利用信息技术创造价值,必须先让其深入人心。实施人性化的管理,是实现这一步骤的有效手段,也正顺应了现代管理理论的潮流。

1.4 效益原则

目前国内外流行的电子政务评价体系有很多指标,但最核心的评价指标只有三项:一是电子政务的构建、运行成本,二是电子政务的经济效益、社会效益,三是公众对电子政务的满意度。国家行政学院教授汪玉凯说,在中国当前的管理体制下,提高电子政务建设的效益可以从如下三个方面入手,第一是降低电子政务建设及维护成本,第二是通过系统整合消灭"信息孤岛",第三是扩大公共服务的范围。

电子政务建设的社会效益任何人都不会怀疑,因为政府提供的全部服务均不以盈利为目的,但不能认为电子政务只提供社会效益。在电子政务建设中,应该采取政府主导、企业参与的形式,先由企业投资建设然后通过运营维护等方式收回投资。这样一来,一方面能够有效地提高系统的运营维护水平,另一方面又能降低项目建设的成本。

除了建设成本居高不下外,普遍存在的"信息孤岛"现象也大大地影响了系统效能的发挥。有可能出现这样一些尴尬局面:在一些国家部委内,一个司局甚至一个处室使用几套信息系统,而且彼此不共享,甚至无法互联。提高电子政务建设的效益当前迫切需要解决电子政务发展不平衡尤其是"纵强横弱"的现象。例如,税务部门从上到下有自己的系统,工商部门从上到下也有自己的系统,但横向的联系很弱,只要把两个系统联起来,如工商和税务部门交换企业基础信息,就能产生巨额的经济效益。

导致电子政务建设效益不明显的另一个重要原因是,一些部门在电子政务建设中主要面向机关内部提供服务,电子政务系统服务的主要对象不是广大企业、百姓,而是上级领导和机关内部工作人员。有人算了一笔账,在一个有 50 万人口的中等城市,有 200 个编制的政府机关已经是大单位了,电子政务系统如果面向机关内部即使 100%使用率,也不过 200 人在用;但如果面向百姓提供服务,即使只有 1%的使用率,也有 5000 人在用。哪个系统产生的效益大,可想而知。现在政府花钱为自己用,很容易为本部门谋利益,因而整体效益不明显;如果把电子政务服务的重点转向企业、百姓,不仅服务空间广阔而且容易取得成效,因为过去政府没有这种服务,现在企业、百姓只要享受到服务就很满意。

1.5 规划、实施、监理三结合原则

电子政务是国家信息化建设的一项重要战略性任务。要保持电子政务的持续、健康发展,就必须科学处理好规划、实施、监理三者的关系。规划是前提,实施是基础,监理是保障,三者相互促进,互相制约。

中国电子政务自 2002 年启动以来,得到了中央、地方政府和广大信息技术厂商的大力支持,各项电子政务的实施也取得了长足的进步。伴随着电子政务的发展,我们需要认识到电子政务的发展需要规划、实施、监理这"三驾马车"的共同拉动,只有协调好三者的关系,发挥三者最大的作用,才能保证电子政务的持续、快速、健康发展。

规划是电子政务建设得以顺利实施的前提条件,也为监理工作提供了可操作的指标和依据。规划是电子政务健康发展、良性运作的前提条件。一方面,完善的项目规划可以为将来电子政务建设的具体实施和评价提供理论上的基础,也可以明确建设中的各项责任和指标。另一方面,完善的规划有利于资源的整合配置,避免重复建设带来的浪费。并且可以在项目完成以后,及时地协调后期运作诸如维护、更新和管理等方面的关系,降低建设成本和缩短建设周期。电子政务建设初期对机构和业务流程的整合是一个复杂的过程,但这也正是电子政务规划的意义所在,需要在认真思考的基础上慢慢摸索。

在实际的电子政务建设中,规划的具体操作却远非想象得那么完美,而如今的电子政

务规划往往陷入了技术至上的误区。人们在谈论电子政务建设时，普遍都能认识到政务的重要性远大于电子技术。可真正在规划的时候，绝大多数人又只谈技术，提出的只是一个纯技术的解决方案，而对组织机构、行政业务流程的整合等核心问题，一般都予以回避。但如果我们的技术解决方案只简单地把现有组织、流程固化下来，没有可扩展的空间的话，那么整个系统在未来的发展应用中就会存在很多的问题，电子政务建设的初衷就无法得到实现。

一个没有全面规划的电子政务建设，不可能在实施和监理过程中取得突破性的进展，只会严重拖延整个建设进度，为工程带来巨大损失。

规划是实施的前提，电子政务建设需要对政府部门运作模式及错综复杂的部门间协作模式有透彻了解，要确切地知道各部门之间的关系。只有清楚地知道这些，才能够在实施过程中建设出特点鲜明、效果明显、操作性强的电子政务整体规划。而电子政务在规划基础上设定的总体目标和阶段目标，及信息系统的总体设计和在此基础上确定开发的应用标准和规范，都将成为电子政务工程监理工作中的具体指标和依据，为整个工程良性运作提供一个参考指数。

在我国，电子政务建设必须按照国家信息化领导小组的统一部署，制定总体规划。各级党政主要领导同志要亲自抓，防止各自为政。要正确处理中央与地方、部门与部门的关系，充分发挥各方面的积极性，明确各自的建设目标和重点，分类指导，分层推进，分布实施。

当然，规划毕竟只是一个前期准备工作，不规划不行，而一味沉溺于规划只会使电子政务建设变成纸上谈兵。那么在做了周密的电子政务建设前期规划以后，就应该把目光转向其实施中来。

实施作为电子政务的基础性工作，必须要在前期规划和监理监督指导下积极稳妥地开展建设。

据不完全统计，我国政府上网的网站已经在6000个以上，可以说电子政务的建设实施已经初具规模。据资料显示，自1992年至1996年间，美国政府通过推进电子政务建设，5年内减少了24万员工，关闭接近2000个办公室，减少开支1180万美元，这只是电子政务实施效果的一方面。而更重要的是，电子政务在给我们带来效益的同时，会更好地发挥它作为政府与公众接口的平台互动作用，让政府得以更高效率，更高质量地为公众服务。所以说我国电子政务的实施目标就应该定位于改善政府工作流程，提高政府的透明度、规范化和实时性，促进政府机构高效、互动和廉洁的运转。

按照国务院制定的有关方针和政策，我国推动政府信息化的指导原则是："以需求为导向，以应用促发展，统一规划，协同发展，资源共享，安全保密"。所谓"统一规划，协同建设"，是指政府信息化建设必须在国务院的统一规划指导下，由各地区、各部门遵循统一的规范和标准协同建设，共同发展，以便使这项涉及面广、技术和资金密集的系统工程，更好地发挥整体效益。所谓"资源共享，安全保密，"是指在政务信息化的建设中，各地区、各部门要按照系统建设的要求，从政务信息化的全局出发，打破条块分割，主动提供相关信息，实现资源共享。同时，要严格遵照国家的有关安全保密的法规，采取有效措施，确保国家秘密的安全。

电子政务的建设与发展，必须坚持统一规划，分步实施；立足全局和长远，制定总体规划，科学设计电子政务整体构架。要明确工作重点，分清轻重缓急，对那些社会需求大、经济和社会效益明显以及基础性、全局性的项目，集中人力、物力、财力，加快建设步伐。正确处理上下左右的关系，充分发挥各方面的积极性，确保互联互通、资源共享，避免重复建设，防止各自为政。

电子政务建设的规划、实施与监理三结合，还具体表现为先易后难、先简单后复杂地组织电子政务的建设和实施。在这方面，同样需要统一规划和协调。像我国这样发展中的大国，建设电子政务不可能全面开花、齐头并进，必须有选择、有重点地进行。但究竟那些是国家首先必须实现电子政务的领域，或者那些重点公共服务事项是必须优先发展的领域，这些都必须通过国家的相关规划或政策予以规定，否则，就可能出现某些混乱。根据我们的研究，电子政务在某一具体行业的建设相对较容易，比如目前我国的工商、税务、金融、海关等领域的一些电子化管理等，但是要实现跨行业、跨地区、特别是某项公共服务涉及多个部门的在线服务，难度就要大的多，这不仅对公共管理本身提出很高要求，而且对电子政务的技术、安全等都有很高的要求。可见，我们在电子政务的具体实施中，必须遵循先易后难、先简单后复杂的原则，稳步推进，这在一定程度上，是我们进行这项开创性工作成功的保证。

1.6 标准、开放、安全三前提原则

电子政务的建设首先基于一个共通共用的技术标准和管理制度之上，同时这样的标准和制度必须是开放的和安全的；在开放的要求下和安全的前提下，建立和实现标准；以标准为架构，实现安全的开放。

在网络设备和系统平台选型时，应符合国际网络标准及工业标准，从而使系统的硬件环境、通信环境、软件环境相互之间的依赖减到最小，使其各自发挥自身的优势。

在物理设计时要充分考虑到将来网络扩充的可行性，并能够将各种格式的信息集成在电子政务平台上，解决新旧系统间的信息更新与数据导入问题。

中国电子政务标准化总体组 2003 年以调研成果为基础，提出我国电子政务标准体系，并按急用先行的原则启动一批电子政务指南及标准研制项目，取得阶段性成果。

电子政务涉及国民经济信息化的各个领域，标准化是保障电子政务工程建设和系统运行的科学管理手段。2002 年 2 月，国务院信息化工作办公室和国家标准化管理委员会共同组建了"电子政务标准化总体组"。

2003 年 3 月，经总体组初审通过，两部委联合向社会各界发出《关于<电子政务标准化指南>和六项电子政务标准试用和征求意见的通知》，要求其结合本地区、部门实际应用和工程实践，对网络基础设施、支撑技术、工程管理、信息安全等方面标准进行试用和验证，并于 8 月底提出反馈意见，以便进一步修改和完善后正式颁布。

首批电子政务标准制定阶段性成果在全国范围内的说明和研讨会，目前正由国务院信息办、国家标准管理委员会和信息产业部三部委共同组织在京召开。据总体组组长、北京航空航天大学怀进鹏教授介绍，我国电子政务正从初期的网络建设，转向以需求为主体提高政府监管能力和服务水平。目前重点要解决各地方、部门相互独立的业务系统间的"互联互通"，即数据、业务和系统的整合，因此急需统一的管理平台和标准体系。

国务院信息办有关领导表示，今后电子政务标准化工作要继续完善"政府引导、市场推动"的管理方式，建立动态维护机制，使标准制定和应用相结合，并以办公业务资源系统、宏观经济管理、金关、金税、金财、金卡、金审、金盾、社会保障、金农、金水和金质"十二金"工程为重点推广项目，探索出一条"标准为电子政务建设服务，电子政务建设促进标准发展"的道路。

由于政府的业务范围广泛，因而在网络设计过程中应充分考虑到政府外网系统与社会公众网的网络互联，这就要求网络系统的开放性要好，而且应支持多协议。同时，政务活动关系党政部门和国家的整体利益，因此在安全性方面有着很高的要求，安全第一的思想应当贯穿于电子政务建设的全过程。具体来讲，要建立健全安全防范措施，从硬件、软件以及行政管理等方面严格管理，杜绝非法入侵和泄密，在必要时采用物理隔离的方法。

正确处理发展与安全的关系，综合平衡成本和效益。一手抓电子政务建设，一手抓网络与信息安全；一手抓安全技术手段开发，一手抓安全规章制度的建立与完善。根据电子政务建设的不同阶段，采取相应的安全措施和手段；按照政务公开和国家安全的要求，科学合理地划分信息保密等级。

政府部门的业务和职能要求网络和办公系统必须可靠，因此在网络的设计过程中，其关键部位必须有高可靠性设备，对于重要的网络节点采用先进的高可靠性技术，从而保证电子政务建设顺利开展。

办公自动化系统应适应政府部门自身发展的特点及网络通信技术的发展趋势，所选择的网络设备和系统平台应具有先进性，须采用国际上既先进又成熟可靠的技术。

这里特别需要指出的是，目前在我国电子政务的建设方面应注意和防止的是：不要认为设备愈先进愈好，以至于盲目地追求硬件设备的档次。实际上，电子政务的建设和完善是一个漫长的过程，在这个过程中，我们之所以强调技术标准的统一性以及在一定的整体规划下进行，绝不意味着要简单地追求硬件设施的先进性，而是强调未来的可连接性和整体布局、应用的合理性，否则就可能使电子政务的发展偏离子方向，给国家造成巨大的浪费。

1.7 系 统 原 则

1.7.1 电子政务是一个不同于传统政务的政务系统

电子政务建设，不同于以往一切物质的和非物质的项目建设。它既有传统的项目建设的一些内容和特征，也具有以往任何项目建设不具有的特征——基于电子技术的系统构造和建设，也就是说，从物质表现的层面看，电子政务建设表现为一系列电子政务的系统。而这样电子政务系统也具有一般信息系统所有的组成结构特点，电子政务系统是由系统资源、应用软件、系统管理三部分组成。可用下图1.1表示。

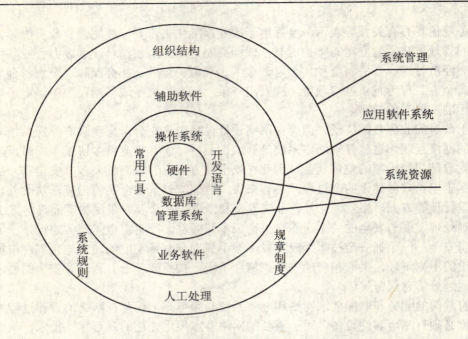

图 1.1 电子政务系统的构成①

（1）系统资源。系统资源包括硬件和软件两部分。其中硬件是指物理上可见的部分，如计算机设备、网络通信设备、打印机、扫描仪、绘图仪、数码摄像机等。软件指系统软件，包括操作系统如 Windows2000、Windows Me 等，开发语言平台如 net、com、cn 等，数据库管理系统如 Visual FoxPro、Access 等，网页编写语言如 HTML、FrontPage flash 等，常用的工具软件、网络软件如杀毒软件、FTP、IE 等。

（2）应用软件。应用软件是在系统资源基础上针对行政组织职能开发的，是电子政务系统的核心。我国行政机关按职能可分为业务部门和辅助部门，因此应用软件大体上可分为辅助软件和业务软件两大类。辅助软件如办公自动化系统、会计信息系统、财务管理信息系统，其中办公自动化系统是实现行政机关内部和行政机关之间公文传递、处理、收发电子邮件的平台，是行政管理业务部门和辅助部门都需要的应用软件。如北航计算机系为广西某县政府开发的办公自动化系统。各级各类行政机关的辅助部门，都包括这些辅助应用软件。辅助软件由于具有通用性，开发得早，如今已经比较成熟。如人力资源管理信息系统中工资管理早就有工资管理软件，而且已与银行联网。不同的行政机关具有不同的职能，提供不同的管理和服务，所以不同行政组织的电子政务系统包括的业务软件不同，如税务部门的业务软件需包括对企业、个人纳税的管理，工商管理部门的业务软件实现企业的注册、登记、变更等，而教育行政管理部门的业务软件实现各级各类学校的审批、专业的设置、学位的管理等，规划局对房地产、土地使用进行规划。因此开发各部门的业务软件成为建设电子政务系统的主要任务。

（3）系统管理。系统管理组成图中，系统管理包括组织结构、规章制度、人工处理、系统规划。组织结构是该行政组织内任务人员的分工较为稳定的结构图，主要是权力的分配、职责的承担、人际关系的协调。随着电子政务系统的不断建设，现代管理手段在行政

---

① 转引自：刘鲁．信息系统的分析与设计．北京：北京航天航空大学出版社，1996.52．

管理活动中的应用越来越多，其组织结构正在从过去的官僚制结构发生重大变化，管理层次逐渐减少，管理幅度逐渐增大。如我国行政体制改革中撤地建市、部委合并正是这一变化的表现。规章制度是行政组织对日常活动进行管理形成正式条文的有关规定。如关于纪律、业务流程的规定、硬件设备使用及保护方式的规定等。尽管电子政务系统自动化程度高，但它是一个人机系统，一部分工作由人完成，一部分工作由机器完成。在电子政务系统中人工处理仍然是重要组成部分。人机必须适当分工且有交互过程，交互界面需设计友好，电子政务系统才能更有效地工作。电子政务系统的规划是行政机关对电子政务系统的建设和发展所作的战略性规划。电子政务系统的规划具有以下特点：支持各级国家行政机关战略目标的实现，为电子政务的发展提出方向，保证电子政务始终支持组织目标，合理分配人、财、物，确定各业务软件开发的优先次序，保证系统的一体化、开发工作的协调性、避免资源的浪费，为负责系统开发的人员包括项目负责人、电子政务系统的高层管理人员的绩效评估提供质量和控制标准，为电子政务系统的人才提供基础，使组织明确本系统对人员的数量、质量的需求。从电子政务系统的组成图来看，系统资源是基础，应用软件是核心，系统管理是保障，要确保电子政务系统的高效运行，三者缺一不可，任何一部分的欠缺都会成为系统的瓶颈。

1.7.2 电子政务是一个信息系统

事实上，电子政务系统是对行政机关的管理活动信息进行管理的信息系统。管理活动常常可以分为三层：作业层、管理层、战略层。电子政务系统也可以从层次上进行划分：业务处理系统（TPS）、管理信息系统（MIS）、决策支持系统（DSS）。

（1）业务处理系统层的电子政务系统。业务处理系统层的电子政务系统面向具体的管理和服务业务，它是针对行政管理中的日常业务进行处理的电子政务系统。这些日常事务结构性强、发生频率高，利用电子政务系统可以大大地提高工作效率，节省时间，降低办事成本。如乡、镇、区、县、市工商行政管理部门，为加快电子政务建设，逐步实现网上审批、网上办理、网上年检、网上查询。处理这类日常例行事务的电子政务系统属于 TPS 层。如北京市西城工商分局实行电子政务，2002 年 8 月 14 日，在网上批出了全市首张营业执照；又如，金税工程，是我国税收管理部门电子政务系统的总称。该工程二期已于 2001 年开始运行，目前主要是监管增值税专用发票，遏制骗税、遏制税款流失，使纳税人依法纳税。行政机关各部门业务互不相同，都需要开发相应的系统，如教育行政管理部门，实现各级各类学校设置和专业设置的审批、检查、控制，学位的注册登记管理需要响应的 TPS，科委、经贸委、计生委等的职能部门需要对应的 TPS 层的电子政务系统。因此，TPS 层的电子政务系统开发量大，是目前的发展重点，而且它是 MIS 层电子政务系统的基础。

（2）管理信息系统（MIS）层的电子政务系统。管理信息系统（MIS）层的电子政务系统对应管理控制层的政务活动，主要服务于中层政府管理人员如县级干部、市、省政府领导，对于本地区的情况的调研、统计，根据本地区情况，管理制定地方政策，合理地配置资源，落实中央的政策。目前，这一层次的电子政务系统功能主要由人工完成。如根据统计部门提供的统计数据，根据各办公室（或秘书科）的调研情况，产生相关的信息，提供给中层领导。这一层次的电子政务系统，可以在 TPS 的基础上开发，由 TPS 提供基础数据，然后对这些数据进行加工，产生相应的报告。如金税工程，它不仅包含 TPS 层系统，也有 MIS 层系统，它可以对全国、省、市、地方的税收情况进行统计，如在一定时期不同地区税收情况统计，2003 年情况与 2002 年同期的比较等，这类电子政务系统与 TPS 层相比，使用频率降低了，所面向的是半结构化问题。

（3）决策支持系统层（DSS）的电子政务系统。决策支持系统层（DSS）的电子政务系统对应战略层的电子政务活动，为确立国家、地区或行业发展宏观目标，制定长远政策、发展方向，提供信息支持。面向的是半结构化或非结构化的问题，使用频率比 MIS 更低。目前，这一层次的电子政务系统功能主要由行政机关中的智囊机构完成，如国务院政策发展研究中心、财政部关税政策研究中心、国家经济贸易委员会产业损害调查局、国防科学技术工业委员会政策法规司等。

也有少数行业正在探索 DSS 层电子政务系统的建设。如 1996 年开始，由国家科技部组织全国 15 个部门与单位开发的农业专家决策与信息技术系统，其中全国耕林草地总量和土地动态监测与分析决策支持系统已初见雏形，此系统分为两层次：地块监测、总量监测。前者监测一个个地块，细部变化，为经营治理服务，地块监测结果是总量监测的数据输入，总量监测用于监测国家、省、自治区的总量，为决策提供支持。又如江苏省防汛决策支持系统，对苏北大运河输水进行监测调度，对沿线 300 多公里的近 100 个用水点进行监测、控制，利用 GIS、气象卫星接受系统，并与省厅、各市水利局、厅属各工程管理单位联网，将用水点监测数据输出作为防汛决策支持系统中防汛决策模型的数据输入，使信息采集、传输、处理十分快速、准确，大大提高了防汛决策、工程调度水平。

从以上三个层次对电子政务系统的分类可以看出，低层电子政务系统是高层系统的基础，为高层提供数据。TPS 输出的数据可作为 MIS 的输入，DSS 可以同时以 TPS 和 MIS 的数据作为输入。高层系统必须有大量的数据，否则，就是无米之炊，再好的模型、算法也无用武之地。高层电子政务系统所需要的数据输入可以由现有的 TPS 和 MIS 产生，也可以另建数据库。不过前者更经济，而且便于同一功能不同层次系统的整合。

第 2 章　电子政务建设的管理体制与方法

2.1　电子政务建设管理体制

如何确保电子政务可持续发展，是现阶段电子政务建设需要思考的关键问题，而电子政务的管理体制问题则是重中之重。

电子政务管理体制是电子政务起步时最早遇到、也是一直以来强调最多的问题。这一问题几乎在任何一个电子政务相关文件中都可以看到，在关于电子政务大部分文章中也经常提到。可见，电子政务建设的管理体制，是一个深受人们关注的问题。目前国内电子政务管理体制存在四种形式：一是成立各种形式的领导小组及办公室（临时机构）；二是成立专职机构，如信息办、信息产业厅（局）、省市信息中心；三是落实到一个政府部门机构来负责，如科技局、计委；四是由各级办公厅（室）处室管理。这些管理机构的设置都在一定程度上推进了电子政务的发展，但是我们认为，这并不完全符合现阶段电子政务发展的要求，其中主要的问题就是：这些机构定位是否合理？作用职能是否到位？

我们认为，产生这些主要问题的原因，首先是政出多门，多个机构步调不一致。前两年，地方根据上级有关机构意见，下文通知各市（区）县政府一律停建缓建政务信息化建设项目，但是同期上级有关部门又要求各地抓紧建设，这使地方政府无所适从。其次是临时机构规格很高，但主管日常工作的可能就是一个处级机构，临时机构又不是正式行政机构，政府目标考核也不明确，这导致实际协调、推进的效果很不理想。新设立的很多专职机构由于起步规格不高，实际上都是挂在一个政府部门，对现阶段电子政务全局性工作的作用往往不能到位。办公厅（室）系统的机构往往行政职能不到位，也不能发挥应有的作用。因此，电子政务管理体制问题到了急需解决的地步，需要以现行中国政府的管理体制为前提，适时建立合理的电子政务管理体制，设置相应的管理机构。我们认为，应该明确以下几个问题。

2.1.1　电子政务的本质是利用现代通信技术的政务创新

人们对于电子政务的涵义理解并不统一，但人们普遍承认：电子政务中的关键是"政务"，而不是"电子"，在电子政务中，"政务"是主体、是内容、是灵魂，而"电子"是手段，是为革新和改进政务服务的。因此，电子政务的本质是利用现代通信技术的政务创新。只有各级政府、各级领导机关及其管理者、领导者们对电子政务的本质有了这样的把握，才可能在现行政府管理体制里，摆正电子政务管理机构的设置位置。

2.1.2 因地制宜地确立电子政务管理体制

电子政务不仅与信息科学技术和通信环境直接联系，而且与社会经济发展水平有着必然联系，所以，一方面，总体而论电子政务是快速变化的发展性事物，电子政务的发展变化也决定了电子政务管理体制随之发展变化；另一方面，我国地域广大、各地社会经济发展不均，决定了不同地域、不同地区的电子发展现状，也就决定了这些地域、这些地区在电子政务管理体制上与其他地域、其他地区是有所不同的。

2.1.3 我国电子政务管理体制的基本结构

一个政府的电子政务管理体制的基本结构应该包括：协调小组、管理职能机构、实施机构、咨询机构、各部门的专职机构、参与的企业这些组成部分。其中最主要是前三个部分。

第一，电子政务协调小组是不可缺少的，协调小组实际体现领导建设电子政务的意图，各级领导如果不能对管理现状具有深刻的洞察力和理解，就不能在较高的层次、开阔的视野里对管理现状开展批判性、建设性反思，就只能仅仅停留在工具层面，电子政务的潜力将无从发挥，电子政务的意义会大打折扣。各级领导要站在建设社会主义政治文明的高度、站在实现"执政为民"宗旨的层面上，有政府管理的标准和绩效意识，并落实在具体制度中。

第二，有具有权威的电子政务管理机构。这样的管理机构应该是各级政府办公厅（室）领导兼任的行政机构。这样责权才能与现在面临的信息资源整合，与为社会提供各类服务相对应，因其行政范围涉及一级政府的各项政务，也可以使技术与政务有效的结合。如果机构负责人不是办公厅（室）领导，那跨部门工作就只有通过协调小组来实现，但往往这是一个临时机构，因此就可能事倍功半，以至不能实施到位。

第三，有独立或相对独立的实施机构。实施机构可以是各部门的信息中心或者服务外包企业。由于政府往往没有真正的权威专家，因此在立项、开发和合作方式、规划进程及费用等方面缺乏科学的论证咨询，这是需要我们在实施过程中始终注意的问题。

2.1.4 明确管理机构职能

发展电子政务涉及很多问题，但管理体制是电子政务走向制度化、规范化的重要保证，其中管理机构又是基础。电子政务管理机构的职能主要包括：一是领导职能。负责解决、协调电子政务建设中的重大问题，督促检查工作，并建立科学的审议和评估机制。二是协调职能。它首先要处理好与市场的关系；其次要协调好电子政务管理机构在垂直方面的关系；最后是人员，管理机构、实施机构迫切需要两栖人才，既懂政务又懂技术。目前公务员队伍的素质还不够高，这已经成为制约我国电子政务发展的"瓶颈"。电子政务很大程度上是应用，人员的情况决定了电子政务推广的进度。

2.2 电子政务建设管理方法

在电子政务建设过程中,技术不能起到综合协调作用,管理才是技术的指挥棒。对于电子政务建设而言,最关键的问题不是硬件的配置、软件的变革,而是从系统工程角度,将复杂的办公自动化工作流程梳理清楚、明确信息化建设的核心所在。

2.2.1 管理的三阶段

纵观我国信息化建设发展历程和发展现状,信息化管理工作大致可划分为三个阶段:

(1) 硬件环境建设。包括建设网络环境、普及微机知识、进行单机操作、实现远程数据通信等。应将工作定位于网络系统的硬件建设、人员培训、宣传普及和推广。其中,硬件技术、人员培训是首要工作,这一阶段应以技术部门的管理与技术工作为主。目前各部委信息化建设第一阶段的任务已基本完成。

(2) 信息共享。主要实现各类数据在网上操作,实现各部门间的信息在局域网上有限制地共享,实现广域网上信息的查询、传递。该阶段的工作重点是建立标准和规范,协调各部门、各单位的关系。在这一阶段,管理工作开始发挥重要作用,管理部门的综合管理工作与技术部门的技术保障工作需要相辅相成。就现状而言,各单位内部利用计算机系统处理不同类别信息的能力还不平均。

(3) 各类政务信息在广域网和局域网有限制地运行,实现信息系统对本行业领导与人员的辅助决策功能。包括信息服务和辅助管理,各项工作通过网络系统进行规范处理,各方面信息均可在网上根据授权进行公开。在这一阶段,计算机系统被视为一种得心应手的办公工具,而不再是神秘莫测的高科技产物。因此,这一阶段的工作重点应以管理部门的管理工作为主,技术部门主要职责是技术保障或对专业信息进行分类和收集。目前绝大多数单位尚未达到这一层面。

2.2.2 电子政务"三好三差"

从信息化管理工作划分的三个阶段进行分析,电子政务建设运行状态呈现出"三好三差"的局面。

广域网上运行的行业信息较好,比如全国海关联网系统上的数据信息,而局域网上运行的政务信息较差,比如各部委内部办公系统上的数据信息;公共信息运行较好,比如各单位内部的事务性信息发布平台以及外网主页,而涉密信息运行较差,包括涉密的公文、档案和部分共享信息;少数人使用的应用软件较好,像财务软件已在全国各行业推广,而多数人使用的应用软件较差,这当中主要指内网的办公自动化软件。

这当中的"三差"恰恰是目前阻碍信息化建设发展的根源所在,如果这些基础问题不解决,电子政务建设的深层次应用就无从谈起。1993 年机构改革时,将各部委信息中心划为事业单位,多数单位的信息中心都是作为一个纯技术部门存在,他们在处理技术工作方面的确十分在行,但是他们在协调各方面关系,系统解决各方面需求以及制定管理决策上并没有太多经验。

由此可见，信息化系统建设并不是一项纯技术性的工作。如果没有正确的管理理念、科学的管理机制、明确的管理目标、规范的管理平台、有效的管理措施，技术难有用武之地。

2.2.3 转变的核心是转轨

解决电子政务建设核心问题必须从各单位内部管理机制入手。

在理顺管理体制上，必须先要转变管理观念，在信息化建设过程中明确主管部门。在上述信息化建设三个发展阶段中，当各单位完成信息化建设第一阶段的任务后（基本建设阶段），面临的主要任务是如何尽快转轨。此时的关键在于管理权限如何实现由技术部门向管理部门的转变，而这一转变的前提就是转变观念——从认为计算机及网络技术纯属高科技转变为将计算机及其网络定位于单位日常办公的工具；从技术部门掌握高科技转变为服务部门提供办公工具。

这一认识的转变将遭遇很大阻力，如果各单位的技术部门从心理上无法接受由负责部门转变为服务部门的观点，将只能延续多数单位目前仍维持技术部门负责信息化工作的现状，这将直接导致第二阶段的工作很难深入开展，而走向第三阶段更是无从谈起。

实际上，计算机、网络都是一种提供高效、便捷办公方式的工具，必须切合工作需求，为提高工作效率服务。如果不能正视这一点，不能满足各项管理工作的需要，技术将无用武之地，信息化进程也很难获得飞跃式推进。

2.3 电子政务建设项目的组织与管理[①]

电子政务建设项目是为实现高效、透明、规范的电子化内部协同办公和对外服务，提高政府竞争力而进行的一系列投资。建设的目的是通过信息网络，提高政府监管能力和服务水平，提高行政效率，促进政府信息和决策的透明化，不以商业利润为基本追求，而是以社会公众利益为主要方向，具有公共项目的特征。每个项目的建设都具有相当重要的现实意义。同时，电子政务建设又是一个投资大、历时长、涉及面广的系统工程，它的艰巨性和复杂性，以及对政府影响的长期性和广泛性决定了项目的建设必须加强组织与管理。

通常情况下，一个电子政务项目建设应包括如下过程：成立电子政务项目建设工作组——开展前期调研工作——进行项目的需求分析——公开征集技术方案——编制项目建设方案——提请专家进行论证——报批（立项）与落实建设资金——以建设方案为基础，形成招标文件——公开招标——工程实施——工程验收——组织培训——加强项目的使用、管理与维护工作。

（1）成立项目建设工作组

电子政务建设项目的自身特点决定了任何一个建设项目都不能单独依靠某个人的力量和智慧去完成，需要吸收多方面人员组成项目建设工作组共同完成。通常情况下，项目建

---

① 主要参考：姜春超，张贺，袁静. 电子政务建设项目的组织与管理.
http://www.ccw.com.cn/applic/forum/htm2004/20040217_13K52.asp.

设工作组由有关专家、项目的组织人员、各方面技术人员组成，具体负责项目的组织与管理，项目组的工作方式可以根据具体情况选择集中办公或临时集结。大型的建设项目还需要成立由主管领导挂帅的项目建设工作领导小组，加强对项目建设的领导与协调。领导小组下设具体工作组，分别负责某方面工作。

（2）开展前期调研

调研主要包括以下内容：一是国家信息化政策、国家电子政务指导思想、总体规划以及上级政府和部门对电子政务工作的具体要求，这是指导项目建设的依据。二是本地区、本部门政务信息化建设的现状，这是项目建设的外部环境和条件。三是具体项目建设的可行性，这是项目成功实施的关键和保证。四是规模相当、性质相近的有关成功案例，这可以为项目的成功实施提供宝贵的经验。

（3）进行项目的需求分析

需求分析是项目建设实施过程中最基础的环节，决定了整个项目建设的成败。项目的需求分析工作是在全面掌握调研材料基础上展开的。需求分析按照由大到小、由粗到精、由全体到局部的过程分步实施，主要采取座谈、研讨、实地考察等方式进行。需求分析的主要内容包括：根据国家以及上级政府和部门在电子政务建设方面的规划和要求，从本地区、本部门电子政务基础设施和现状实际出发，理清政府管理的业务流程，分析系统建设的依据和可行性，分析系统建设的总体目标、系统结构、主要功能、具体任务以及所遵循的建设原则，最后，形成项目建设需求方案。必要时可将需求方案提请专家进行论证。

（4）公开征集技术方案

这个环节是需求和技术进行首次结合的过程。需求方案形成后，项目建设工作组可通过有一定影响力的公共媒体，通常采取无偿的方式，面向网络集成商和设备供应商公开征集技术解决方案。征集方案的通知中通常要说明征集方案的目的、征集方案的对象及资质、索取需求方案的地点、时间和联系人以及返回技术方案的截止日期等。

（5）编制项目建设方案

编制项目建设方案是在收回技术方案后，项目建设工作组成员按照需求方案组成部分进行相对分工，分头对技术方案进行认真研读，弄清各家方案的总体思路，采用的有关技术，以及与需求方案的结合程度等。然后，工作组成员集中一起，由组长首先提出项目建设方案的总体框架在组内进行充分讨论，达成共识后，以收回的技术方案为基础，采众家之长，结合具体需求，进行项目建设方案的编制。方案要紧密结合本地、本部门实际，以满足实际应用需求作为惟一标准，突出实用、注重实效，避免由于盲目追求设备的先进性、高性能、高起点，造成资金浪费。

（6）提请专家论证

项目建设工作组要做好组织专家论证的各项前期准备工作，预先将方案复印分送有关专家，以保证专家有足够的时间审查方案，做好参会准备，保证专家在会上充分发表意见，确保方案制定的科学性、可行性、合理性以及可操作性。专家论证会应对所论证方案形成具体的书面意见，供领导决策。

（7）报批（立项）与落实建设资金

专家论证后，项目建设工作组须按照专家论证意见对方案进行相应地调整和修改，总结项目的前期工作情况形成工作报告，以建设方案为基础，本着多渠道筹集资金的原则，提出落实资金的请示或建议，连同项目建设方案、专家论证意见等材料一并报领导审批。

(8) 以建设方案为基础形成招标文件

电子政务建设项目招标是政府采购行为，此时，项目建设工作组的主要任务是和政府采购部门联系落实招标工作相关事宜，起草招标申请或委托函，确认项目立项已获批准，项目资金已经落实，界定投标企业资质，同时，以建设方案为基础，编制招标文件的技术文档，送采购部门一并形成招标文件。

(9) 公开招标

招标工作在政府采购部门的统一组织下进行。公开招标包括很多环节，其中至关重要的环节是开标、评标和定标。开标是指在规定的日期、时间、地点公开启封收到的所有投标书，由采购组织部门当众宣布投标者名称和报价；评标工作是评标委员会在众多参与投标活动的投标人中，依据技术参数、价格、提供售后服务等因素，客观、公正地评出中标者的评审活动和过程。定标是指根据评标结果确定中标人，形成评标报告，下发《中标通知书》的过程。在招标过程中，建设单位作为业主，根据《招标投标法》全过程参与各环节的活动。

《中标通知书》发出后，项目建设工作组要与中标企业尽快确定时间，在采购部门的主持下，对合同文件进行细节上的交流与谈判，达成一致后即签定承包合同。这时，中标人的身份发生了变化，由中标人改为承包商，并要对所承包的项目工程负经济和法律责任。至此，整个工程的招标及评标工作宣告结束，正式转入工程的实施阶段。

合同内容要求包括：建设要求、功能要求、工程标准规范、设备型号、数量、配置与价格、设备到货与安装调试时间、软件要求、工程进度要求、测试方法、验收要求、培训计划、拨款方式、技术文档要求、保修和售后服务以及违约责任等事项。这是通常的做法，有时为了简单明晰，特别是大的工程项目，合同可以仅包括商务方面的内容条款，而技术方面的内容则通过制定具体的实施方案确定，这也为工程的组织实施提供了依据。

(10) 工程实施

工程实施是项目建设的关键阶段，实施工作的好坏直接关系项目的成败。工程实施的核心问题是工程的进度和质量。转入工程实施阶段后，项目建设工作组的工作重点主要是切实发挥好组织、协调、监督和管理的作用。要加强工作的组织与协调，为项目的建设提供良好的外部环境和内部条件；列出详细的并切合实际的工程实施进度表，严格按照工程进度组织进行，特别是可以并行的建设项目，要做到心中有数，有条不紊，注意衔接；按照工程建设方案，严把工程质量关，将方案中包括的建设目标和主要任务落到实处。

(11) 工程验收

工程验收是对工程的检查和总结，通常由政府采购部门组织参与该项目的评标专家进行。工程验收前，项目建设工作组要组织和督促项目承包商将工程建设过程中形成的资料、图表、技术文件等基础数据收集整理好，确保完整、齐全，对系统进行全面测试并起草完成对任务进行分解的详尽的工程验收报告，以便考核。准备工作完成后，及时和采购部门沟通协商，确定项目验收时间。项目验收按照听取项目建设情况报告、项目建设有关问题质询、现场勘查和测试等程序进行，专家组要根据验收情况形成书面验收意见，对工程中尚存在的问题要提出改进意见或整改措施。

(12) 组织培训

做好培训工作是确保系统高效运转的保障。一个新的系统建设完成后，要组织对使用人员的培训和技术管理人员的培训。使用人员的培训通常由项目工作组统一组织，承包商现场完成，通过培训，要做到能够熟练操作和使用；技术人员的培训一是通过参与工程建设、熟悉情况，在具体工作中进行，二是参加主要设备供应厂家提供的专题培训，全面掌握设备性能和维护技能，确保设备维护工作的正常进行。

（13）加强使用管理与维护

建设的目的在于应用，只有将建设项目很好地应用于具体的工作实际，才能使系统切实发挥作用，提高工作效率。因此，项目建成后，要制定相应的制度和措施，落实相关工作责任制，建立顺畅的运行与维护机制，确保系统高效运行。

第 3 章 电子政务的建设模式

3.1 电子政务建设模式的概念与分类

3.1.1 什么是模式

模式,即 pattern。其实就是解决某一类问题的方法论。我们把解决某类问题的方法总结归纳到理论高度,那就是模式。Alexander 给出的经典定义是:每个模式都描述了一个在我们的环境中不断出现的问题,然后描述了该问题的解决方案的核心。通过这种方式,可以无数次地使用那些已有的解决方案,无需再重复相同的工作。

模式不同于"框架"。框架即 framework。其实就是某种应用的半成品,就是一组组件,供我们选用完成我们自己的系统。简单说就是使用别人搭好的舞台,来做表演。而且,框架一般是成熟的,不断升级的软件。模式不是框架(Framework),也不是过程。模式也不是简单的"问题的解决方案",因为模式必须是典型问题的解决方案,是可以让学习者举一反三的,有研究价值、有交流价值,有自己的名字的例子。

模式不能简单的套用。不要以为在任何一个系统中都要使用某些设计模式。系统的设计也不是含有设计模式就好,更不是含有越多的设计模式就越好。

模式有不同的领域,建筑领域有建筑模式,软件设计领域也有设计模式。当一个领域逐渐成熟的时候,自然会出现很多模式。

3.1.2 如何设计模式

一开始,我们可以把模式想象成一种特别巧妙和敏锐的、用以解决某类特定问题的方法。更确切地说,许多人从不同角度解决了某个问题,最终大家提出了最通用和灵活的解决办法。这个问题可能是我们以前见过并解决过的,但是我们的方法可能比不上我们将看到的模式所体现的方法来的完整。

尽管它们被称作"设计模式",实际上它们没有仅仅限于设计的范畴。模式看起来似乎跟传统的分析、设计和实现相去甚远;恰恰相反,模式体现的是程序整体的构思,所以有时候它也会出现在分析或者是概要设计阶段。这是个有趣的现象,因为模式可以由代码直接实现,所以我们可能不希望在详细设计或编码以前使用模式,实际上在详细设计和编码之前可能都不会意识到需要某个特定的模式。

模式的基本概念也可以看作是设计的基本概念:即增加一个抽象层。无论什么时候,当我们想把某些东西抽象出来的时候,实际上是在分离特定的细节,这么做的一个有说服力的动机就是把变化的东西从那些不变的东西里分离出来。这个问题的另一种说法是,当我们发现程序的某一部分由于某种原因有可能会变化的话,我们会希望将这些变化不会传播给程序其他部分的代码。这么做不但使程序更容易维护,而且它通常使程序更容易理解(这将降低成本)。

3.1.3 模式的价值与思想

为什么要用模式?因为模式是一种指导,在一个良好的指导下,有助于完成任务,有助于作出一个优良的设计方案,达到事半功倍的效果。而且会得到解决问题的最佳办法。

模式理论的基本思想其实起源于中国,是中国文化的固有思想。每一个自幼受到中国思想熏陶的人,都自然具有这一基本思想。模式的思想存在于中国文化的各个角落,包括哲学、法律、医学、兵法、体育、文学,直到我们行为处事的方式。

模式的思想,长期以来不存在于西方思考方式中,至今也不是西方文化的主流思想。因此学习模式,切忌以西方式的思路学习。不然的话,缘木求鱼,事倍功半。

简单地讲,所谓模式,就是得到很好研究的范例。设计模式,就是设计范例。在《孙子兵法》中,充斥着各种模式。孙子说,"至于死地而后生",就是战争模式。三十六计,条条都是模式,比如"走为上","空城计"也都是战争模式。

这些模式中的每一个都具有典型意义,具有学习价值。通过研究这些模式,学习者可以相互交流,可以在自己的实践中举一反三,推陈出新,加以应用。

3.1.4 电子政务建设模式的选择

虽然到 2005 年初我国各级政府已将实现电子政务作为信息化建设的重要内容,并进入规划或开发建设阶段,但电子政务建设中的种种问题,仍然困扰着各级政府和部门。其中最为关键的问题就是,在电子政务建设过程中采取何种模式更为可取、更为有效。总体而论,要解决这一问题,主要就是回答好两个基本问题:

(1)电子政务的出发点是什么,是以政府的管理职能为出发点,还是以社会公众的需求为出发点?

在刚刚开展全面电子政务建设的阶段,不少政府领导对其运行机制、模式和功能还不是十分清楚。政府各个部门纷纷从其部门管理的角度出发,上马建设一整套从上到下的垂直行业管理体系,将原来的行政审批事项简单地复制到网上来进行,体系之间相互封闭,互不相通,构成一种以自身职能为出发点、以垂直行业管理体系为主导的电子政务框架。那么,这样下去就很可能形成新的部门屏障与数字鸿沟,强化行业部门的局部利益,增大地方政府的管理协调难度,给企业和社会公众增添新的负担。因此,在各级政府开展电子政务建设的时候,一定要明确工作思路和模式,强化部门合作与资源共享。

电子政务就是政府机构运用现代网络通讯与计算机技术,将其内部和外部的管理和服务职能通过精简、优化、整合、重组后到网上实现,打破时间、空间以及部门分隔的制约,为社会公众以及自身提供一体化的高效、优质、廉洁的管理和服务。

电子政务的本质是"以网络为工具,以用户为中心;以应用为灵魂,以便民为目的"。传统的政府工作模式是以政府的机构和职能为中心,企业或公众围绕政府部门转。企业或公众要办一件事,常常必须了解各个政府部门的职能权限、处室分工,然后一个个部门跑,来来回回反复报批。如在某市办一个中外合资企业,涉及 10 个部门的 19 个审批登记环节,需提交几十份材料，少说得来回几十趟，折腾几个月，盖几十个图章。这样的效率，难以面对市场化社会和全球经济的挑战。新型的电子政府工作模式，是要以用户为中心，以用户的需求为出发点，也就是说，政府要围着企业或公众转，把企业和公众真正作为客户，对其进行管理和服务。政府对公众来说是一个整体，一个面孔。公众根据自己的需要提出一项业务请求，在网上查询了解相关法律法规后，根据要求或表单填报材料，提交给一个"电子政府"，由"电子政府"自动分发用户材料到各相关部门，并组织各相关部门在规定的时间范围内对其进行审批。公众不必知道政府部门如何设置，职能如何进行分工，业务需要哪些部门批，由谁批。但随时可以查询了解到审批的状态和反馈的意见，当然也就不必到各政府部门去来回跑了，审批的时间也相应缩短（附图为面对"数字政府"创立一个外资企业的模式）。这样，既可以大幅度提高办事效率，方便用户，又可以大大减少腐败现象的发生，真正体现我们政府是先进生产力的代表和人民群众根本利益的代表。

（2）电子政务建设的主导是什么，是以横向区域性管理体系为主导，还是以垂直行业性管理体系为主导？

要实现上述意义的真正的电子政务，就不能是简单建立各政府部门的网站，以各部门的管理职能为出发点；也不能以垂直行业管理体系为主导，而应当以用户的需求为出发点，以横向区域性政府管理体系为主导，重组优化各行业管理部门的职能，实现"一站式"加"一网式"的服务。

从世界各国开展电子政务建设的经验和发展趋势来看，"以民为本，一网式服务"已经成为世界各国政府的共识。美国、英国、加拿大、日本、新加坡等国家的电子政务系统设计原则都是以区域性政府为主体，按照不同人群和不同需要为主线来展开的。比如英国在线（UK online），开辟"求学"、"求职"、"退休"等一系列针对学生、工人、老人等不同用户的服务。在"退休"所要处理的问题后面，可能牵涉到地方政府劳保部门、人事管理部门的多项管理工作，但这些政府职能都被重新组合，隐藏在"以民为本"的原则后面了。

电子政务的建设要与政府的改革互动配合。我国的经济体系经过20年的改革开放，已经从计划经济向市场经济转型，取得了巨大成就。经济基础的发展也就必然要求作为上层建筑主体的行政管理体系的变革。由此决定了我国政府改革的方向也必然要从以行业管理为主导转向以区域性管理体系为主导，以适应市场经济的发展。因此，电子政务系统的建设也必须以区域管理体系为主导，即要建立起面向用户的、连接各个政府单位的、横向区域性政务平台。随着电子政务的开展，其效益和作用就会逐步显示出来，反过来，又会促进政府机构的进一步优化、改革。

从资源与数据共享，减少重复建设成本看，如果以行业管理体系为主导，其后果是重复建设造成巨大的资源浪费。如果国务院有五十个部，每个部都向35个省市建立自己的垂直管理体系，再向3500个区市、县级辐射。一共就要建立起$50 \times 35 \times 3500$也即600多万个网络平台。全国的政府网络体系就会像蜘蛛网一般。不但造成巨大的资源浪费，运行维护负担沉重，也使政府部门间的数据共享和交换几无可能。相反，如果我们以区域性体系为主导建设供行业体系共享的平台，则原来的乘积关系就变成了相加关系，全国只需建设$50+35+3500=3585$个网络系统，是前者的0.6%。由此可见，不但可以节省相当可观的投资，也可以实现真正的电子政务。

综上所述，我国电子政务应当以"以民为本，一网式管理和服务"作为开展建设的总体框架和思路。以这种思路开发建设的北京中关村海淀园"数字园区"获得了巨大的成功。

经过一年多的运行之后,受到了园区内 6000 多家企业的高度欢迎。根据统计调查结果表明,99.9%的企业欢迎这样的政府工作模式。

3.1.5 电子政务建设模式的类型

以建设工作量为标准,可以把电子政务建设模式分为宏观建设模式与微观建设模式、国家建设模式与地方建设模式;以建设方式与方法为标准,可以把电子政务建设模式分为过程建设模式、技术建设模式、项目建设模式、外包模式;从建设后营运与使用情况看,可以把电子政务建设模式分为企业模式、政企共赢模式等。但总体上看,大体上可以把这些模式分为项目模式、技术模式和管理模式。

3.2 电子政务建设的项目模式

不可质疑,电子政务的建设必须落实到一个又一个的具体工程项目上,才能真正得到实现。也就是说,不能是国家层面的电子政务建设,还是区域、地方、行业、单位层面的电子政务建设,都必须化归为一个个的工程项目。对于这些工程项目,采取何种方式加以实施,既有经济的原因,也有管理原因和安全营运的因素。经过国内外电子政务建设项目的实践,电子政务建设项目大致采用自建模式、外包模式和自建外包模式。

3.2.1 自建模式

所谓自建模式主要就是指政府部门使用自己的技术人员与管理人员,筹集资金、设计规划,实现电子政务网的建设。在自建模式中主要注意以下几点:

(1)建构起内外网两套网络,实现物理隔离。电子政务网的用途分为内部机要文书的传递、对外网络服务以及普通政务业务办理等部分。涉及的内容不同,所需要的安全保密程度也不同。内部机要文书的传递,包含国家机密,访问严格受控,只有每个部门的特定领导,或指定人员才有权限访问。对外网络服务以及普通业务办理是开放给各级公务员、一般市民的普遍服务,要求具有通用的访问方式。两种截然不同需求决定了要建两个物理隔离的网络:政府内网——特定级别以上政务部门的办公网络,承载政府内部业务,与其他网络物理隔离;政务外网——跨越省、市、县,由广域网、城域网、局域网组成的大型办公业务网络,与互联网逻辑隔离。

(2)设备国产化。政务上的信息涉及国家机密,决不允许有任何安全隐患或者"网络后门"存在。要做到这一点,就要从网络设备选型的根本杜绝问题产生的可能。现在国家安全部门已经要求网络设备选型尽量选用国产设备。到 2005 年初国产设备的技术水平和稳定性不断提高,已经基本可以和国外厂商的产品相媲美。采用国产设备,可以在性能,稳定,安全等诸方面全方位满足地方政务网的要求。

(3)确保网络安全。要求所选的网络设备要能保证 7×24 不间断运行。网络平台要采用可靠和先进的设计,设备本身具备冗余电源,冗余主控能力,避免单点故障,保证网络的可靠稳定运行,满足网络集成总体要求,保证政府机关的网络的畅通,确保政务的各项业务不发生因网络设备故障导致的中断。

（4）端口密度满足需要。根据到2005年初的网络现状，各级网络内部，采用千兆光缆进行连接，为保证数据包的正常传输，所选设备要具备千兆端口的线速转发能力。到2005年初单纯依靠CPU转发的路由器因性能不足，无法提供155M以上速率端口的线速转发，不适合网络汇聚层的要求，只能在接入层发挥作用。采用网络处理器（NP）技术或者ASIC技术的路由器才能达到政务网的要求。省，市，县各级网络通过广域网连通。所选的线路采用E1方式的接入。所以汇聚层的设备要具有高密度的E1接入能力。

（5）提供完善三网合一解决方案。随着政府上网工程的深入和进一步开展，地方政务网上承载的业务将越来越多，所需的带宽也越来越大。而且三网合一的发展也将加深对带宽的占用以及对网络设备转发性能的要求。选用的网络设备要具备高性能的转发能力，支持网上的视频（包括流媒体、视频广播等）、语音、数据的传输和网上的其他各项应用。具有服务质量（QOS）保证、流量管理、拥塞控制的能力，保证网络的稳定运行。低端路由器所有处理都依靠CPU完成，当ACL，QOS，NAT等规则被加载时，CPU能力被大量占用，转发性能急剧下降，乃至瘫机。采用网络处理器技术的路由器由专用硬件完成多业务的处理，始终保持转发性能衡定，真正满足政务网的需求。

（6）简单方便的网络管理。网络设备数量多，配置技术水平要求高。但能够承担维护人员数量相对较少，网管中心的高级技术人员也无法应付各类需要。为了保证网络能够正常、稳定的运行，所选的网管平台也要满足如下需求：中文化图形界面，易管理操作；网管系统可分层、分地域、集中或分散设置，问题可以分级处理；应举有配置管理、性能管理、故障管理、计费管理和安全管理；包括通过图形方式监控网络拓扑和节点运行状况、网络信息流量、资源访问以及运行资料的统计与分析，图形化操作一目了然，方便快捷；应具有对其进行二次开发的工具和软件，并协助用户进行二次开发，满足用户功能扩展的需要；应支持主流网管协议；应保证网管软件的升级及兼容性；支持集中和分布网络管理模式，并能灵活设置管理方式，能对各类网络设备进行管理等。

（7）加强组织领导。思想认识到位。信息化建设是一项涉及多行业、多部门的综合性、基础性工作，必须形成联合共建共用共享的共识，统一规划、资源共享、不各自为政搞小而全。建设资金到位。

① 要保证政府的专项资金、奖励资金到位。

② 各部门局域网建设资金要到位，可以采取自筹一点，向上争取一点，财政补贴一点的办法解决。

③ 加大社会融资，筹建信息投资发展公司，实行市场化运作向社会融资，扩大资金来源。人才引进培养到位。一方面，要尽可能多地引进专业对口、水平较高的人才，另一方面，要尽可能在现有队伍中挖掘培养人才，采取走出去、请进来的办法进行培训，参加信息化项目实践活动，增长才干，边干边学，边用边提高；要加强对机关在职人员信息化知识的继续教育与系统培训，推出一些硬性规定，自我加压，鼓励自学成才。

另外，还要注意管理服务到位、组织领导到位、考核奖惩到位等。

3.2.2 外包模式

电子政务是一项庞大的系统工程，一个政府部门不可能完全依靠自己的力量进行电子政务系统的开发和维护，这就要求各级政府部门引入外包机制进行电子政务建设，这样才能经济、高效地把电子政务开展起来。电子政务外包是指政府部门与IT企业签订信息工程建设和技术服务合同，政府部门的信息系统建设及系统的日常运行维护等工作部分或全部委托或外包给专业公司，由他们组织专业技术队伍，为政府部门提供服务。

IT企业与政府部门共同参与电子政务建设，电子政务建设的收益和风险可以由企业与政府共同承担。因此，政府部门可以通过合理的方式授权企业参与筹资、建设、运营和管理。这样，一方面，能够减轻政府部门的财政压力；另一方面，企业也可通过产品开发、技术咨询与服务、数据的商业再开发而获得利润，进而带动信息产业的发展，使电子政务建设进入一种可持续发展的良性循环中。

国内外的实践证明，外包模式已经成为电子政务建设过程中提高工作效率、精简机构、减少开支的发展方向。从经济、效益、效能等诸多方面权衡后，许多国家政府部门的电子政务建设、运行维护都是委托市场化的专业外包服务公司提供服务，政府工作人员只承担行政管理职能、进行信息加工分析、提出对公众服务的项目要求。例如，新西兰政府就特别强调政府部门与私营企业的紧密伙伴关系；墨西哥政府通过建立政府部门与私营电讯企业的战略伙伴关系来解决电子政务建设中政府联网问题；南非的电子税务系统就是由南非政府的税务总局与私营企业合资建设。

新成立的美国运输安全局（TSA）通过采用外包方式获得端到端的服务，使得其在最短的时间获得了系统的运转，而且快速，操作简便。对于这种政府信息系统需求的服务模式的选择，TSA的CIO告诉白宫政府改革委员会技术和政策分会，"如果给我们同样的环境条件，我认为这是惟一的方法可使我们的机构按照我们必须开通的时间来运转"。

电子政务建设外包模式可以提高电子政务项目开发效率和建设水平，减轻国家财政负担。但让IT企业承担部委机关的电子政务建设工作，有人担心这些IT公司接触政府机关的关键业务，容易发生信息泄密。实际上这种担心是多余的，泄密主要还是内部泄密而不是外部泄密。另外，即便IT公司知道了其中的秘密，也不敢泄露，因为一旦泄密，IT企业将失去信誉，甚至可能面临行政处罚（如吊销营业执照等）的危险。还有人还担心IT企业不太了解部委机关的业务流程，电子政务项目需求分析难以进行。实际上，电子政务项目需求分析可以由政府的信息办或信息中心提出。信息中心在电子政务建设中的角色应该是负责本部门的电子政务业务流程再造研究、本部门的电子政务项目规划、本部门的电子政务项目咨询、本部门的电子政务项目监理。

目前，国内不少IT企业已经开始与各级政府部门合作，但，由于我国电子政务还处在起步阶段，所以电子政务建设外包模式还存在不少问题。以前不少单位为了提高电子政务项目开发效率，把电子政务系统开发整体外包给了IT企业，俗称"交钥匙工程"，但政府部门很快发现这些"交钥匙工程"基本都不成功。这是由于中国政府处在转型阶段，政府机构和职能经常发生调整。政府机构和职能每调整一次，相应的电子政务软件就要修改一次。一方面，很多IT企业（特别是小型IT企业）没有采用模块化、可定制的开发方法，往往需求改变时候又要重新开发，过长的开发周期影响政府部门的正常运转，而且政府部门还要追加投资。另一方面，IT企业生命周期通常较短，不少政府部门把电子政务项目外包给IT企业，不久就发现该IT企业已经破产或注销，导致后续运行维护工作难以开展。此外，由于不少IT企业缺乏电子政务项目管理经验，经常出现拖延项目工期，没有完成预定功能模块，开发成本比预期要高，或者在运行过程中经常出现各种各样的错误，政府部门与IT企业相互扯皮的事情时有发生。

那么如何解决这些电子政务建设外包过程中普遍存在问题的问题呢？我们认为，IT企业、政府部门、第三方机构都应该发挥自己的作用。

IT企业要加强软件项目管理，实施电子政务软件CMM工程，提高软件开发质量，缩短软件开发周期，减低软件开发成本。IT企业要及时总结电子政务软件开发模式，规范软件开发流程标准，充分发挥软件复用的好处，改变传统作坊式软件开发方法，逐渐形成流水线式软件开发方法。IT企业还要具有长远的战略眼光，不要过分追求短期利益，改变"打一枪换一个地方"的短视行为，尽量延长自己的生命周期。抓住一个电子政务领域，扎实工作，逐渐积淀，形成自己的核心竞争力，成为这个领域的电子政务软件开发专家。

政府部门要积极采购电子政务咨询服务和电子政务工程项目监理服务。电子政务咨询服务是咨询公司针对各级政府部门在信息化建设过程中存在的各种问题提出建议，例如帮助政府部门制订电子政务发展战略、项目规划和实施方案，帮助政府部门解决电子政务项目产品选型、方案遴选等问题，从而规避电子政务建设中的风险。不过，电子政务咨询是咨询公司与政府部门互动的过程，而不是单纯的"提问—解答"过程。政府部门在选择咨询公司时，要从资信情况、业务能力、建议方案、报价情况4个方面考虑。电子政务工程项目监理是在大型电子政务工程建设中引入第三方参与的管理机制，在政府部门的授权委托下，根据项目的建设目标、业务需求和质量标准，对IT企业提出的技术方案、项目管理活动以及系统设计、开发、集成和实施部署等活动进行全方位、全过程的审核、监督和控制，以保证项目在预算范围内按时、按质完成，以保护政府部门的利益，规避或降低电子政务项目的风险。

第三方机构能够为政府部门提供电子政务咨询、项目监理等各种服务。瑞典的电子政务实践过程中有一条很重要的经验就是充分发挥第三方机构的作用。这些机构有很多是从政府部门逐渐分离出来的，或者是长期与政府部门打交道的，他们了解政府的内部构成，熟悉政府的工作流程，一方面本身可以很快进入电子政务运营和维护的工作角色；另一方面又成为联系政府和企业之间的一座桥梁。这些机构都有自己的工作方向和目标，都是独立管理，独立核算，从而保证第三方机构应有的公正性。中国在推进电子政务外包时，也要充分发挥大专院校的相关研究机构、电子政务领域的学会协会、电子政务咨询公司等第三方机构的作用。

由中国信息协会、国家信息中心共同主办的"电子政务工程外包运营服务交流会暨中国信息协会电子政务专业委员会筹备会"日前在北京召开。此次会议旨在落实国家主管部门关于电子政务工程"投资多元化，工程外包化，营运托管化，政务信息服务部分有偿化"的指示精神，理清思路，努力寻求规范化的外包机制与推动产业发展相结合的有效途径，促进中国电子政务建设沿着市场化、社会化的道路发展。

3.3　电子政务建设的管理模式

3.3.1　电子政务建设的目标模式

电子政务目标模式的基本特点是"服务导向"，以政府的服务质量为主，兼顾政府的管理效率。对于电子政务建设的作用,人们已经达成共识:提高政府内部工作效率;提供更优质、便捷的公共服务;实现我国政府由职能型向服务型的转变。基于这种认识,参考国外电子政务建设的经验,政府的服务质量是电子政务重要目标,因此,电子政务建设一个关键点就是以公共服务实现为中心,具体说来,要切实注意以下几点:

(1) 实现是一个过程。电子政务目标的确定是一个发展的过程。最初,我国政府应用信息技术大多集中在办公自动化等系统中,其直接目的就是要利用先进技术提高工作效率,许多内部工作流程与原有的流程并没有太大差别,甚至可以说是一个把原来手工业务流程"电子化和网络化"的过程,其着眼点就是政府的管理职能。随着我国政府体制改革的推进,"政府由职能型向服务型转变"概念的提出,许多人逐渐认识到电子政务最终是要实现服务型政府,其不仅仅是流程的"电子化",更要围绕服务进行政府流程的优化,因此以服务为中心的建设思想成为了主流。但是,每一项改革和建设都要一定的发展过程,尤其是服务型政府的建立不仅需要电子政务,更需要政府体制改革、内部组织调整、业务流程重组等多项复杂的措施,这就存在一个较长的过渡阶段。

(2) 把管理与服务紧密结合起来。随着我国政府的转型,政府的管理职能将逐渐从单纯的管理向更多元化的治理过渡。从政府的管理理念上看,将从管制逐渐转变到服务,政府的导向性将会有明显的改变。从政府的管理方式上看,将从政府强势管理转变到与公众的广泛互动,公众的意见将会及时反馈到政府部门,作为其决策支持的重要内容。从政府管理的手段上看,将从单一的行政手段转变到适度引入市场机制,政府与非营利性组织、企业等在实施管理职能上的合作将越来越多。从政府管理的过程来看,将从以控制过程为重点逐步转变到以控制成本为重点,政府部门对结果(投入产出比等)将会越来越重视,绩效评估等手段将被越来越多地应用。同时,随着我国经济体制的改变,公共服务的实现形式也有了较大的变化。在计划经济体制下,公共服务主要由政府直接提供资金,由政府和国有企业、事业单位等共同提供服务项目;但在市场经济体制下,政府完全提供资金的公共服务项目将逐渐减少,政府将与一些非营利性组织,甚至许多私营企业合作,共同为企业和个人提供一些公共服务,这样将在保留政府一定管理职能的条件下,解决政府资金不足的问题,增加公共服务项目的范围。到2005年初看来,我国政府的管理和服务两项职能是相互融合、不可分割的:管理要向服务转变,服务也需要管理。汪玉凯指出,电子政务建设是要提高公共服务的质量和透明度,增强公众满意度,这些不仅需要政府的服务水平得到提高,政府内部的管理效率也同样需要提高,因此在建设中既要重视服务质量,也要重视管理效率。

(3) 注重后续建设。基于"服务导向型"目标模式,后续的电子政务建设需要注意以下几点:首先是在应用系统建设中,可以从管理系统上切入,但必须同时考虑管理和服务两项职能;其次是电子手段和政务流程需要融合,要梳理好现有的业务,业务流程清晰后再利用信息技术对其进行优化应用;第三点是要注重门户网站和政务外网的建设,尤其要突出对公众的服务项目的信息化建设;第四点是核心政务应用系统和各部门业务系统完整对接,最大限度地实现政府各部门间网上协同和资源共享;最后是要着重电话在电子化服务中的应用,由于经济条件的限制,许多人还接触不到互联网,但电话却已经得到了最广泛的应用,通过电话实现公共服务的众多功能成为到2005年初比较经济的一种选择。

3.3.2 "双棱柱"发展模式

中国社科院信息化研究中心课题组完成一份关于电子政务建设的报告,从行政生态学的新颖角度研究了电子政务发展规律。该报告认为:我国电子政务的行政体制与其他国家不同,我国应在转变公共产品和服务的生产方式过程中,建立"双棱柱型"行政模式,适时全面推进政府流程再造和服务型政府的建立。第一个棱柱是实现农业组织方式向工业组织方式的过渡;第二个棱柱是实现工业组织方式向信息组织方式的过渡。这是由我国所处的半农业、半工业、半信息化的复杂行政环境决定的。不考虑行政环境中的农业社会遗留问题,行政策略选择就会脱离国情;不考虑行政环境中的信息社会挑战问题,行政策略选择就会丧失机遇;更重要的是,不考虑工业社会的现实问题,行政策略选择就会失去重心。

这种模式的特征在于不是以我国现有政策为框架,而是把现有政策放在更广泛的国际框架中,进行实证比较;它并不评价政策本身的是非,而把重点放在政策与环境的适应关系上,按照国际上的统计概率,看类似国情环境条件下,别人能做到什么程度,我国能做到什么程度。

经济要素作为行政环境的首要环境因素,对电子政务的发展阶段和策略选择,具有决定性影响。一个国家电子政务发展阶段和策略,与其经济要素水平,呈现高度正相关性。经济要素水平高的,电子政务发展阶段和策略较高;经济要素水平低的,电子政务发展阶段和策略水平低。而其他三个环境要素(沟通网、创新基础和人力资源),只在组间比较存在类似规律;组内比较不存在类似规律。

我国电子政务处在从技术应用阶段向政府信息化管理阶段转变时期,联合国电子政府指数报告显示,我国排名第 93 位,处于电子政务次发达国家的范围。到 2005 年初,我国电子政务建设主要存在三方面的问题:一是重技术、轻管理;二是在管理上,重职能、轻流程;三是对于结合国情,利用电子政务促进社会主义民主建设有待加强。到 2005 年初,我国电子政务建设正处于从技术应用向管理信息化转变的过程之中,少数发达地区和部分电子政务走在前面的部委,正在尝试进行政府扁平化服务的创造性实践。总的看来,我国电子政务的策略选择,大体是适合行政环境的。

3.3.3 企业型的新加坡模式

在新加坡政府看来,"让政府看起来像公司"即意味着如何利用技术和新的运作模式来保持和提升政府内部流程及内外互动的效率。

在新加坡,人们又将迎来一个炎热的圣诞节。在最热闹的乌节路到滨海湾一带,2003 年的亮灯仪式已经在 11 月 13 日提前启动,它们将一直"炫"到明年的 1 月 2 日。如果我们正是其中一位被"引诱"的游客,则有可能会因为一些乘客在樟宜机场受到的"特殊待遇"而不解——看起来都是普通人,他们却不使用护照,凭一张卡就能轻松入境,简单得像进入公司办公室一样。

这正是新加坡民航局、新加坡航空公司和移民及关卡局合作推出的"全自动顺畅通行系统(Fully Automated Seamless Travel,FAST)"。从 2003 年 11 月开始,新加坡政府首先邀请了新加坡航空公司常客飞行计划的会员来试用这个系统。他们将获得一张存有持卡人生物认证资料（如指纹、眼睛虹膜影像等）的智能卡，凭此卡在樟宜机场办理出入境手续将会完全自动化完成，测试期为半年。新加坡的企业式电子政务建设模式其特点有以下几点：

（1）将政策和运作分开

新加坡政府建设电子政务的远景是通过在线的电子公共事业服务提升整个社会的效率和便捷性，例如很多的公共服务都是 7×24 小时的。政务宗旨是"以公民为中心"，让各个政府部门的服务无缝、集成地结合起来，为公民提供服务。要实现电子政府，就需要从根本上想清楚，怎么利用技术和新的商业模式来提升内部流程和内外互动的效率。

在现实中，政府会根据公民的需要调整流程，而不是让公民围着我们的流程转。举一个例子，假设我是一个想开酒吧的小贩，首先需要有工商类政府部门的注册；如果想提供消遣节目，还得去内政部和警察部门拿批准证；如果还想卖食品，则需要去环境发展部门拿许可证。不过新加坡政府网站上的"企业注册"功能可以让公民顺利地完成上述的整个过程，而无需知道背后有哪些政府部门在提供服务。

从新加坡政府自身来说，保持高效率是政府看起来像公司的要素。政府有很多诸如国防部这样的政府部门，但在这些部门下面政府设置了半官方的"法定机构"，负责所有实际事务的运作，例如 IDA。法定机构拥有自己的"法令"，政府必须要按照法令来操作。换句话说，政府部门的公务员主要做一些政策方面的事情，法定机构则更多的是执行和操作。这是新加坡精简政府机构的结果，特别是为了在变化迅速的 IT 领域保持高效率，政府故意将政策和运作分开来做，以保证充分的灵活性。

另外，政府把很多项目外包给企业。在政府的国家电脑化计划刚启动时，只有很少的 IT 人才，但私人企业不同，他们有自己的体系和培训，拥有很好的人才、专业知识和技术创新。例如前面提到的"企业注册"管理系统正是由新加坡电脑系统公司（SCS）开发的。

从这个意义上说，IDA（Investment Dealers Association）就是新加坡政府的 CIO。新加坡信奉自由市场，因为自由市场对于新加坡这样的小国家是最有效率的。同时，竞争机制是持续创新和保持活力的源泉，也能改善公民的整体生活质量。为了让市场充满竞争活力，新加坡政府并不是要去控制，而是去帮助、支持和促进商业的自由发展，只要商业按照政府的准则去运行。

（2）采购过程公正透明

政府通过一整套采购的标准来决定某个企业能不能接手一个项目，这个采购过程是公正透明的。政府让企业写清楚标书之后来参与投标，看他们对项目理解多少，是否有过往的经验，是否真正有能力做。对于一些企业没有做过的新项目，政府就会先让一些具有先驱技术的企业做试点。而在选定了企业之后，另一项非常重要的工作将是项目管理。IDA 有 1200 名员工，其中有 600 人都在做一个事情，就是项目管理。外包不是包给企业干就可以不管了，而是要有一个很好的项目管理，否则项目一定不会成功。

（3）目的明确。

新加坡是一个很小的国家，人力资源很少，为什么要实施电脑化？就是要减少人力。然而，中国人力资源很丰富，减少人力不是一个大前提，或许其他方面例如物流可能更重要。因此，最重要的还是要明白政府需要做什么，策划非常重要。

以"ERP"（电子公路收费系统）为例，政府的停车场是自动收费，中国要不要做呢？这要看中国想要达到什么样的目的。如果我们想要做到不使用现金，就应该做电子收费。

如果是想降低人力资源的话，请人来收费可能成本更低，这样的话为什么还要花几百万元或者几千万元来做这个电子收费？新加坡 ERP 的核心是交通管制，例如某个时候进市区要付钱。而在北京，车辆和道路数量的比例不太平衡可能是堵车的首要原因，在此问题解决之后才是考虑要不要限制进入城市的车辆。所以对于中国电子政务建设首先要明确想要达到什么样的目的。

3.3.4 地方模式

地方政务的电子政务建设是全面实现电子政务的关键。各地在建设与发展电子政务的过程中，总结形成一些对其他地方建设电子政务有重大价值的成功经验和优秀方案，这些经验和方案就是所谓的电子政务建设地方模式。地方模式以市、县政务建设模式为主。

影响市、县级电子政务建设的因素主要有：对建设信息化可带来的影响和效益不清楚，或认知度不高；领导层缺乏开展电子政务的战略思考，相对于所需投入的资金来说，领导层没有看到信息化所能带来预期效益；无序的、无统一规划的个别建设，接口和数据标准不统一，投入的硬件设施和开发的应用系统没有得到很好的利用；区域内的信息化程度很低，推广电子政务所能带来的便利性不能得到充分体现；公务员对信息化的了解和应用水平很低，不愿意改变当前的工作惯性，适应全新的工作方式；政务的现行业务流程手工化程度高，不适宜进行计算机化和网络化操作；政务信息资源没有得到有效的开发利用；地方财政困难，缺乏资金投入。

通常市、县级电子政务建设的顺序是：办公自动化—建立政府网站—网站互动功能—网上办公业务。但是我国市、县级情况比较复杂，如：很多市、县级政府建立了政府网站，但政府部门的办公自动化程度却很低，一些单位甚至没有上网的电脑；一些政府网站开设动态功能，但是县域内信息化程度低，访问量少，不能起到应有的作用。因此，当前的电子政务建设，不能受已往经验的约束，要根据本地区的具体情况和当前信息技术快速发展的现实，充分利用后发优势，争取实现跨越式发展。

市、县级电子政务建设主要考虑两个方面问题：一是政府的管理体制和业务流程。信息技术只是一个工具，政府业务的实现才是电子政务的目的，但同时又要充分考虑信息技术手段对政府管理及其流程的影响。我国到 2005 年初正在大力推进政府职能转变，实施"小政府、大服务"，由管理型政府向服务型政府过渡，政府的管理体制和业务流程将逐步发生变化。二是市、县级区域的信息化程度。虽然近年来我国的国民经济和社会信息化得到快速的发展，但是各个地方的发展速度很不均衡。有相当一部分的政府日常业务，还处在手工处理阶段。政府部门的计算机应用系统，大多是分散的、小型的。

因此市、县级电子政务建设必须做好以下几个步骤：

（1）制定切实可行的规划

电子政务建设一项复杂的系统工程，必须要有计划、有步骤地稳妥推进，要有一个切实可行的规划。

我国政府部门内部的办公信息化还没有完全实现，特别是市、县级政府部门内部的办公自动化程度还非常低。市、县级电子政务建设面临双重任务，既要进一步提升和完善政府内部的信息化建设，又要通过网络化手段把面向公众和社会的服务开展起来，任务是极其繁重的。因此制定市、县级电子政务建设发展规划要有前瞻性和突破性，要与当前信息通信技术发展和政府的机构改革、转变职能相结合。要坚持"统筹规划、分步实施；应用主导、市场动作；互联互通、资源共享；技术创新、保障安全"的指导思想，按照"想得要大、起步要小、扩张要快"的原则进行审慎规划，制定出一个既符合国家政策导向，又适合本地区实际的电子政务发展规划或总体解决方案。

（2）构建安全高效的网络平台

电子政务网络平台是电子政务的基础，它由政务内网和政务外网组成，两网之间物理隔离，政务外网与互联网之间逻辑隔离。政务内网主要运行政务部门内部和部门与部门之间的办公业务。政务外网是政府的业务专网，主要运行政府部门面向社会的专业性服务业务和不需在内网上运行的业务。

到2005年初我国部分省份已经完成省级横向网和部分地市级横向网建设，市、县级横向网建设也全面展开。构建市、县级网络平台，应该要根据地方的目标和实际需求，分步、稳妥地实施，充分利用已有的资源，逐步整合网络平台，将县域内的党政办公网络统一到一个平台，为不同部门、单位的业务系统的互联和资源共享创造条件，同时可以考虑利用省、市的网络平台提供的服务，减少投资和开发。

市、县级政务内网由县（区）部门横向网、乡（镇）办公局域网组成，采用电信运营企业的单独光纤联接，政务外网利用电信运营企业的公用网络，构建与互联网逻辑隔断的虚拟专用网。对县一级政府来说，由于在职能上更趋向微观层面，更多的是执行国家、省政府的宏观决策和提供社会管理、服务，因此"内网"的建设尽量采用最小化的原则，一些不会涉密的部门单位可以不必接入"内网"，其办公网络可以挂在政府外网上，通过外网实现资源共享、互联互通的目的，以缩小内网的建设规模，减少投资。

（4）建设灵活、实用的应用系统

根据政府的组织架构、工作职能和业务流程，电子政务的应用系统可分为三个层次：核心层、业务层和应用层。

市、县级电子政务应根据政府的办公业务流程，有选择地逐步建立灵活、实用的应用系统。从实际的需要来讲，首先建设如公文交换系统、信息发布系统、内部事务管理系统、财务管理系统、领导服务系统、应急指挥系统等政府管理信息系统，然后逐步拓宽应用领域，提高应用层次，逐步向网上办公、面向用户服务方向发展。

（5）充分开发信息资源

信息资源是整个电子政务的灵魂，是体现政务电子化的核心。政府掌握社会80%以上的信息资源，这些资源如何得到有效的利用，是关系到电子政务建设成败的关键。

在市、县级电子政务建设过程中，信息资源的开发利用要注意以下几点：

① 统一标准，协调步伐。信息资源开发要跟上政务信息化的进程，要改变过去那种没有统一规划、统一标准、相对孤立的信息采集运用流程。在市、县级电子政务建设过程中，要同时进行信息资源的开发管理，要与业务应用系统的建设相一致，才能使电子政务发挥真正的作用。

② 突出重点，逐步开发。市、县级电子政务建设的信息资源开发要根据本级政府的职能范围、业务特点，以需求为主导，结合国家、省、市各级政府的各项信息资源开发规划和应用情况，区别轻重缓急，找出本地的应用重点进行有效的开发利用。

③ 多种模式，共同开发。电子政务系统中的信息流大约可分为三种：政府机构内部办公的过程中的政务业务信息流、政府机构对外办公的过程中的公共事务信息流以及社会公

众和企业查询相关信息的过程中的政务咨询信息流。根据三种信息流的不同性质，可以采用不同的开发模式，如：政府部门间业务信息数据库、机要文件数据库等可以由政府自己独立开发；社会保险信息数据库、统计数据库、医疗卫生数据库、政策法规数据库等可以采用与专业公司合作开发的方式；市场商品数据库、企业与产品数据库、人才信息数据库、农情数据库等，则完全可以进行市场化动作，这样可以节省政府大量的人力、物力。

④ 政务信息化建设是"一把手"工程，领导是关键。市、县级电子政务的关键在于地方政府最高决策者对于使用信息技术的认知程度，最高决策者的力度决定了电子政务实施的有效程度。要促进市、县级电子政务建设，必须要有一个由政府主要领导和各部门主要领导组成的领导小组，其作用在于提供信息化建设所需要的资源，协调建设过程中遇到的各方面问题，包括机构、资金、人员、设备等，体现领导对于信息化工程项目的认识和期望。各部门要把信息化建设纳入本部门的重要工作日程，建立信息化建设工作管理责任制，才能加快促进市、县级政务信息化的进程。

电子政务建设不是单纯的办公设备现代化和办公方式智能化，政务信息化的过程是对于政府公务员来说也是一个接受重新教育和训练的过程。特别是市、县级基层政府公务员素质参差不齐，对信息化的认识程度深浅不一，如果不通过信息化应用的教育和培训，提高信息化技术的应用水平，那么信息化建设的成效是无法保证的。而要求和组织全体公务员认识信息化的意义，学习现代信息技术，又是一件必须由"一把手"来抓的事情。

第 4 章 电子政务建设的规划管理

4.1 电子政务建设的整体规划

不同国家、不同地区在电子政务建设的过程中所采取的战略与方案是不尽相同的，实现这些战略与方案的建设步骤也是不尽相同的，但总体上可以概括为规划、实施和监督管理三个基本方面。规划是前提，实施是基础，监理是保障，三者相互促进，相互制约。

关于一个国家或地区在发展和建设电子政务的整体的思路与目标，就是国家层面或地区性的建设规划。例如，2002 年 8 月，中国国家信息化领导小组发表《关于我国电子政务建设的指导意见》，实质上就是未来一段时间内我国建设电子政务的整体规划。又例如《河北省电子政务建设总体规划（2003—2007）》就是河北省 2007 年前建设电子政务的整体规划。

4.1.1 国家层面电子政务建设规划的设计

对于一个国家的电子政务建设规划可以是文件、政策与指导意见，也可能是一系列法律法规和管理条例。我国电子政务建设的总体规划目前没有以法律法规的面孔出现，而一些西方国家则以法律法规来体现，如美国就颁布了《电子政务法》。

1. 提出规划的工作对象

设计规划的工作对象，可以从三个部分进行考虑：起点（对电子政务如何认识），规划的层次和边界，规划的整合。

（1）规划的起点：对电子政务的认识

规划的起点主要理清两个基础问题，一是电子政务的性质；二是电子政务的理念。

电子政务的建设和传统的系统工程有着性质上的差别。电子政务的对象系统是处在变革、发展进程中的政务管理系统，不是一个纯客体（如铁路、机场、水库）建设的系统工程，而是一个包含主体特征的复杂的生命系统。在经济全球化全新的生存竞争的环境中，电子政务是一个集技术水准、经济实力、文化传统于一体，在不断适应环境、不断新陈代谢的演化进程中不断发育成长的有机体。因此，规划的起点就是规范电子政务的理念。

① 电子政务的提出是以新技术革命和全球化为背景的。主要理念由网络、政府管理职能、服务公众三个要素构成，分别表述技术层次（物理层次）、职能层次（逻辑层次）、服务层次（战略层次）的工作对象。电子政务的建设是为了适应国内外环境的变动，从全局的高度组织网络建设、职能优化、服务公众三位一体、同步运行的改革实践。因此，工程的规划是以上述三个层次的有机结合为出发点的。

② 开放的理念。在电子政务与外部环境的关系上，电子政务是政府与开放的市场环境

相互改造，相互优化的吐故纳新的过程。它应是以市场为基础坚持以服务促监管的立场，而不是封闭环境下的"戊戌变法"。

③ 改革的理念。在"电子"和"政务"的关系上，"电子"是手段，优化政府的管理职能，更好地服务人民群众是目的。因此，电子政务的性质不是传统政务流程的电子化，而是通过信息化推动我国的政务改革。"电子"为"政务"服务是工程规划的基本立场。即从提高政府监管的有效性和为公众服务的能力评价项目和网络化需求。

④ 全局的理念。电子政务是一项全局性的政务创新工程。它是以各部门管理信息系统的建设为基础的，但在性质上并不等同于这些管理信息系统扩展的总和。电子政务的理念是全局性的创新理念，是以国家的立场观察各部门信息化需求，从总体上优化管理流程，并推动部门之间互联互通的过程。而不是以部门信息化的立场看待国家电子政务，不是部门信息化建设的必然结果。因此规划的立场是全局的立场，是按照部门职能的关联性整体推进、协调发展的立场。

⑤ 渐进的理念。电子政务是一个渐进的过程，是网络建设、职能优化、服务公众三者之间相互补充、相互渗透、相互改造、逐步成熟的长期任务，不可能一步到位。因此，工程规划也不是一成不变的，它必然在发展的过程中不断的调整和完善。

（2）规划的层次和边界

电子政务规划的层次包含三个概念：概念模型，逻辑模型，物理模型。

① 首先要确定电子政务的概念模型。概念模型提出一个国家、民族电子政务的发展观，作为统一行动的纲领。它的主要内容，第一是确定电子政务的使命，在全球化背景下定义本国的电子政务是什么。第二，提出战略目标和原则（发展战略）。第三，明确路径的选择（个性化道路）和策略（政策措施）。第四，明确推动实施的战略性的组织属性。

② 其次要确定电子政务工程的逻辑模型。制定工程规划，本质上是依据对环境和目标的分析，从总体上确定可实现的信息流结构的最优组合。理论上，这个信息流的最优模型是惟一的。主要内容是：环境分析、目标分析、结构分析、资源分配。环境分析，就是分析现状和约束，识别能干什么，可能干到什么程度；目标分析，就是依据概念模型提出近期可评价的状态目标，明确要干什么，要干到什么程度；结构分析，就是由状态目标确定启动的信息结构，它的外部表现是分系统/数据库的有机结构。即回答怎么干最好的问题；资源分配，就是确定生命体新陈代谢的机制和初始投入的资源。

③ 最后要选择电子政务工程的物理模型。物理模型可以是多重的，按照效益/成本的原则，在多重方案中对支持逻辑结构的物理网络及软、硬件设施进行比较选择，在总体上满足基础物理层次的有效运行。

（3）规划的思路与方法

规划的思路，按通俗的说法就是选择什么样的思路，性质是什么；它的理论背景是什么；相对于进程的战略思路是什么。

在思路选择的性质方面，电子政务的建设体现了政府改革的个性化追求，需要借鉴世界各国的经验，但不可能完全照搬外国人的思维模式；电子政务的本质是改革，是反传统的。不可能完全依托传统的管理模式；电子政务的建设思路必须创新。

规划思路的选择，本质上是寻求通过信息化实现体制创新的路径，也可以说从信息化的视角提出政务改革的指导思想。

2. 研究思路选择的理论背景

思路选择也就是对进程特征的判断。

从信息化的视角看待电子政务改革的指导思想，对进程特征应该做以下几个判断：一是把它看作一个生命体，作为一个复杂系统的生命体，它演化的过程是有规律的。有关信息化曾经提出过一个模型，这个模型叫四阶段模型，包括起步、扩展、定型、成熟等。一般来说，复杂系统的演化要经过这四个阶段，每个阶段的特征是不一样的，我们对这个问题的看法是，思路选择首先要全局观测，这个概念模型一定要大，要纵观全局，包括人文历史在内的所有问题都要想到。起步的过程要小，在这个阶段它一定是一个原型；第二，扩展要快。这个阶段的核心是动力机制问题，实际上就是和市场交互的问题；第三，定型阶段。就是所有业务和环境之间相互协调的水准问题。第四，成熟阶段。就是与外部环境同步运行的水准。这个是我们思路选择的第一个背景，是从一般意义上如何看待这个电子政务的进程的。

从组织系统自组织角度看电子政务系统是一个自组织系统，在这个系统里有很多因素。电子政务形成、发展与完善的进程，也就是其固有自组织理论形成过程。而这个自组织理论，第一个问题就是需要初始的形式体系，这个形式里包含它基本的形式和内容。比如说，我们需要有一个平台——国家信息平台，它同时需要有信息资源网的原型和业务原型之间的一种交互。通过它和外部的交换，其新陈代谢就能出现一个新形式，新内容。

对于不能预知和严格定义状态目标的复杂系统，着眼点是提取和控制决定演化的自组织要素。其要素包括：一是基本合理的初始形式原型；第二，必须是开放系统；第三，必须寻找拖动这个系统的需求动力，这个动力能够使它向着优化的方向过渡，就是我们说的需求主导与公众互动。

3. 注意相对于进程的战略思路

依据对象系统的性质和演化的一般规律，按照"大处着想，小处起步，发展迅速"的战略思路进行规划。将工程对应为启动、扩展、定型三个阶段实施；定型阶段现在没有法说，把启动和扩展两个阶段的基本内容尽可能的要提取和规范出来。

"大处着想"就是纵观全局。目的是建立国家或地区个性化的电子政务概念模型。主要工作是：研究环境，信息化和全球化的挑战和机遇；研究对手，各国电子政务的经验和教训；研究自己，历史、现状、特色和比较优势，例如在我国，把电子政务理解为以数字化形态进行的中国文化融入全球化的改革实践，从中国文化的智慧（比较优势）中寻找、确立个性化的发展战略。

"小处起步"就是确定启动原型。目的是在概念模型的基础上，建立电子政务的逻辑模型。它要有启动原型的完整结构，同时要考虑重点业务系统逻辑结构分析的方法。启动原型的完整结构由国家电子政务基础设施的建设、重点业务系统的建设和公共环境的建设三部分构成。其中，基础设施是指建设和整合统一的电子政务网络平台、政府数据中心和安全认证中心，以支持业务运行并推动互联互通和资源共享。重点业务系统的建设是指选择一批最具主导性、相关性、可实施性的项目作为试点示范工程。公共环境的建设是指国家电子政务网络体系的建设以及相关法律法规的制定和完善，在工程起步阶段，推出试行的规范和标准。基础设施、业务系统和公共环境是原型结构运行的三个要素，需要同步建设、协调发展。

"发展迅速"是起步之后的快速扩展。也就是在总结启动原型的经验教训基础上,形成完整的工作方案、工作体制和评价体系。工作对象以应用系统的整合和信息内容建设的扩展为主线,配套发展基础设施和运行环境的建设。工作的重点是研究动力机制的有效性。

4. 要研究自组织进程中的动力要素

在原型启动、扩展、定型的每个阶段中,始终对应着系统的开放性、原型的协调性和需求动力的有效性问题。其中,在开发的市场环境里政府与公众的互动是电子政务的出发点和落脚点。需求主导是贯穿工程建设始终的策略原则,体现了电子政务工程建设中立足国情、激活动力机制的指导思想。

需求主导提出两个原则,一是实用的原则,二是整合的原则。实用的原则是指对原型结构所选择的业务内容,必须讲求实效、效益优先,一切从国情能确切识别的、能够实现的实际需要出发,而不简单套用西方模式;整合的原则是指对原型结构所确定的初始形式,应充分尊重各部门的特征和需求,通过政策导向和动力机制的协调,推动各部门互联互通、共享资源,有步骤、有计划地实现"由线到面,网际互联,消灭孤岛"的整合目标。

适应经济全球化和科技进步加快的国际环境是电子政务建设的初衷,而实现政府与公众的一体化是电子政务的归宿。

在社会发展的医疗、卫生、就业、教育、社会保障等诸领域中,区县一级是纵横信息的交汇点,社区一级是公众需求和社会服务的集散点,整合区县的信息资源,通过建设政府的一站式服务门户与公众的需求互动,完善社区信息服务网络,是电子政务工程的重要环节。

4.1.2 地区性、行业性或地方电子政务建设整体规划

对于一个国家内的地区或行业电子政务建设,其规划往往是在国家层面的基础上制定的较为具体的意见、安排和实施办法。我国各省市县地方电子政务建设的规划以及各行业电子政务建设就属于这种情况。制定这类电子政务建设规划,主要注意围绕以下几个方面展开:

(1) 国内外政府信息化建设的现状与趋势。在国外,特别是欧洲和美国,政府信息化建设在某些领域已经相当成熟,他们的某些案例和运营思路对于政府信息化刚刚起步的国内电子政务领域有相当重要启发作用。而目前国外政府信息化的发展趋势与未来国内电子政务市场的发展趋势应该是基本相同的。

(2) 本地区的电子政务建设的现状和问题。每个地区、每个领域的电子政务都具备差异化,而且由于历史、现实的各种原因,各地区的现状和面临的问题都是不同的。

(3) 提出本地区电子政务建设的目标。电子政务建设的目标是整个电子政务规划最后的目的,如何有步骤、有计划的实现这个目标是我们的规划方案重要的内容,也将对该地区下来的电子政务建设起到指导性的作用。

(4) 电子政务建设的关键问题与思路。统一规划、分步实施;资源整合、拉动产业;统一标准,保障安全;以业务流为主线,同时与政府的职能转变相结合;创新的协同工作模式;使处理流程更加清晰;使信息资源流动更加畅顺;对各分散的信息系统进行整合,

实现"信息集成",充分保护投资;在这个架构基础良好的平台上可以进行扩充,任意增加各种功能模块。

(5)电子政务的目标和分阶段实施计划。主要包括建设先后进度;每阶段的投资;达到的目标;各阶段的关联。

(6)电子政务的应用设计。基础应用:根据各地不同的特点和应用水平提出不同的应用方案,例如:政府信息门户系统、办公自动化系统(OA)、一站式审批系统、数据中心、政府公文交换系统等。综合应用:基于社会、社区全面电子化和信息化基础的电子政务深入应用。例如:网上虚拟政府、网络政治与网络民主、政府客户关系管理系统、电话与网站相结合的呼叫中心系统、知识管理、社区信息化工程、电子采购系统、多媒体网络会议系统、人才资源管理系统等。

(7)电子政务技术平台的系统设计。主要包括电子政务平台系统的体系结构、网络框架,系统的设计原则,安全管理、安全保障体系的内容和实施方法、容灾备份系统的建设策略,基础服务平台,包括安全平台、企业数据交换平台、政府数据交换平台,系统的管理、维护规范,提供系列培训(包括基础技术培训、系统管理培训、电子政务专题培训),系统的推广建议等。

4.2 电子政务建设的阶段规划[①]

不论是国家层面的整体规划还是地区性或地方的整体规划,都是关于国家、地区的中长期发展计划,围绕这样的计划,还要制定可行的实施计划——阶段规划。例如,我国1999年启动的"政府上网工程"以及后来逐渐启动的"金"字工程,在本质上就是发展我国电子政务建设的阶段规划工程。

制定一个战略实施规划要注意遵守以下原则:领导挂帅协调管理;体制机制厉行统一;统一规划、整体设计、系统建设;提高全民信息化意识,大力培养信息化人才。

我国将建立以内网、专网、公众网、资源数据库系统——"三网一库"为构架的政府信息化框架,即在政府内部政务信息化方面建立行政决策系统,在外部建立为公众服务的系统。

以"三网一库"为基础,我国电子政务阶段规划主要包括以下内容:

(1)信息基础结构的建设。加速国家信息化的步伐,经过一段时间的发展,将政府、企业、社会组织和公民连接在一起,使整个社会彼此分享信息。

(2)建设政府机关内部的局域网应用环境。提供各级政府代表人员运用电子邮件、电子目录、电子新闻、电子信箱的环境。

(3)建设和发展电子化政府的系统平台。建设政府信息化服务及信息设施。

(4)发展单一窗口、一站到底的政府信息服务系统。

(5)确保电子政务安全。在电子政务建设中,安全问题直接关系到信息系统的正常运行,关系到系统中信息的安全和可信度。一方面要建立适应我国政府电子化的安全法规。要在各级政府及政府各部门间建立安全保障体系,要采用必要的网络结构安全技术和密钥

[①] 主要参考:马吴星伊. 电子政务网站技术与实务[M]. 北京:航空工业出版社,2003.35-36.

体系，为系统提供保障。这些安全技术包括用户身份认证、网关安全、主机安全、网络安全、内容安全和系统运行安全等具体措施。美国为保障政府信息化发展，制定并颁布了专门的法律、法规和行政命令，如《政府信息公开法》、《个人隐私权保护法》、《美国联邦信息资源管理法》等一系列法律、法规，这些法律对政府信息化发展起着重要的保障和规范的作用。

电子政务建设需要按战略目标分阶段实现。一般情况下可分为四个阶段：启动阶段、发展提高阶段、以公众为中心阶段（成熟服务阶段）、全方面转型阶段（电子政府建立阶段）。

通常电子政务建设的阶段规划报告主要包括以下内容：系统需求分析；确定系统总体目标和建设原则；总体方案设计；系统功能分析；数据规划；网络支撑平台；技术线路与关键技术解决方案；风险与控制；培训计划；项目进度安排；经费筹措；项目建设队伍组织；项目效益分析。

4.3 电子政务建设的项目规划

4.3.1 电子政务建设项目规划的重要性

在进行电子政务项目时"有无前期规划"和"做好前期规划"是完全不同的两个概念。现在几乎所有的项目，都出具了非常规范的项目规划书，但这并不等于规划好。不可否认，许多项目规划书通常参考、甚至是照抄某个类似或者相关工程，而对于本项目，往往缺乏深入的、具体的分析。这就是我们常见的许多项目规划书大同小异，而且往往在执行中又不完全按照项目规划书的要求来实施的真正原因。这里的许多人，包括政府项目规划决策者和技术实施者，还存在这样一种心态：电子政务本身是一件崭新事物，无规律可循，无经验可参，因此只能是探索，是试验，前期规划是无法做好做完善的，只能在错误中摸索经验，例如网络安全，通常是中央、省、地级市和县都拿一个标准，不同部门、不同的流程和不同的环节也用一个标准。这是非常不合理的，不同层面政府、部门和岗位对信息安全标准都应该不一样，绝不能照抄。

为什么项目规划如此重要？这里有三个非常重要的原因：一是如果项目规划都不完善、不符合要求，将来的实施和评价会出问题，而且将导致责任不清；二是项目规划不清的话，将来的资源保障也会出问题，要么需要资源的时候不能及时提供，要么浪费了大量的资源；更大问题是一旦项目完成，将来的维护、更新和管理也将带来更多的问题。例如在政府门户网站建设中，如果在初期的项目规划中，不能决定网站的基本地位，所提供的功能以及与上下左右政府机构网站的关系的话，那么将来大量的子网站（政府业务部门和其他机构）诞生后，每个网站都会遇到一个非常麻烦的事情——难以对信息进行综合处理和利用。

4.3.2 项目规划的设计步骤

（1）建立完善领导机构和实施机构。以地方政府信息化为例，目前在我国通常是这样的情况：

① 成立由该地政府（或部门的）正职、主管信息化的副职、办公厅负责人和该信息中心负责人以及技术专家组成的系统建设领导小组，统筹领导和协同系统建设的全过程。

② 组成通常由主管信息化的副职为首的项目执行机构，主要负责项目的具体落实。即确定决策层和实施层两个机构。

（2）确定明确的需求，以问题和需求为导向，设定总体目标和阶段目标。整个电子政务系统的建设要以符合当地或部门的实际情况和发展需求以及资金状况，优化政府管理工作的各个核心业务流程，提高工作效率，更好地发挥政府宏观管理/综合协同与服务的职能为总体目标，根据实际需求进行轻重缓急安排。具体实施可分为内部建设、政府上网、政务上网、网间互联等几个阶段进行，循序渐进逐步加以完善。做好需求分析是确定总体目标和阶段目标的基本保障，也是项目成功的关键。以地方电子政务为例，先可以从以下方面来确定需求。

（3）进行信息系统总体设计，确定开发应用标准和规范。结合电子政务系统信息和应用的特点，综合考虑网络体系、支撑安全体系、应用体系等组成部分，进行系统的总体设计。同时要建立各子系统所必须依据的统一技术规范、应用平台、指标体系、信息代码、运行管理制度等，以确保整个政务系统成为高效运行的有机整体。这是从整体上将电子政务的任务进行分工。

（4）从技术和功能层面构建基本支撑和应用体系。构建基本支撑体系方面的通常工作有：

① 确定底层通信网，如通常选用 TCP/IP 网络；

② 选用合适的技术开发工具和开发平台；

③ 构建安全管理体制。包括安全监测、实体安全、运行安全、信息安全、网络公共秩序和人员管理等安全法规的规定，以及稽查制度和事故应变制度等；

④ 确定系统可靠性方案，如备份、防病毒、复杂系统的容错、应急体系等。考虑到电子政务系统的应用具备以下特点：随处访问服务，大量的潜在用户，应用必须安全可靠，与工作流程紧密结合，与现有信息系统高度集成等，在构建电子政务应用体系时要遵循以下步骤：

- 熟悉政府机关工作规则、明确需求，划清业务流程，确定每个节点进入、流出的信息与正常工作的运转情况相一致；或者能够通过客户统一设立新流程。
- 建议选择具有高可伸缩性、能够实现多系统并存所需的互操作能力，以及多种资源管理能力的应用开发平台。
- 确定应用开发模式，在构造电子政务系统各子系统和应用环节时，应尽可能投入使用，在应用中发现问题、解决问题，并尽快与已有系统融为一体。
- 遵循系统开发方法：在系统规划和分析阶段采用生命周期法确定系统目标、主要功能、共享数据库，在具体实现上采用原形法，在开发过程中需要政府部门工作人员始终参与系统开发过程。

需要指出的是，由于应用体系的构建应该根据技术发展，应用需求的变化和组织结构的变化，因此它应是一个不断完善，动态调整的循环过程。

（5）进行系统评价标准，确保目标逐渐实现。首先是根据目标确定待评价系统边界和范围，明确评估的目的；其次，确定待评估系统的状态与所处的阶段（如可行性分析、总体设计、系统开发与运行等各阶段），确定适当的评估指标；然后，收集有关数据资料进行计算、分析，得出评估结果，并做出评估报告；再次是根据目前的状况和存在的问题，提出下一步工作计划与改进方案。

4.3.3 电子政务建设项目规划的管理

电子政务建设项目规划的管理也就是电子政务规划期的管理，可以分为规划的管理、需求的管理和预期的管理。

1. 规划的管理

对任何一个地区或部门而言，制定电子政务的总体发展规划，都是有积极意义的。对经济发达的地区和一些重要的政府部门，则是非常必要的。规划的主要目的是根据本地区、本部门的实际情况，辨识电子政务建设的目标（解决经济和社会发展中的什么问题）和优先级，搞清楚应该先做什么，后做什么，他们之间的逻辑关系是什么。并不是每一个部门和地区的电子政务都必须从规划开始。因为，做一个好的规划需要相当的投入；而且，不一定能够做好。根据自身需求，将其他地区或部门已经成功和成熟的系统拿来就用，马上取得效益，也是启动电子政务建设的一种做法。

由于信息技术发展太快，新的技术层出不穷，产品生命周期不断缩短，电子政务的规划期一般都不超过五年。超过五年的规划，五年以后的部分只能是一种目标或任务的描述，很难具体化。规划不能只顾"要什么"，还必须考虑到"有什么"。规划必须考虑其实现的约束条件，如果不根据可以获得的资源（人财物）做规划，规划的目标不能实现，规划就只是一纸空文，没有现实意义。目前，我们的电子政务规划普遍存在不计投入，贪大求全的倾向。只说要什么，不知道要多少钱。

规划的一般原则即电子政务工程项目必须坚持"审慎规划，小步快走"的原则。"大处着想，小处起步，发展迅速"，是国际上公认的信息化系统工程建设的战略原则。规划中确定的项目必须是有效益的，而且，这种效益应该是可以测度的。一哄而上，是电子政务的大忌。

（1）大处着想（Think Big）："大处着想"是把与其相关的、方方面面的问题都想清楚。根据对信息技术发展的预期，审慎地确定本部门、本单位电子政务长远的发展目标，或者说是绘制一个期望实现的"电子政务"的蓝图。规划的目标应该是产出明确、可以测度的，而不是抽象的、概念化的。规划要"大处"着想，"远处"着眼；要充分发挥想象力，要有洞察力。

（2）小处起步（Start Small）：系统建设一定要以小的、容易实现的、效果明显的项目起步，确保"初战必胜"。或者，将大的项目分解成若干个小的项目组织实施。这样做，不仅是为了在实践中锻炼队伍，获得经验，汲取教训；也是为了"以小胜求大胜"，取得领导的信任和用户的支持。无论什么类型的系统，从原型开发入手十分重要。这样，既可以摸清问题的所在，又可以及早地与用户沟通，发现系统设计中的问题。起步小可以把风险降至最小。

（3）发展迅速（Scale Fast）：在已经取得经验和效益的基础上，由点到面，由局部到全局，把原型试点的经验尽快加以推广到整个系统。加快系统扩张的步伐，尽快拿下这个系统所应有的全部经济和社会效益。这样，一方面可以充分享受信息化和信息技术带来的好处；另一方面，也可以扩大影响，在更大程度上取得政府和相关部门的支持。还要善用 80/20 定律。按照"80/20 定律"，我国现阶段的信息化建设应该尽量做到以 20%的努力去获取 80%的效益，而不是再以 80%的努力去争取剩余的 20%的效益。不贪大、不求全，只求效益最好、最大。

2. 需求的管理

需求分析是展开电子政务建设工程的第一步。

要研究电子政务的规划，首先要搞清楚：目前政府或政府部门在履行其职责时面临着哪些问题？最头痛的问题是什么？最困难的问题是什么？或者，经济与社会发展的瓶颈是什么？

其次，是研究和分析这些问题中，哪些有可能通过利用现代信息技术得到比较好的解决？条件是什么？代价是什么？风险是什么？如果这些问题没有想清楚，电子政务的建设最好先不要起步。

准确定义需求很重要。电子政务工程的目标、规划或计划，是根据地区经济社会发展或政府业务改造对信息技术的需求来确定的，不是技术决定的，更不是为电子政务而电子政务的形象工程。实事求是地、准确地定义需求，无论对电子政务的总体规划还是一个具体的电子政务工程项目都是极为重要的。错误的需求评估将导致错误的目标设定、错误的系统设计和开发、错误的网络和软硬件配置，并因而导致资源浪费的严重后果。充分利用公用信息基础设施，少花钱，多办事，是明智的需求战略。

需求是环境、技术和时间的函数。这是需求的特征。一个电子政务工程项目的需求，首先要看该政府部门所处的环境，包括已有的信息技术装备和系统、人员信息化的准备情况，以及系统所针对的业务流就信息化而言的成熟度。此外，还要看适用的信息技术是什么，生命周期有多长，成本有多高。现代信息技术产品的生命周期短则三年，长不过五年，不是立即要用的，轻易不要纳入系统的需求之中。所以，需求也是随时间而变化的。对于一个不成熟的业务流，不应该急于将其信息化。否则，这个系统最终的命运不是作废就是没完没了的改动。

需求要受到地方或部门对于电子政务的可能的投入的约束。即必须"看菜吃饭，量体裁衣"。这是需求的约束。国家或者地方对于电子政务的投入都不可能是"上不封顶"的。政府要做的事情太多，对电子政务的投入一定是有限的。在有限的投入之下，充分地利用有限的资源，做好需求这篇文章，是规划工作和系统设计高水平的体现。

另外，对需求要进行有效的管理。在电子政务工程建设中，由于花的是公家的钱，政府部门有可能夸大需求，"不要白不要"，贪大求全是比较普遍的现象。此外，产品供应商及系统集成商都可能从自身的利益（利润）出发，高估政府部门的实际需求。因此，实事求是地评估需求，对电子政务工程建设而言是一大难点。解决这个问题的办法是发展客观、公正、中立的第三方咨询机构，形成用户、供应商和咨询商三方互相制约的机制。政府部门更要充分利用第三方的咨询机构。

3. 预期的管理

首先要有正确的预期。在进行电子政务的规划时，应该冷静地认识到，信息技术只是一种手段。对于电子政务工程可能产生的效益，必须进行实事求是地、认真地分析；包括可能的经济效益和社会效益。对于经济、社会效益说不清楚的电子政务工程项目，宁可先不上。对电子政务工程不能期望过高，必须实事求是地判定电子政务工程在政府和经济社会发展中可能扮演的角色，只去追求那些肯定可以拿得到手的效益和好处。

同时要明确预期是有限的。不能夸大电子政务在政府职能转变、管理体制改革中的作用，在某些情况下，没有信息技术的帮助，政府某些职能的转变或者管理体制的改革是不可能完成的，或者是非常困难的；但是，并不是所有的情况都是如此。事实上，政府职能的转变、管理体制的改革在很大程度上有赖于领导者的政治意愿，而不是信息技术，信息技术只是"协助"而已。具体负责电子政务工程的领导者或专家要合理地说明"预期"，不能"谎报军情"，不能为了项目审批过关而夸大其词。

实现预期是有一定条件的。电子政务不可能解决一个政府部门中面临的所有问题。恰恰相反，信息化和信息系统只能在一个管理有效、高效率运行的部门才有可能正常运转，充分发挥其功能。因此，要把一个单位的电子政务搞好，实现预期的目标，首先要把这个单位的管理搞好，要有强有力的领导班子，要先理顺这个单位现有的业务和业务流。不能指望用电子政务来解决一个单位领导不力的问题和管理混乱的问题。否则，电子政务工程非但不能成功，反而会带来更多的问题。

预期的控制是负责电子政务工程的领导者或专家的责任，是在强调"有限预期"的基础上，有效地控制预期。不能控制预期，就不能避免失望和失败。经过论证的、比较现实的预期应该让所有的领导和相关干部了解，以统一认识，有利于电子政务工程的顺利实现。信息技术的飞速发展，有可能使人们产生一种过高的、虚假的预期。因此，在电子政务规划和工程进行的过程中，根据客观情况的变化，适时地调整预期是必要的。

4.4 电子政务建设的项目管理

4.4.1 项目管理的重要性

同其他信息化工程一样，电子政务建设首先是一项项目工程，因此必须在其建设过程中采用项目管理的思想和方法。但是在项目管理过程中又必须有所创造，这是由电子政务的目的、制度、手段和评价工具等软性化因素所决定的：与具体建筑类工程相比，通常其功能难以确定和细化；与企业信息化的工程相比，效益难以评价。现在看来电子政务不仅是一项技术应用——通过信息技术提升办公效率，而且更是一项制度变革，即传统政务上网引发的制度和流程的变革。这些效果很难通过技术指标来反映。如果从不同利益者来分析，其建设者、委托者、使用者和收益者的利益四方难以统一，因此要将立项、建设、管理和运营统一起来。这也是电子政务效益最大的难题。自己建，由于没有竞争者，很难具有监督性，且自己本身就是监督者，再加上政府机构的技术人员和专业化水平很难与专业公司相比，因此很难建好。这也就是说必须按照项目管理理论来实施，分清各个阶段主要利益者不同的权利和责任，解决电子政务中各个阶段的难题。在我国目前电子政务的建设、运行、维护的体制问题比较复杂，必须走专业化、市场化的道路，要进行合理分工。谁做得更可靠、更安全、成本更低，都要通过市场化、规模化、专业化的经营手段来进行检验。

4.4.2 我国电子政务项目管理有待加强

在我国即使在许多工程中应用了项目管理的方法,也通常存在以下亟待解决的问题:

(1)项目管理缺乏规划和系统性,项目运作主要体现为过程行为:我国电子政务项目的任务细分与计划性不够,出现项目进度延迟、资源浪费、质量低下或项目失败等现象。其中一个重要原因是项目的规划能力不强,目标不明确,以及下一步发展不清晰,缺乏系统性。例如在建设政府网站时,对于政府网站的功能是什么?网站与政府信息管理系统是什么关系?建设电子政务项目中的多种资源如何有效配置?等等问题,都需进行系统地、全盘地考虑。

(2)项目管理控制体系不健全,缺乏相关的技术标准:同我国其他信息化项目一样,大部分政府机构缺乏完整的项目管理体系,相关的责权不够分明,项目管理的漏洞较多,缺乏协调性。例如决策和执行的关系,通常可能在众多项目中被混合在一起,增加了项目的实施难度,并妨碍其效果的发挥。例如在业务流程改造设计中,本来应该由最高决策层确定的事情,可决策层觉得比较难以处理,把问题推给执行层,而执行层又常常把它推给技术实施公司,结果在技术实施公司层面模糊处理,最终问题在应用中又暴露出来。

(3)项目风险防范意识缺乏,存在不确定性因素:很多电子政务项目管理没有风险防范计划,项目的可行性分析流于形式,项目计划时不注重项目中的来自政府、投资、技术、管理与运作中的风险分析,项目实施中不重视风险的监控。结果因项目风险管理不当招致项目中途停工,或者即使勉强建成也问题成堆。

(4)项目领导技巧普遍欠缺,缺乏有经验的团队:在从事政府项目建设中,来自 IT 企业的项目经理领导技能较弱,在许多情况下对政府内部业务不熟悉,缺乏决断力,加上项目本身存在一些不确定因素,常常出现项目经理不能得到组织高层领导及政府客户的有效支持等问题,导致项目中途下马或更换项目经理。

(5)不注重项目经验总结和知识共享:大多数电子政务项目收尾草率,缺乏项目总结过程,建设与运营脱节,导致项目管理原地踏步,项目绩效较低。当然目前在项目决策与实施,管理与技术之间的处理也存在一定的冲突。同时我国许多电子政务项目建设中存在的问题和积累的经验,还不能普遍、相互地与其他机构共享,导致许多同样的错误在许多项目中不断重演。

4.4.3 国外电子政务项目建设经验

在国外,电子政务项目同样是一个新事物,在实施过程也出现了一些问题,例如目标过高而一时无法实现,导致项目失败,但也有一些值得我们借鉴的经验:

注重项目规划,并将规划制度化。我国目前一些电子政务项目建设思路边走边看,俗语说"草鞋没样,边打边象"。而国外电子政务建设通常具有非常鲜明的计划性,没有通过审查的规划就不能实施,而且会将此规划向社会公布。例如美国联邦政府和地方政府在发展电子政务时,都公布了详细的规划,其内容丰富,计划详细,非常具有可操作性;再如电子欧洲计划和英国出台的各种电子政务计划,其行动方案也是十分清晰,步骤非常明确。

目标明确化,可以考核的电子政务的建设目标愈明确,操作就愈有成效。通常国外电子政务项目在编制后，目标非常明确，而且可以检验考核。例如对办公自动化，可能具体到某个比例的文件必须通过网络来进行信息处理；对于政府业务上网程度、整合程度和处理程度都有明确的规定。同时对于可能带来的效益也一目了然。

形成明确的项目组织机构，而且从各种资源上予以保障。通常国外电子政务项目规划一旦通过，各种资源保障就相应跟上，无须与一些部门讨价还价，从而无需像我国一些电子政务项目，担心半路缺粮或者不断花时间来争取资金，协调关系。这样也保证了电子政务建设的效益与速度。

在规划初期就充分借助外部力量将电子政务项目的咨询、建设和维护等业务分别包给不同的专业公司，每个公司通过自己的专业服务各自承担一块，服务专业，职责分明，效果很好。

4.4.4 电子政务建设项目管理的四大要素[①]

项目管理有四个要素：工作范围、时间、成本、质量。电子政务建设项目管理也包括这四个要素：

（1）范围也称为范围，是指为了实现项目目标而必须完成的所有工作。工作范围根据项目目标分解得到，它指出了"完成哪些工作就可以达到项目的目标"，也就是说"完成哪些工作项目就可以结束了"。要严格控制工作范围的变化，一旦失控就会出现"出力不讨好"的尴尬局面：一方面做了许多与实现目标无关的额外工作，另一方面却因额外工作影响了原定目标的实现，造成商业和声誉的双重损失。

（2）与时间相关的因素用进度计划描述。进度计划不仅说明了完成项目工作范围内所有工作需要的时间，也规定了每个活动的具体开始和完成日期。项目中的活动根据工作范围确定，在确定活动的开始和结束时间还要考虑他们之间的依赖关系。

（3）成本指完成项目需要的所有款项，包括人力成本、原材料、设备租金、分包费用和咨询费用等。

（4）质量是指项目满足需求的程度，而需求可能是明确的，也可能是隐含的。

一般通过定义工作范围中的交付物标准来明确定义，这些标准包括交付物的各种特性及这些特性需要满足的要求，因此交付物在项目管理中有重要的地位。另外，有时还可能对项目的过程有明确要求，比如规定过程应该遵循的规范和标准，并要求提供这些过程得以有效执行的证据。

时间、成本、质量这三个要素简称TQC。对一个电子政务项目来说，最理想的情况当然就是"多、快、好、省"。"多"指工作范围大，"快"指时间短、"好"指质量高，"省"指成本低。在实际工作，要真正做到这几点，是十分不容易的。但作为的标准要求还是可取的。

[①] 主要参考：胡晓惠等. 电子政务实用技术读本[M]. 北京：电子工业出版社，2002.417-418。

第 5 章 电子政务建设的技术设计

电子政务建设不同以往一切建设工程的显著特征就是：电子政务的建设必须在强大的信息科学技术发展基础之上，利用最新的信息科学技术成果和最新的信息网络设施工具，建构一个实体与虚拟相结合的工程。因此，搞好电子政务建设的一个关键环节就是作好建设过程中电子技术的选择与预期。

5.1 信息开发技术设计

5.1.1 概论[①]

电子政务是一个庞大而又复杂的系统，涉及到计算机软硬件设备、计算机网络技术、数据库技术和各种开发工具。因此，在规划和建设电子政务之前，就有一个技术选择的问题。选择何种信息开发技术和开发工具，受到支撑技术开发的物质设施与环境、以往的技术基础、经费、知识产权、规划与政策、人才等多方面因素的影响。

实施电子政务所需要的硬件环境包括服务器、客户机和各种网络设备以及与万维网（互联网）的连接方式；软件环境主要包括操作系统和数据库。操作系统属于系统软件，为用户提供一个服务界面，帮助用户管理计算机的各种资源和外部设备，如存储系统、文件系统、打印机、扫描仪等。建立电子政务系统必须选择合适的操作系统，操作系统的选型要综合考虑操作系统的性能、版权、产品升级、技术支持、是否有丰富的开发工具、维护的难易、系统的安全性等多方面的因素，现在流行的 Windows 系列、Unix 系列和 Linux 系列都是比较成熟的操作系统平台。数据库是电子政务系统中的一个重要支撑平台。电子政务系统的各种信息都存放在数据库中。作为电子政务的后台数据库系统，应当考虑到访问数据库用户的数量、并发的请求数等指标，选择能够支持联机事务处理的大型数据库系统。现在，比较流行的数据库系统包括 Oracle、Sybase、SQL Server、DB2 等大型数据库系统。

在构造好电子政务运行平台之后，上层的各种应用开发将是关键之所在。到目前为止电子政务基于网络的应用大体可以归为三类：政府部门内部的电子化和网络化办公，这主要通过网络办公系统来实现；政府部门之间通过计算机网络进行的信息共享和实时通信，主要通过电子邮件系统来实现；政府部门通过网络与民众之间进行的双向信息交流，主要通过政府网站来实现。因此，相关的开发技术包括：信息存储和挖掘技术，包括信息存储的方法、数据挖掘方法和决策支持等；办公系统开发技术，主要 Lotus 为代表的开发技术；网站开发技术，主要包括 Html、Xml 信息组织方式和 ASP、JSP、PHP 等动态网页开发方

---

① 主要参考：陈兵等. 电子政务技术与安全[M]. 北京：北京大学出版社，2003.2.

5.1.2 电子政务系统软件设计原则[①]

电子政务的建立以信息技术作为基础，从政府信息发布、政府网上服务到政府部门间及政府部门内的信息共享和网络办公，都需要不断发展的信息技术作为保障。与电子政务相关的信息技术包括：web 应用技术、数据库技术、全文信息检索技术、数据仓库和数据挖掘分析技术、网络连接技术、数据通信技术、安全技术等。在这些技术中，对数据和信息进行灵活、有效、多元化的管理尤为重要。电子政务处理过程中要求能够在异构平台、在不同的网络中实现数据交换和业务自动处理，这些必然涉及到数据、公文和文档格式的标准化、统一化，需要建立一个能够描述政府内部、政府部门间和政府与公众间数据交换和业务处理流程的规范标准，以减少数据在处理过程中因标准不统一而引发的诸多问题。

电子政务系统软件开发工作必须遵循以下原则：一是以公众为中心提供服务。服务对象既包括政府机关内部，也包括其他机关、团体、企业和社会公众。二是必须充分利用政府内部资源和技能。三是必须建立完善的信息发布管理机制，针对不同类型的用户提供不同的信息。信息内容包括机关内部信息、可在一定范围内流动的信息和可公开发布的信息。四是必须在联机提供服务的同时也应加强其他服务手段，包括受理各种申请、投诉、建议和要求，既有信息的发布与接收，也有交互的数据处理。五是必须建立坚固、稳定、管理功能强的 Intranet/Intranet 网络平台，提供 24 小时的可用性。六是必须具有强大的数据访问、存储、操作与管理功能。七是必须建立易扩展、易二次开发的应用平台。

根据统计数据及广泛的市场调研，实施电子政务应从以下几个方面入手：

（1）办公自动化。采用符合工作特色的办公系统，加强机构间的协同工作，增强和完善内部知识管理，利用有效的方式与上下级进行信息沟通。

（2）选择经济合理的通信方式。到现在，高速宽带网络发展迅速，我们在选择通信方式时必须对目前及将来的通信速率需求进行预测，这样才能以低成本、高效率、高产出，为社会提供优质服务。

（3）以电子商务为纽带，促进经济的发展。采用网上信息发布、网上预定、网上招标等手段，提供网上查分、网上招生、户籍管理、股市行情、房地产价格等与百姓生活息息相关的信息，为家庭上网注入新的活力，真正给百姓生活带来方便。

（4）终端傻瓜化，吸引普通用户上网。在不久的将来，借助软件的巧妙转换，通过电话接听电子邮件不再是天方夜谭。

（5）实施社区公共信息服务计划，推广网上便民服务。政府将有针对性地把电脑或触摸屏等信息终端配送至街道办事处和居委会，并且与互联网互连，使不具备上网条件的民众能充分享受政府部门提供的便民服务。

电子政务系统以党委、政府等机关为服务对象，必须符合以下需要：

（1）电子政务系统由于是党委、政府等机关的日常事务管理应用系统，是机关的主要业务系统，是关系到机关能否积极有效地发挥职能的关键，因此也是机关迫切需要的计算机管理系统。

---

① 主要参考：陈兵等. 电子政务技术与安全[M]. 北京：北京大学出版社，2003.2.

(2) 目标用户具有明显的层次化。垂直机构设置，上下级单位之间数据交流频繁，应用软件系统结构应提供与上级单位、兄弟单位、下级单位联接的开放接口。

(3) 比较复杂的公文（收文、发文）流程，对文字审核有严格要求。系统应保证公文文字、逻辑等方面的正确性。

(4) 对信息采编（汇编）有较高要求，保证信息上传的顺利进行。

(5) 系统提供了移动办公、远程办公能力。

(6) 系统在实现无纸化办公、提高办公效率的基础上，应注重为领导提供服务；针对为领导服务的要求，系统应该提供领导讲话管理、领导日程安排等功能模块。

(7) 系统为广大用户提供相互交流的场所。

(8) 对系统数据安全、用户权限控制有严格要求。

(9) 系统提供办公数据备份支持。

由于电子政务系统涉及单位大多数工作人员，因此系统使用培训非常关键，正规有效的培训是系统正常运行的保障。

电子政务系统软件采用模块化设计的理念，充分考虑电子政务的普遍性原则，尽可能具备通用性的特点。其核心思想是以目录服务技术为基础，构建网络应用基础平台，能够在多种操作系统环境中并存，在多个局域网互联的情况下实现统一网络用户、统一网络资源、单点登录一次认证、资源使用个性化等管理。

系统尽可能符合电子政务所需要的基本条件，在保证系统安全的前提下，既有使用于内网的组件，也有使用于外网的组件，并且能实现内外网的有机统一。从目前中国各地电子政务的发展情况来看，或者偏重于内网而忽视外网的建设，或者偏重于外网的建设而忽视内网的建设，当然也存在着内外网是两套不能统一于同一个网络平台的系统，造成大量的人力财力的浪费，不能体现电子政务的效能。我们在电子政务的每个组件设计方面都将系统分成若干模块，包括目录区、主信息区、信息处理区、系统管理区等。

目录区：根据电子政务系统软件应遵循的原则，可以组合式安装，能够为各地政府及其部门使用的通用性软件。其安装过程较为简便，只要在目录区填写具体名称、类别等，就可以直接使用电子政务某个特定的部分。

主信息区：系统用户可查询、发布、交流的信息。分为类别信息、部门信息、内部信息等。

信息处理区：分权限对信息进行管理。所有用户在信息系统管理中均设定权限，在平台上构筑一系列内部应用软件，包括内部网门户、信息发布、公文流转、业务跟踪、档案管理、项目管理、经济分析等政府办公和决策软件。

系统管理区：确定系统的类别和用户管理权限，使系统安全、稳定运行。

5.1.3 电子政务的解决方案

目前国内已开发了多种政府上网或电子政务解决方案，考察各种方案在体系结构、支撑平台、以及系统安全等方面的差异，较为成功的解决方案大致有：国信技术（S-ciTech）的 EGS 系统，海信公司电子政务方案，海南中企公司电子政务系统，朗新公司基于 Linux 的政府上网解决方案，慧点科技（Smart Dot）电子政务方案，以及 Lotus E-government 电子政府应用解决方案等。

各种解决方案的硬件系统大都选择技术处于领先地位的著名厂商,如 IBM、HP 的产品。操作系统有 Windows NT/Unix/Linux 三种选择。至于互联网安全系统,各方案原则上都是在内部和外部网络之间设一道防火墙,以保证信息不受外界的攻击,同时又不同外界隔绝。通过防火墙可以在内部对信息进行严格控制,保证信息在有控制、有监督的状态下,为合适的人所利用。只有朗新公司在方案中明确提出使用其自主开发的系列服务器。海信公司指定其路由器、拨号访问服务器、交换机都采用 Cisco 公司的产品。

在应用服务器方面,除基于 Linux 方案以外,其他大多方案无一例外地选择了 Lotus Domino/Notes 产品。

5.1.4 上网方式的选择

电子政务必须在网络中进行,除了通常所谈到的在线网络外,现在甚至可以使用无线上网来实现。不过目前我国在电子政务中使用无线上网来实现电子政务的主要还是无线广域通信网络,但无线广域通信网络的安全性是不可靠的。

无线广域通信网络主要有 CDMA、GPRS、CDPD 等网络制式类型。

(1) CDMA 网络制式

CDMA(Code Division Multiple Access)又称码分多址,是在无线通讯上使用的技术,CDMA 允许所有的使用者同时使用全部频带,并且把其他使用者发出的讯号视为杂讯,完全不必考虑到讯号碰撞(collision)的问题。CDMA 网络是中国联通运营的网络,现在又推出更为稳定的 CDMA 1X 网络系统。CDMA 1X 是在原来 CDMA 基础上的升级,速度更快,容量更高。

CDMA 1X 能给用户提供更宽的带宽,除基本业务外,还提供了无线数据业务。无线数据业务包括以下服务:一是短消息业务,如收发短消息、话费查询、小区广播、铃声下载、LOGO 图片下载、如意呼等;二是无线互联网业务,如 WWW 浏览、WAP 浏览、收发 E-mail、FTP、移动 QQ、信息点播等;三是移动定位业务:如紧急救助、跟踪服务、导航、城市地图、基于位置信息的定点内容广播、移动黄页等;四是移动电子商务业务:如电子银行、电子彩票、电子购票、移动付款、预定服务、移动股票交易等;五是移动多媒体业务:如视频点播、可视电话、交互式游戏等;六是移动 VPN 业务,银行、外企等大的集团用户还可以直接利用 CDMA 网络构建自己的虚拟专用网络。

(2) GPRS 网络制式

GPRS 的英文全称为"General Packet Radio Service",中文含义为"通用分组无线服务",它是利用"包交换"(Packet-Switched)的概念所发展出的一套基于 GSM 系统的无线传输方式。所谓的包交换就是将 Date 封装成许多独立的封包,再将这些封包一个一个传送出去,形式上有点类似寄包裹,采用包交换的好处是只有在有资料需要传送时才会占用频宽,而且可以以传输的资料量计价,这对用户来说是比较合理的计费方式,因为像互联网这类的数据传输大多数的时间频宽是闲置的。

相对原来 GSM 的拨号方式的电路交换数据传送方式,GPRS 是分组交换技术,具有"实时在线"、"按量计费"、"快捷登录"、"高速传输"、"自如切换"的优点。

(3) CDPD 网络制式

CDPD 是 Cellular digital packet data 的缩写,即蜂窝数字式分组数据交换网络,是以分组数据通信技术为基础、利用蜂窝数字移动通信网的组网方式的无线移动数据通信技术，被人们称作真正的无线互联网。

CDPD 网是以数字分组数据技术为基础，以蜂窝移动通信为组网方式的移动无线数据通信网。使用 CDPD 只需在便携机上连接一个专用的无线调制解调器，即使坐在时速 100 公里的车厢内，也不影响上网。CDPD 拥有一张专用的无线数据网，信号不易受干扰，可以上任何网站。与其他无线上网方式相比，CDPD 网可达 19.2 千比特/秒。CDPD 使用中还有诸多特点：安装简便，使用者无需申请电话线或其他线路；通信接通反应快捷，如在商业刷卡中，用 MODEM 接通时间要 20～45 秒，而 CDPD 只要 1 秒；终端系统分移动、固定两种，能实现本地及异地漫游。

CDPD 可以支持移动上网、远程遥测、车辆调度、银行提款、无线炒股、现场服务、商业 POS 系统等等。

5.2 电子政务安全技术设计

5.2.1 概论[①]

电子政务系统行使政府职能的时候，必然会受到来自外部或内部的各种攻击，包括黑客组织、犯罪集团或信息战时期信息对抗等国家行为的攻击。2001 年的中美黑客大战已经充分说明了这一点。在中美黑客对抗中，很多的政府站点被攻破，但大多数的入侵还仅限于修改页面。如果一个敌对国家有计划地对我国政务信息系统进行监听和破坏，窃取或篡改关系到国计民生的绝密数据，后果将不堪设想。所以，电子政务系统本身的重要性和特殊性决定了网络和信息安全是成功实施电子政务的首要条件。

电子政务系统的重要性和特殊性包括：电子政务系统中有众多的政府公文在流转，其中不乏重要情报，有的甚至涉及国家安全，这些信息通过网络传送时不能被窃听、泄密、篡改和伪造。因此，必须保证电子政务系统中信息传输的安全和信息内容本身的安全。

电子政务系统一般通过政府网站对外界发布各种信息，包括政策、法规和条例等等。这些信息是严肃的、权威的，不能被入侵者篡改、歪曲；同时，政府网站收集的各种公众反馈信息必须能够安全地被反馈到相关的政府部门。因此，必须保证政务网站是安全的，不能够被入侵者攻击和破坏。

电子政务系统一旦启用后，必须稳定可靠，从而保证各种业务的连续性和一致性。

综上所述，解决好电子政务系统中信息共享与保密性、完整性的关系、开放性与保护隐私的关系、互联性与局部隔离的关系，是实现"安全的"电子政务的前提。但是，随着万维网用户的不断增长，网络技术的发展和黑客水平的提高，导致网络被恶意或非恶意入侵的机会越来越多。不可否认，万维网的出现给我们带来很大的便利，但是，万维网给我们带来很多积极影响的同时，也给我们带来一些负面影响。近年来发生在万维网上的安全事件不胜枚举，且逐年呈爆炸增长趋势。

要保证信息的存储安全与传输安全，先要从分析攻击的方式入手。攻击行为一般包括

---

① 主要参考：陈兵等，电子政务技术与安全[M]，北京：北京大学出版社，2003.2-3.

侦听、截获、窃取、破译等被动攻击和修改、伪造、破坏、冒充、病毒扩散等主动攻击。针对主动和被动攻击，保证电子政务信息安全所要解决的主要课题包括以下四种情况：

（1）信息的存储安全。信息的存储安全包括两层含义：一是信息访问的可控性，即只有被授权的、安全级别与数据机密性要求一致的用户才被允许访问相应的数据；而所有未经授权的用户，如黑客、恶意的内部用户，则不能对信息有任何的操作，包括读取、删除、复制等。要做到信息的存储安全，需要综合不同层次的技术来达到这一要求。

（2）信息内容的隐密性。未经授权的人，即使采用各种手段获得了数据的访问权，也无法理解实际的信息内容。这主要通过数据库加密或各种文件加密等应用层加密来实现。

（3）传输安全。电子政务系统涉及各种敏感信息的传输，如各种报关手续、企业财务报表及纳税情况等等。由于电信的专线并不能提供足够的安全性，因此，要保证信息在传输过程中不被窃听或篡改，必须采用密码技术对信息进行加密。到2005年年初比较成熟的加密技术包括SSL、基于IP-Sec协议的VPN技术等。

（4）事故响应和恢复机制。保证信息安全还应该考虑系统关键信息的安全备份与恢复机制。考虑在系统瘫痪这种最坏情况下，电子政务系统能够很快恢复和运行。

因此，电子政务系统的安全技术可以归纳为：

（1）通过防火墙保证电子政务内部网络的边界安全，御敌于国门之外；
（2）通过虚拟专用网VPN技术实现电子政务信息跨越公网的传输安全；
（3）建立入侵检测系统，将潜在的威胁扼杀在摇篮之中；
（4）通过加解密技术保证信息的机密性；
（5）通过颁发数字证书和建立认证中心进行用户身份验证；
（6）通过容错技术和数据备份与恢复技术保证电子政务的高可用性；
（7）制定完善的安全管理方案。

5.2.2 防火墙技术

防火墙（Fire Wall）是一个或一组系统，它在网络之间执行访问控制策略。实现防火墙的实际方式各不相同，但是在原则上，防火墙可以被认为是这样一对机制：一种机制是拦阻传输流通行，另一种机制是允许传输流通过。一些防火墙偏重拦阻传输流的通行，而另一些防火墙则偏重允许传输流通过。了解有关防火墙的最重要的概念可能就是它实现了一种访问控制策略。同时，防火墙也是目前一种最重要的网络防护设备。从专业角度讲，防火墙是位于两个（或多个）网络间，实施网络之间访问控制的一组组件集合。

一些防火墙只允许电子邮件通过，因而保护了网络免受除对电子邮件服务攻击之外的任何攻击。另一些防火墙提供不太严格的保护措施，并且拦阻一些众所周知存在问题的服务。

一般来说，防火墙在配置上是防止来自"外部"世界未经授权的交互式登录的。这大大有助于防止破坏者登录到我们网络中的计算机上。一些设计更为精巧的防火墙可以防止来自外部的传输流进入内部，但又允许内部的用户可以自由地与外部通信。如果我们切断防火墙的话，它可以保护我们免受网络上任何类型的攻击。

防火墙的另一个非常重要的特性是可以提供一个单独的"拦阻点"，在"拦阻点"上设置安全和审计检查。与计算机系统正受到某些人利用调制解调器拨入攻击的情况不同，防火墙可以发挥一种有效的"电话监听"（Phone tap）和跟踪工具的作用。防火墙提供了一种重要的记录和审计功能。它们经常可以向管理员提供一些情况概要，提供有关通过防火墙的流传输的类型和数量以及有多少次试图闯入防火墙的企图等等信息。

防火墙不能防范不经过防火墙的攻击。许多接入到互联网的企业对通过接入路线造成公司专用数据泄露非常担心。不幸的是，对于这些担心来说，一盘磁带就可以有效地将数据泄露出去。许多机构的管理层对互联网接入非常恐惧，它们对应当如何保护通过调制解调器拨号访问没有连惯的政策。当我们住在一所木屋中，却安装了一扇六英尺厚的钢门，会被认为很愚蠢。然而，有许多机构购买了价格昂贵的防火墙，但却忽视了通往其网络中的其他几扇后门。要使防火墙发挥作用，防火墙就必须成为整个机构安全架构中不可分割的一部分。防火墙的策略必须现实，能够反映出整个网络安全的水平。例如，一个保存着超级机密或保密数据的站点根本不需要防火墙，它根本不应当被接入到互联网上。也就是说保存着真正秘密数据的系统应当与这家企业的其余网络隔离开。

防火墙不能真正保护我们防止的另一种危险是我们网络内部的叛变者或"白痴"。尽管一个工业间谍可以通过防火墙传送信息，但他更有可能利用电话、传真机或软盘来传送信息。软盘远比防火墙更有可能成为泄露我们机构秘密的媒介。防火墙同样不能保护我们避免愚蠢行为的发生。通过电话泄露敏感信息的用户是社会工程（social engineering）的好目标；如果攻击者能找到内部的一个"对他有帮助"的雇员，通过欺骗他进入调制解调器池，攻击者可能会完全绕过防火墙打入我们的网络。

防火墙不能有效地防范像病毒这类东西的入侵。在网络上传输二进制文件的编码方式太多了，并且有太多的不同的结构和病毒，因此不可能查找所有的病毒。换句话说，防火墙不可能将安全意识（security-consciousness）交给用户一方。总之，防火墙不能防止数据驱动的攻击：即通过将某种东西邮寄或拷贝到内部主机中，然后它再在内部主机中运行的攻击。过去曾发生过对不同版本的邮件寄送程序、幻像脚本（ghost script）和免费阅读器的这类攻击。

对病毒十分忧虑的机构应当在整个机构范围内采取病毒控制措施。不要试图将病毒挡在防火墙之外，而是要保证每个脆弱的桌面系统都安装上病毒扫描软件，只要一引导计算机就对病毒进行扫描。利用病毒扫描软件防护我们的网络将可以防止通过软盘、调制解调器和互联网传播的病毒的攻击。试图御病毒于防火墙之外只能防止来自互联网的病毒，而绝大多数病毒是通过软盘传染上的。

尽管如此，还是有越来越多的防火墙厂商正提供"病毒探测"防火墙。这类防火墙只对那种交换 Windows-on-Intel 执行程序和恶意宏应用文档的毫无经验的用户有用。不要指望这种特性能够对攻击起到任何防范作用。

通常，人们认为防火墙只是技术，殊不知防火墙也是硬件设备。只不过这样的硬件也就是把防火墙软件集成在一个专用设备上，实现主机平台与网络形成一种间接的物理隔离。防火墙主要分为软件防火墙和硬件防火墙两种。硬件防火墙的优点：内建安全软件、使用专属或强化的 OS、管理方便、更换容易、软硬件搭配较固定。软件防火墙的优点：有着硬件防火墙少有的强大的扩充性与操控性。

5.2.3 防水墙技术

防水墙的意思是相对防火墙而言的，它的功能及含义正好和防火墙相反，形象的描述了其主要功能：防止内部信息未经许可的像水一样向外泄漏。

在电子政务实际运行中，防止非法入侵、外传、破坏、拷贝固然重要，同时防止内部人员有意、无意的泄密，也非常重要。事实上，在电子政务条件下，涉密信息比在传统政务中更容易被泄密。由此，防水墙技术利用涉密信息保密技术（计算机口令字验证、数据库存取控制技术、审计跟踪技术、密码技术等）对涉密信息的处理过程实施保护，使之不被非法入侵、外传、破坏、拷贝，从本质上解决了除人类大脑记忆以外的任何电子信息泄漏事件。

防水墙保护的对象主要包括：涉密信息及资产，信息流，文件，计算机等；防水墙保护的主要源途是：网络、存储介质、打印机、显示屏、接口等；防水墙保护所采用的技术是：密码、身份认证、访问控制和审计跟踪等技术；防水墙的功能主要是：力求从根本上解决了政府机关保密单位的内部安全问题，一改过去靠人工手段、靠制度管理的保密工作方式。

可以预见，在未来的电子政务运行中，有时防水墙保护比防火墙保护更为重要。

在我国，到2005年年初提供"防水墙"技术产品的企业还处于起步阶段。比较有影响的产品有：中软系列防水墙 Waterbox^{TM} WB1000～5000 等。

5.3 电子政务顶层设计

5.3.1 什么是电子政务顶层设计[①]

"顶层设计"是 TOP-DOWN Design 的翻译。顶层设计是一种自上而下将复杂的问题简单化的设计概念，其含义是先确定总体思路、设计总体布局，然后设置零部件，从而完成一个完整的设计。在用项目或工程设计过程中，为了达到 Top-Down，有很多的具体的技巧和方法，通过这些技巧和方法的应用，才能实现 Top-Down 的思路，达到自顶而下设计的目的。根据国内外项目设计和工程设计的实践，对于大型和复杂的产品，采用 Top-Down 设计具有独到的优势。

在电子政务建设的初级阶段，一些政务系统存在很多信息的故障、存在很多技术的屏障，使这些政务系统不能处于一个无缝的、协同的技术形态，要解决这一问题，单个和局部的政务系统是不能做到的，必须从技术体系上的顶层做设计，从而解决这个系统的沟通、兼容、联动等问题。这就是所谓的电子政务顶层设计。

5.3.2 电子政务顶层设计的对象

在电子政务建设的早期，顶层设计理念是围绕信息技术而展开的。电子政务系统本身就是多种信息技术的综合运用，是应用系统级别上的互联互通的系统，是要改变和整合以往的条块分割、地域分割、部门分割建设所形成"烟筒系统"和"孤岛系统"。电子政务系统的复杂形态、系统的复杂层次结构、系统的众多外界约束大大超过我们已有的系统建设

---

① 主要参考：陈兵等，电子政务技术与安全[M]，北京：北京大学出版社，2003.2.

经验和知识。这时的顶层设计思想内涵主要是用系统论的方法，对信息系统建设的各个方面、各个层次、各种参与力量、各种正面的促进因素和负面的限制因素进行统筹考虑，理解和分析影响系统建设的各种关系，从全局的视角出发，进行整体技术结构的设计，并做出各种管理和技术决策，提出体制和业务的改进建议。

几年的时间过去，在电子政务取得显著建设成果的同时，顶层设计的视野也已经从信息系统扩展到政府体制改革、政府职能转变和政府业务与技术的结合上，这时的顶层设计理念是围绕电子政务项目投资和建设绩效展开的。顶层设计的内容扩大到要考虑我国政府从计划经济时代向市场经济时代转型的变化，要考虑政府职能客观存在的越位、缺位、空位的情况，要考虑到我国政府的法制化水平还较低，规范化水平还较低的客观现实，要尽量规避体制上的缺陷和不足，从根本上减少风险。

业务和技术，正是顶层设计的两大范畴。顶层设计中所指的业务，不但包括业务职能、业务结构、业务流程，还要包括业务体制、业务法律法规、业务模式、业务布局等事情。顶层设计中所指的技术，主要是从全局和整体出发，对技术战略、技术框架和技术标准的分析和定义，还包括为了减少重复建设，增加资源（业务需求分析、数据模型、软件模块、界面和网页设计素材等等）重用性，以模块化服务的形式，来定义政府所有的应用系统。进行顶层设计，就是围绕着电子政务建设中上述业务和技术的种种问题，用系统规范的科学理论方法，描述业务和技术的状态，理清业务和技术中的各种关系，确定建设目标，选择和制定实现目标的路径和战略战术，从信息化的"今天"走向信息化的"明天"。

5.3.3 电子政务顶层设计出发点

一切 TOP-DOWN Design 都是从 TOP 出发，电子政务的 TOP-DOWN Design 也是如此，需要从电子政务的 TOP 出发。关键的是电子政务的 TOP 在哪里？换句话说，什么才是电子政务的 TOP？

根据谢力民先生的意见，TOP 不外有三意：

（1）整体和全局。顶层设计的首要视角是要跳出局部环境的束缚和影响，站在全国互联和全网通用的整体高度和全局视野，去分析决定电子政务中的具体决策。比如说信息资源目录，在今天网络互联互通的时代，信息资源目录不但要供自己本单位使用，还要供网络上的同级单位、上级单位、下级单位使用，层层相连，网状结构；不但要供人使用，还要供互联的计算机系统使用，系统之间的接口必须统一兼容。如果信息资源目录这个信息共享的关键部件，在内容、格式、接口、协议上是彼此不同的，则违背了建设信息资源目录的初衷，必将导致形成新的孤立割裂、群雄并存的结局。

（2）业务。顶层设计的重点是业务、是政务。顶层设计要分析应用系统的业务可行性，分析利益关系，根据经验，顶层设计的成功与否，80%与业务领域的事情有关，主要是与业务领域相关的那些工作。应用系统开发失败的教训一再揭示正确全面描述用户需求，尽力满足用户需求的重要性，这里的用户需求，多半重点不在用户的操作需求，而是用户业务需求。顶层设计就是用信息工程的方法，从宏观上对业务需求的收集、梳理和描述，是把业务需求按层次呈现出来，并以数据的形式，保存在数据库中，以利于今后的整理、积累、传播。顶层设计中的业务，不是进行业务决策，但是顶层设计的输出结果，将以丰富清晰完整的业务资料，帮助和推动业务决策，业务利益关系设计，业务职能转变和改革。

（3）政府绩效。政府绩效是围绕实现政府职能转变，完成社会经济发展目标而展开的，政府职能是经济调节、市场监管、社会管理、公共服务，它是电子政务的核心目标，要实现这一目标，需要优化工作流程，促进职能转变，提高政务效率，推动体制创新。实现政府绩效目标，应该是顶层设计的深层含义。顶层设计也涉及到电子政务的投资绩效。现在一些专家正在研究电子政务评估指标体系，研究电子政务绩效评估模式，当我们确定了如何量化绩效评估之后，就要将绩效评估与建设周期的各环节连续起来，不但要在项目结束之后进行绩效评估，而且要在投资环节把投资决策与绩效挂钩。

5.3.4 电子政务顶层设计的作用

电子政务普遍推开以后，下一步就是如何做深做透。而顶层设计将对电子政务向纵深发展起到积极的推动作用，这种作用可概括为三点：

（1）第一点体现在由"粗"到"细"。"粗"的意思是早期电子政务的管理比较粗疏，宏观的方针原则有了，但是中观、微观的政策和管理方面的指导和约束较少。在我们想做的许多事情上，如建立全国性的电子政务网络、全国性的战略业务应用系统、四大基础数据库，政府网站等等，我们一直缺少比较详细的框架与指南。管理粗放有一个客观原因是我们没有经验，许多事情不知道如何去做，如何去管。顶层设计的思路为解决电子政务建设一系列重大实践问题指明了途径，因此我们有理由相信顶层设计的成果将会包含当前电子政务急需的一系列的指导文件、管理规范、技术标准，使电子政务的运作管理走上精细化的道路。

（2）第二点体现在由"浅"入"深"。技术面的东西是"浅"，技术背后的业务和利益是"深"。顶层设计的启动，标志着我们将更多地关注业务层面和利益层面。正如专家所言：电子政务是利用新技术开创的政府服务业务，电子政务的成功取决于这些创新服务业务本身长久生存的合理性，这些业务能否继续下去最终将取决于它是否带来足够的效益，效益关系的合理性将起着极大的作用。实施电子政务机构的长久动力来自于利益，通过业务产生利益，并且合理地分配这些利益，是保证电子政务持续发展的重要因素。

（3）第三点体现在由局部上升到整体。过去几年对于整体的问题，我们很少碰到，侧重点主要放在通过局部单位的试点，了解电子政务建设的第一手资料，总结经验，摸索办法，用典型经验的做法指导全局的工作。这一做法无疑是正确的，今后还应该坚持。但是局部的经验并不能代替整体的战略策划。我们也做了很多电子政务规划和信息化规划，但是规划和顶层设计，是两个层次的东西，规划不能代替顶层设计，规划的内涵与顶层设计架构的内涵，相去甚远，两者说的不是一回事。在我国当前的电子政务实践中，在规划与试点/工程项目之间，我们缺少了顶层设计这个层次的工作。正因为如此，常常发生规划和项目"两张皮"，项目不能准确地实现规划的目标和效益。因此从顶层设计的目标指向和部分国内外实践经验看，假设如果我们进行了顶层设计这项工作，将大大减少电子政务建设中存在的盲目建设、重复建设、信息孤岛、绩效监测失控、投资黑洞等问题。换句话说，上述问题的存在，其部分原因是我们没有进行顶层设计。

电子政务是全球性的政府现代化和信息化的趋势，电子政务要进行顶层设计也是当代国际电子政务潮流中的一股趋势。其他国家的顶层设计理论活动和实践活动为我们开展电子政务顶层设计提供了丰富的知识素材和实际经验。为此，我们应该抓住机遇，广泛地参考借鉴国际上顶层设计活动的经验，加速我们的学习过程，降低探索成本，形成符合中国国情的顶层设计思路。

5.4 电子政务操作平台设计

5.4.1 办公操作平台的设计

电子政务依靠的硬件基础是计算机技术，计算机的使用依靠的是各种软件操作平台。尽管由于部门性质不同、使用目不同、使用者不同，选择使用的软件操作平台不尽相同，但到目前为止，Microsoft 办公系列是最常使用的。因此，我们认为有必要在此简单介绍一下 Microsoft 办公系列的基本情况。

1. Microsoft office 2000 总体介绍

Microsoft 公式开发的办公系列软件，有 Microsoft office 1995 到 Microsoft office 2003 多个版本，从 2005 年年初的使用情况看，Microsoft office 2000 在我国比较普及，同时这一版本不论从技术上还是安全上都比较成熟。Microsoft office 办公软件包括 Access，Outlook，PowerPoint，Word，Excel，FrontPage，Publisher，Photodraw 等不同内容处理软件。

（1）Office 2000 是什么

Microsoft Office 是微软公司开发的办公自动化软件，以前使用的 Word、Excel 等应用软件都是 Office 中的组件。Office 2000 是最新的 Office 版本，是第三代办公处理软件的代表产品，可以作为办公和管理的平台，以提高使用者的工作效率和决策能力。"工欲善其事，必先利其器"，Office 2000 是一个庞大的办公软件和工具软件的集合体，为适应全球网络化需要，它融合了最先进的互联网技术，具有更强大的网络功能；Office 2000 中文版针对汉语的特点，增加了许多中文方面的新功能，如中文断词、添加汉语拼音、中文校对、简繁体转换等。Office 2000，不仅是我们日常工作的重要工具，也是日常生活中电脑作业不可缺少的得力助手。

（2）Office 2000 中文版的组成

为了满足不同用户的要求，Office 2000 中文版有 4 种不同的版本：标准版、中小企业版、中文专业版和企业版。表 5-1 列出了各个版本所包含的组件：

表 5-1

	Outlook	Word	Excel	PowerPoint	Access	Publisher	FrontPage	PhotoDraw
标准版	有	有	有	有	无	无	无	无
中小企业版	有	有	有	无	无	有	无	无
中文专业版	有	有	有	有	有	无	无	无
企业版	有	有	有	有	有	有	有	有

Office 2000 中，除了包含这些独立组件之外，还有一些辅助程序。为了提高 Web 能力，打包了 IE 5 和 Outlook Express 5；为了设置 Web 服务器和增强文档的协作及发布功能，包含了 OSE（Office Server Extensions），Language Pack 语言包为 Office 2000 提供了多语种能力，借助于 Small Biz Kit，给中小型企业提供了一体化的进、销、存管理工具。

（3）各个组件的主要功能

使用 Office，可以帮助我们更好地完成日常办公和公司业务。尽管现在的 Office 组件越来越趋向于集成化，但在 Office 2000 中各个组件仍有着比较明确的分工：一般说来，Word 主要用来进行文本的输入、编辑、排版、打印等工作；Excel 主要用来进行有繁重计算任务的预算、财务、数据汇总等工作；PowerPoint 主要用来制作演示文稿和幻灯片及投影片等；Access 是一个桌面数据库系统及数据库应用程序；Outlook 是一个桌面信息管理的应用程序；FrontPage 主要用来制作和发布互联网的 Web 页面。

针对大家的日常工作，我们对各个软件的使用提出如下建议：

如果进行书信、公文、报告、论文、商业合同、写作排版等一些文字集中的工作，可以使用 Word 2000 应用程序；如果要进行财务、预算、统计、各种清单、数据跟踪、数据汇总、函数运算等计算量大的工作，可以使用 Excel 2000 应用程序。

如果要制作幻灯片、投影片、演示文稿，甚至是贺卡、流程图、组织结构图等，可以使用 PowerPoint 2000 应用程序。

如果要建立图书、歌曲、通讯录、客户订单、职工自然情况等方面的数据库，并对数据进行管理和维护，可以利用 Access 2000 应用程序。

如果要为个人、公司制作网页，FrontPage 2000 是最佳的选择，利用它来制作网页，简便、快捷、高效。

如果要保存邮件的名单，包括 E-mail 地址和 Fax 号码，可以使用 Word、Excel、Outlook 等应用程序来保存数据资料。

如果要联系、跟踪客户，并建立表单以持续跟踪，可以使用 Outlook 2000 应用程序的联系管理功能建立联系人列表、安排日程、打跟踪电话等，使用 Word 2000 应用程序有选择地将客户联系资料并入 Word 文档中，并由它进行打印、跟踪表单和信函等。

如果要建立用于演示文档的金融、财会数据报表，可以先使用 Excel 应用程序制表，然后将报表嵌入到 PowerPoint 2000 的幻灯片中，并且可以随时更新数据。

如果为了征求反馈信息将文件发给一组人，并接收回复，可使用 Word、Excel、PowerPoint 等应用程序建立文档、数据表或演示文稿，然后使用传递邮件功能发送文件。

如果要建立、打印与分发部门的业务通讯或内部简报，可以使用 Word 2000 编写业务通讯或内部简报，然后使用 Outlook 2000 的发送功能分发通讯、简报。

如果要提供数据年度报告、财政决算报告等，可以使用 Excel 2000 或 Access 2000 建立所需要的列表，使用 Word 2000 建立年度报告文件，并将其数据进行链接。

如果想把利用 Word、Excel、PowerPoint、Access 等应用程序编制的文档发布到网上，可以利用其存为网页文件的功能。

如果要使处于不同地方的小组人员进行会议讨论，可以直接在 OFFICE 2000 应用程序中进行会议安排、主持会议、参加会议。

Word、Excel、PowerPoint、Access 等组件之间的内容可以互相调用，互相链接，或利用复制粘贴功能使所有数据资源共享。

当然，我们也可以将这些组件结合在一起使用，以便使字处理、电子数据表、演示文稿、数据库、时间表、出版物，以及互联网 通讯结合起来，从而创建适用于不同场合的专业的、生动的、直观的文档。

（4）Office 2000 对系统的要求

① 对硬件环境的要求。Office 2000 标准版系统所需的最小硬件配置：

- 推荐使用 Intel Pentium 75MHz 以上的 CPU。
- 对于 Windows 95 和 Windows 98 系统，需要 12M 内存（推荐 16M）；如果还要运行别的应用程序则需要 24M 内存（推荐使用 32M）。
- 对于 Windows NT WorkStation 4.0，需要 16M 内存（推荐 24M）；如果还要运行别的应用程序则需要 24M 内存（推荐使用 32M）。
- 显示器需要使用 VGA 或更高的显示器（推荐使用 SVGA，256 色）。
- 硬盘空间与 Office 97 大体相当，标准版需要 190M，而企业版完全安装大约需要 540M 的空间。

② 对软件环境的要求。Office 2000 是为 Windows 95、Windows 98、Windows NT WorkStation 4.0 和 Windows 2000 操作系统设计的。在 NT4.0 系统上，如果使用 Microsoft Data Engine（微软数据引擎）、Office Server Extension 或者 NetMeeting，则需要 SP4。为了使用 Office 站点组件交互的主页，必须安装 Office2000 或单独安装 Access 2000。

2. Microsoft Office 2000 主要组件简介

（1）Microsoft Office Word 2000

Word 是微软公司的 Office 系列办公组件之一，是目前世界上最流行的文字编辑软件。使用它我们可以编排出精美的文档，方便地编辑和发送电子邮件，编辑和处理网页等等。

Word 2000 除了文字输入、编辑、排版和打印等基本文字处理功能外，还具有图片插入、图形绘制和灵活的图文混排功能，并且可以在文档中输入与处理各种表格。可以说，Word 2000 的功能博大精深，并且其操作界面友好而智能化，尤其重要的是：Word 2000 是 Microsoft Office 2000 系列办公软件的基础。掌握了 Word 2000，也就比较能很快学会 Microsoft Office 2000 的其他组件。

（2）Microsoft Office Access 2000

Access 是微软公司生产的一个数据库软件。Access 的英文原义是"通路、访问、入门、存取"等。下面，我们先了解一下什么是"数据库"。我们举个例子来说明这个问题：每个人都有很多亲戚和朋友，为了保持与他们的联系，我们常常用一个笔记本将他们的姓名、地址、电话等信息都记录下来，这样要查谁的电话或地址就很方便了。这个"通讯录"就是一个最简单的"数据库"，每个人的姓名、地址、电话等信息就是这个数据库中的"数据"。我们可以在笔记本这个"数据库"中添加新朋友的个人信息，也可以由于某个朋友的电话变动而修改他的电话号码这个"数据"。不过说到底，我们使用笔记本这个"数据库"还是为了能随时查到某位亲戚或朋友的地址、邮编或电话号码这些"数据"。实际上"数据库"就是为了实现一定的目的按某种规则组织起来的"数据"的"集合"。

数据库里的数据像图书馆里的图书一样，也要让人能够很方便地找到才行。如果所有的书都不按规则，胡乱堆在各个书架上，那么借书的人根本就没有办法找到他们想要的书。同样的道理，如果把很多数据胡乱地堆放在一起，让人无法查找，这种数据集合也不能称为"数据库"。

数据库的管理系统就是从图书馆的管理方法改进而来的。人们将越来越多的资料存入计算机中，并通过一些编制好的计算机程序对这些资料进行管理，这些程序后来就被称为"数据库管理系统"，它们可以帮我们管理输入到计算机中的大量数据，就像图书馆的管理员。

Access 也是一种数据库管理系统。Access 是 Office 办公套件中一个极为重要的组成部分。刚开始时微软公司是将 Access 单独作为一个产品进行销售的，后来微软发现如果将 Access 捆绑在 Office 中一起发售，将带来更加可观的利润，于是第一次将 Access 捆绑到 Office97 中，成为 OFFICE 套件中的一个重要成员。现在它已经成为 Office 办公套件中不可缺少的部件了。自从 1992 年开始销售以来，Access 已经卖出了超过 6000 万份，现在它已经成为世界上最流行的桌面数据库管理系统。

后来微软公司通过大量地改进，将 Access 的新版本功能变得更加强大。不管是处理公司的客户订单数据；管理自己的个人通讯录；还是大量科研数据的记录和处理，人们都可以利用它来解决。也许有人要问，Access 的功能这么强，那使用起来会不会很麻烦呢？这一点我们可以放心，随着版本的升级，Access 的使用也变得越来越容易。过去很繁琐的工作现在只需几个很简单的步骤就可以高质量地完成了。

（3）Microsoft Office Excel 2000

Excel 是微软公司出品的 Office 系列办公软件中的一个组件，确切地说，它是一个电子表格软件，可以用来制作电子表格、完成许多复杂的数据运算，进行数据的分析和预测并且具有强大的制作图表的功能；现在的新版本 Excel 2000 还可以制作网页。

Outlook 2000 是微软公司出品的 Office 2000 套装软件的组件之一，它对 Outlook express 的功能进行了扩充。Outlook 2000 的功能很多，可以用它来收发电子邮件、管理联系人信息、记日记、安排日程、分配任务。和以前的版本相比，Outlook 2000 的最大变化就是它不再只是一个收发电子邮件的软件了，它已经和 Office 2000 的其他组件紧密地结合在一起，构成了一个统一的整体。这样 Outlook 2000 就变成了一个信息处理中心，我们在 Outlook 2000 里几乎就可以处理所有的日常事务，甚至可以在 Outlook 2000 里直接浏览网页，所以我们也把 Outlook 2000 称为桌面信息管理器。

（4）Microsoft Office PowerPoint 2000

Microsoft Office PowerPoint 2000 和 Word、Excel 等应用软件一样，都是 Microsoft 公司推出的 Office 系列产品之一，主要用于设计制作广告宣传、产品演示的电子版幻灯片，制作的演示文稿可以通过计算机屏幕或者投影机播放；利用 PowerPoint，不但可以创建演示文稿，还可以在互联网上召开面对面会议、远程会议或在 Web 上给观众展示演示文稿。随着办公自动化的普及，PowerPoint 的应用越来越广。

在 PowerPoint 中，演示文稿和幻灯片这两个概念还是有些差别的，利用 PowerPoint 做出来的东西就叫演示文稿，它是一个文件。而演示文稿中的每一页就叫幻灯片，每张幻灯片都是演示文稿中既相互独立又相互联系的内容。

（5）Microsoft Office Outlook Express 2000

到目前为止，用于收发电子邮件的软件有很多，为大家所熟知的有微软公司的 Outlook Express、中国人自己编写的 Fox Mail、Netscape 公司的 Mailbox、Qualomm 公司的 Eudora Pro 等等。功能强大的电子邮件软件要数 Outlook Express，只要我们安装了 Windows 98 或者更新版本的 Windows 就会自动安装上 Outlook Express。

电子邮件简单的说就是通过互联网来邮寄的信件。电子邮件的成本比邮寄普通信件低得多；而且投递无比快速，不管多远，最多只要几分钟；另外，它使用起来也很方便，无论何时何地，只要能上网，就可以通过互联网发电子邮件，或者打开自己的信箱阅读别人发来的邮件。因为它有这么多好处，所以使用过电子邮件的人，多数都不愿意再提起笔来写信了。

电子邮件的英文名字是 Email，或许，在一位朋友递给我们的名片上就写着类似这样的联系方式："Email ：rwlbf1967@163.com"。

这就是一个电子邮件地址。符号@是电子邮件地址的专用标识符，它前面的部分是对方的信箱名称，后面的部分是信箱所在的位置，这就好比信箱 rw1967 放在"邮局"www.163.com 里。当然这里的邮局是互联网上的一台用来收信的计算机，当收信人取信时，就把自己的电脑连接到这个"邮局"，打开自己的信箱，取走自己的信件。

（6）FrontPage 2000

FrontPage 2000 是当前极为流行、功能强大的网页制作和 Web 站点管理软件。中文 office 2000 将 FrontPage 2000 包含其中，使得广大用户可以轻松地使用 FrontPage 2000 创建网站和设计网页，并将其发布到指定的 Web 服务器上。与其他网页制作软件相比，使用 FrontPage 2000 创作网页具有如下两个优势：

一是把 Web 页面制作和 Web 站点管理结合起来。由于 FrontPage 2000 与 office 2000 的无缝集成，使得 office 的强大功能与 FrontPage 的 Web 页面制作和 Web 站点的管理功能得到有机结合。

二是一通多通。FrontPage2000 的软件风格与操作与 office 2000 中的其他软件类似，FrontPage 2000 的文件图标与管理则与 Windows 资源管理器的完全一样，只要懂得了 office 2000 中的 Word 或 PowerPoint 等，也就会使用 FrontPage。用户可以很方便地将其他 office 文档的内容复制到 FrontPage 2000 的 Web 页面中。例如可以用鼠标拖放的方法或通过使用剪贴板将 Word 文档或 Excel 电子表格的内容复制到正在编辑的 Web 页面中，FrontPage 2000 能自动将其转换为 HTML 格式的网页内容。

5.4.2 网站建设的初步设计

（1）申请域名

要想拥有属于我们的网站，首先要拥有属于我们的域名。域名（Domain name），简单来说就是在互联网上代表我们或我们团体的一个名字。只有靠这个名字别人才可以在互联网上与我们接触和沟通。在全世界，没有重复的域名。域名的形式是以若干个英文字母和数字组成，由"."分隔成几部分，如 IBM.COM 就是一个域名。

从商业角度来看，域名是"企业的网上商标"。企业都非常重视自己的商标，而作为网上商标的域名，其重要性和其价值也已被全世界的企业所认识。域名和商标都在各自的范畴内具有惟一性，并且随着互联网的发展。从企业树立形象的角度看，域名和商标的一致性有利于加深顾客对企业的印象。因此，许多企业在选择域名时，往往希望用和自己企业商标一致的域名。但是，域名和商标相比又具有更强的惟一性。

从域名价值角度来看，域名是互联网上最基础的东西，也是一个稀有的全球资源，无论是做 ICP 和电子商务，还是在网上开展其他活动，都要从域名开始，一个名正言顺和易于宣传推广的域名是互联网企业和网站成功的第一步。域名还被称为"互联网上的房地产"，1999 年，美国国家法院规定域名为财产，而韩国工业银行已开展域名抵押贷款业务，通过域名抵押，最多可得到 10000000 韩元的贷款。

在中国域名注册通常分为国内域名注册和国际域名注册。2005 年年初，国内域名注册统一由中国互联网络信息中心——CNNIC 进行管理，具体注册工作由通过 CNNIC 认证授权的各代理商执行。而国际域名注册现在是由一个来自多国私营部门人员组成的非盈利性民间机构——国际域名管理中心互联网 Corporation for Assigned Names and Numbers（ICANN）统一管理，具体注册工作也是由通过 ICANN 授权认证的各代理商执行。

一个完整的域名由二个或二个以上部分组成，各部分之间用英文的句号"."来分隔，最后一个"."的右边部分称为顶级域名（TLD，也称为一级域名），最后一个"."的左边部分称为二级域名（SLD），二级域名的左边部分称为三级域名，以此类推，每一级的域名控制它下一级域名的分配。

① 顶级域名：一个域名由两个以上的词段构成，最右边的就是顶级域名。2005 年年初，国际上出现的顶级域名 com，net，org，gov，edu，mil，cc，to，tv 以及国家或地区的代码，其中最通用的是 com，net，org。COM 适用于商业实体，它是最流行的顶级域名，任何人都可注册一个 com 域名。NET 最初用于网络机构如 ISP，今天，任何一个人都可注册一个 net 域名。ORG 设计是用于各类组织机构，包括非盈利团体，今天，任何一个人都可注册一个 org 域名。国家代码：像 cn（中国），fr（法国）和 au（澳大利亚）这样两个字母的域名谓之国家代码顶级域名（ccTLDs），通过 ccTLDs，基本上可以辨明域名持有者的国家或地区。详细的国家代码可在 www.icann.org 查找。

② 二级域名：靠左边的部分就是所谓的二级域名，在 cctv.com 中，cctv 就是顶级域名 com 下的二级域名，cctv.com 还可以有 mail.cctv.com 的形式，这里的 mail 可以谓之"主机"或"子域名"。申请域名的原则是：先到先得。域名是独一无二的，而且一般都采取先到先得的申请方法。由于互联网已经蓬勃发展了几年的时间，很多普通或不普通的域名都给人注册了，所以要注册一个好的域名还真是一件不容易的事。假如万一我们想申请的域名已经给注册了，我们就只有改用另一个。当然，无论我们是使用怎样的域名，都应该以易记和符合单位、组织或公司的形象为前提。

（2）建立主机

当注册了域名之后，下一步就是为我们的网站建一间"屋"，好让世界各地的访客登门拜访。这个所谓的"屋"，其实就是我们经常说的主机。这个主机，必须是一台功能相当的服务器级的电脑，并且要用专线或其他的形式 24 小时与互联网相连。

这台网络服务器除存放公司的网页，为浏览者提供浏览服务之外，还同时充当"电子邮局"的角色，负责收发公司的电子邮件。我们还可以在服务器上添加各种各样的网络服务功能，前提是有足够的技术支持。

建立主机可以有多种方式，如自建主机、主机托管、虚拟主机、整机租用等。具体实施在后面的章节中有阐述。

（3）设计网页。设计网页是建立网站的真正开始，如何进行在后面我们再论述。

（4）推广网站

辛辛苦苦做好的网站，放上主机后，并不代表整个建站计划就大功告成，其实这仅仅是一个开始。随之而来的是一连串的宣传活动，如果没有人知道我们的网站的存在，那我们的网站就只能是形同虚设。宣传活动有长期的，也有短期的；宣传的花费可以很高，可以很低，甚至免费，当然效果也就有所不同。

① 在搜索引擎上登记。每个浏览者都有一个习惯，就是当要找出一个网址的时候，就会求助于一些大型的搜索引擎，如 YAHOO、SOHU、NETEASE、SINA 等。输入一个关键字，一会儿之后就有大量的网站被列出来。这样，就不难明白将我们的网站加入到这些引中的重要性了。

② 网上广告。加入搜索引擎，就好比守株待兔，显得极为被动。一个比较主动的方法是将广告放在别的网站之中。但将广告放在"人流"密集的大网站上，所费非轻，动辄几千几万元，未必划算。除这种收费的网上广告，还可以参加一些免费的广告交换计 划。简单来说，广告交换计划公司会让我们的广告在其会员网页上显示一次，而我们也需要让广告公司的广告在我们的网页上显示若干次作为补偿。由于广告交换成本低（近为零），因而在网上也颇为流行。

③ 论坛、BBS、新闻组。另一种免费宣传网站的方法，就是参加论坛、BBS、博克或新闻组讨论。不时进入与单位业务或网站主题相关的论坛，利用我们的专业知识，为网友提供意见、分享经验、排忧解难，都会让我们单位或公司的名字在网友中留下良好的印象。在论坛发言时，在签名档留下单位、公司的名字及网址，久而久之，网站的访问量也会随之而来的。当然，参与论坛的讨论是一项长期而艰巨的任务，需要持之以恒。

5.4.3 网站设计

（1）网站设计的基本过程是：明确网站主题→明确网站开放对象→绘制网站草图→建立网络文件夹→收集建站资源→制做网站内容及组件→空间的申请→网页上传→登录搜索引擎→收集信息反馈、对应更新网站内容。

（2）网站设计的基本要点：使用者优先的观念，考虑大多数人的连线状况，考虑使用者的浏览器；内容第一，着手规划、确定特色、锁定目标；第一页（Homepage 主页）很重要，分类，互动性，图形应用技巧，注意 HTML 格式的使用，避免滥用技术；即时、更新、维护，网站导航要清晰，网页风格要统一，网页应易读等。

（3）网页设计的文字处理要素：文字的格式化：字号、字体、行距；文字的整体编排；文字的强调；文字的颜色等。

5.4.4 邮箱使用

目前，电子邮件已经成为一种最时尚、最方便、最快捷的通信手段。特别是随着办公自动化、现代化进程的加快，作为办公人员每天要发送和接收大量的商用电子邮件，因此，掌握一些使用电子信箱的诀窍，对于增强发送效果、提高办公效率来说，是非常重要的。

邮箱使用的要点是：选好电子信箱、尽量用文本形式发送稿件、避免邮件出现乱码、使用多个邮箱等。

5.4.5 网络会议的设计

现在，越来越多的企业和政府机关组建了办公网。组建办公网的目的不仅仅是共享网络资源，而且还可以用办公网来召开网络会议，提高工作效率。一个单位内部，很多工作是可以在办公网上进行的，网络会议就是其中之一。针对网络会议的需要，许多 IT 公司开发了满足网络会议需要的软件。这些软件各有特色，但总体情况是：功能越高越大，要求的配套条件和技术条件也越高。

网络会议技术是近几年刚刚兴起的一种基于互联网的全新通讯方式，它不仅有传统视频和电话会议的图像和声音交流，而且能提供各种文档、软件、甚至远端电脑之间的交流功能。用户不需要购买终端设备，也不需要租用专线，只要有一台能上网的电脑，就可以不受时间、地点的限制，与任何人实现"面对面"地交流和"手把手"地工作。它能够提供图像、声音、文档、应用程序、网页、桌面、流媒体等多项共享功能，除了通常意义上的会议用途外，还可以用来开展教学和培训，组织网上销售和市场推广活动，进行售前或售后培训、远程客户维护、协同工作等等。

5.4.6 文件传输（FTP）

文件传输协议 FTP（File Transfer Protocol）是互联网传统的服务之一。FTP 使用户能在两个联网的计算机之间传输文件，它是互联网传递文件最主要的方法。使用匿名（Anonymous）FTP，用户可以免费获取互联网丰富的资源。除此之外，FTP 还提供登录、目录查询、文件操作及其他会话控制功能。

用于 FTP 的软件，各软件开发商已经开发了数以百计，谁是谁非，没有评价的硬性标准。事实上针对不同的用户、不同的用途，各 FTP 软件各有千秋。

目前常见的 FTP 软件也有数十种，如 CuteFTP 系列、LeapFTP、FlashFXP、网络传神、FileZilla、WS-FTP、TurboFTP 等。

5.4.7 网络与网页下载

网络下载方式主要有 HTTP 方式、FTP 方式、RTSP、MMS 方式、ED2K 方式等。

（1）HTTP 方式：HTTP 是我们最常见的网络下载方式之一。一般软件下载区中，大部分软件的下载采用的就是 HTTP 方式。对于这种方式，我们一般可以通过 IE 浏览器或网际快车（Flash Get）、网络蚂蚁（Net Ants）等软件来下载。

（2）FTP 方式：FTP（File transfer protocol）也是一种很常用的网络下载方式。它的标准地址形式就像 "ftp: //218.79.9.100/down/freezip23.zip"。FTP 方式具有限制下载人数、屏蔽指定 IP 地址、控制用户下载速度等优点，所以，FTP 更显示出易控性和操作灵活性，比较适合于大文件的传输（如影片、音乐等）。

（3）RTSP 和 MMS 方式：它们分别是由 Real Networks 和微软所开发的两种不同的流媒体传输协议。对于采用这两种方式的影视或音乐资源，原则上只能用 Real player 或 Media player 在线收看或收听。但是为了能够更流畅地欣赏流媒体，网上的各种流媒体下载工具也应运而生，像 Stream Box VCR 和 Net Transport（影音传送带）就是两款比较常用的流媒体下载工具。

（4）ED2K 方式：这是一种 P2P 软件的专门下载方式，地址的标准形式如"ed2k://|file|abc.avi|695476224|7792363B4AC1F3763999E930BBF3D1|"，地址一般是由文件名、文件大小和文件 ID 号码三个部分组成，这种地址一定要通过 E-mule 或 E-donkey 等 P2P 软件才能进行下载。

第 6 章　电子政务的建设成本与项目预算

6.1　电子政务建设成本

所谓电子政务建设成本就是指用于建设和发展电子政务的资金和物质的总量。具体分析，建设和发展电子政务的成本包括如下七类：

（1）信息基础设施建设成本。现代国家信息基础设施就是以最新的数字化光纤传输、智能化计算机处理和多媒体终端服务技术为主要设备，国家、地区或国际规模的多用户、大容量和高速度的交互式综合信息网系统。

（2）网络建设成本。网络建设成本包括网络产品、硬件产品和正版系统软件的购置以及综合布线和系统集成。产品不一定非得追求最新的和最先进的，而是应该注意产品的性能价格比，在够用的前提下保证产品在 5 年之内不落后。2001 年，中国电子政务基础 IT 设备采购额是 283 亿元。

（3）信息资源库（数据库）建设成本。比如我国现阶段所提出的"四库十二金"建设，绝大部分都属于这方面的建设。

（4）核心技术开发成本。为了确保政务信息安全，有些关键的技术必须是拥有自主知识产权的技术。技术落后的国家只能为此投入大量的研究开发资金。

（5）技术人员成本。政府信息化工作人员包括信息技术人员、技术管理人员和技术经济人员，人员的多少要视政府的层级和规模、信息系统的大小和工作的性质而定，他们的成本开销包括工资、奖金、福利和各种保险。

（6）培训、维护与更新成本。培训包括技术人员的专业培训和使用人员的素质培训，这两方面都需要经费。虽然我国在加强公务员的知识培训、提高公务员的管理能力和水平方面进行了一系列卓有成效的工作，但是从整体上看，公务员的信息化水平仍然不能适应政府信息化发展的需要。由此可见，培训费用也将是一笔巨额的开支。维护成本包括维护人员的工资、计算机耗材、机器维修、配件更换以及购买小型工具软件的费用。当信息系统运行速度、数据空间跟不上政务的规模或者政务业务变化时，网络设施与信息系统需要升级与更新，因此，相应地需要一笔更新费用。

（7）人员结构调整成本。信息化一方面使公务员素质得到提高，另一方面也可能造成少数人员的待岗或失业。这是信息化过程中的正常现象，也是政府应该付出的信息化成本。

在上述所有种类的成本中，建设信息基础设施的成本最高。

6.2　电子政务建设经费的筹集

从本质上讲，电子政务的投资主体是国家，费用主要来自拨款和税收，但在发展中家或欠发达地区，电子政务建设经费问题是制约电子政务发展的关键因素，甚至可能是根本因素。

在我国，经济发达地区在电子政务建设经费的投入上是很有力度的，而在绝大多数欠发达地区，政府投入电子政务建设经费的份额是十分有限的。必须想尽各种办法解决电子政务建设的资金问题，才能使欠发达地区电子政务持续、深入地开展下去。

在我国欠发达地区，如何筹集建设资金可以有多种多样的方式方法。比如可以采用以下方式来实现：充分利用政府自身稀缺资源、与企业开展公私合作（政府企业合作）、大力吸收民间投资等具体描述如下：

（1）政府应该利用自身拥有的稀缺资源换取资金来源

从经济学角度来看，政府部门作为资源的主要控制者，掌握着大量机会成本很高的稀缺资源。由于欠发达地区大部分政府领导缺乏类似企业家的经营意识，使得许多有用的政府资源被闲置或浪费，这是非常可惜的。如何充分开发利用这些资源，让它们发挥政治效益、经济效益和社会效益是当前欠发达地区地方政府应该着重考虑的问题。通过将政府资源合理地经营，使政府资源从政府部门手中转移到能使其发挥更大作用的企业或个人手中，才能使政府资源获得最大收益，从而解决电子政务建设过程中的资金来源问题。

在其中衡水市政务服务中心的建设就是政府利用拥有的稀缺资源换取资金来源的成功的例子，该政务服务中心办公场所装修费用由一家银行贷款解决，通过政务服务中心运营之后所得各项收费逐月予以偿还；政务服务中心硬件设备购买费用、软件购买和开发费用以及整个信息系统的维护费用由中国网通公司承担，条件是衡水市政府必须租用网通公司线路，以政府资源换取市场份额。衡水市的电子政务建设实践表明，在欠发达地区开展电子政务建设，不仅可能，而且不需要通过以政府财政高投入的方式完成。

（2）政府与广大企业开展公私合作是解决欠发达地区电子政务建设的资金问题的重要方法

电子政务是一项庞大的系统工程，一个政府部门无论是从工作职能上，还是人员编制、管理体制、运作机制上都不可能养一支专门的队伍来进行电子政务系统的开发和维护。这就要求各级政府部门引入市场竞争机制进行电子政务建设。对于公务员，通过相应的培训提高其计算机应用水平，能够在日常工作中实现无纸化办公和网上互动式操作就行了。而大量的政府业务系统开发、政府网络维护等工作则应通过招标等方式外包给专业化的 IT 公司去做。这样，政府部门通过合理方式授权企业参与筹资、建设、运营和管理，既可减轻政府部门的预算压力，确保维持电子政务建设的资金来源，IT 企业也可通过产品开发、技术咨询与服务、数据的商业再开发而获得利润，从而使电子政务建设进入一种可持续发展的良性循环中。

北京市政府以"统筹负责制"的方式交给首都信息发展股份有限公司来建首都公共平台网络，首都信息发展股份有限公司负责网络运营及一些应用系统开发。随着使用时间的增加，政府的投资将从开始的一次性巨额投入逐渐减少运营费用，而首都信息发展股份有限公司也将因越来越多委办局的接入而获得更多毛利，这样形成了双赢的局面。这就是首都信息发展股份有限公司提出的"建设-拥有-运营"（Building-Owning-Operation，BOO）模式，这种模式是指由企业投资并承担工程的设计、建设、运行、维护、培训等工作，硬件设备及软件系统的产权归属企业，而由政府部门负责宏观协调、创建环境、提出需求，政府部门每年只需向企业支付系统使用费即可拥有硬件设备和软件系统的使用权。

2002年7月，北京首都信息发展股份有限公司与辽宁省营口市政府签订"营口市重大信息化工程总体统筹负责制合作协议"。依据协议，北京首都信息发展股份有限公司被授予营口市重大信息应用工程特许经营权，总体统筹设计、建设、运营、维护、管理和关键项目的建设资金筹资等职责。2003年6月14日，"营口市城市信息化发展规划、电子政务总体设计方案"专家论证网络视频会议在北京首都信息发展股份有限公司和营口市政府两地同时举行。这是北京首都信息发展股份有限公司提出的信息化工程 BOO 模式的首次推广应用。另外，北京首都信息发展股份有限公司还在当地参与组建一家公司来具体实施营口的信息化建设及维护运营。

（3）吸收民间投资也是解决欠发达地区电子政务建设的资金问题的重要途径

在电子政务建设投资方面，必然面临一个投资主体多元化的格局，其中投融资主体的准入机制、投融资的原则、资本运作与监控等问题都需要进一步的深入探讨。因此，在电子政务建设过程中，欠发达地区地方政府在保证政府财政一定量的投入同时，还要大力吸收民间投资。为此，欠发达地区地方政府要深化信息化投融资体制改革，制定有利于电子政务建设的投融资政策，形成有多种投融资渠道、多元化投资主体和多类投资政策构成的新的投融资体制。在电子政务工程项目的投入上，要确定政府投资的重点、范围和投资主体，区分和界定好哪些是政府应该投资的，哪些是可以市场化运作融资的，凡是可以市场化运作的都要市场化运作。例如，为了克服政府在信息化建设资金不足的矛盾，韩国政府创造性地应用了"先投资、后结算"的融资方法，这种方法使得韩国政府电子政务建设获得了大量的民间投资。总之，解决好电子政务建设项目的投资和融资问题，可以为各级政府减轻财政负担，同时有关参与电子政务建设的公司/企业也可以获得可观的收益。

"建设—经营—转让"（Build-Operate-Transfer，BOT）模式是20世纪80年代以后在国际工程承包市场上出现的一种带资承包方式。它是一种债务与股权相混合的产权，由项目构成有关单位，包括承建商、经营商及用户组成一个股份组织，对工程项目的设计、咨询、供货和施工实行一揽子承包，项目竣工后，在特许权规定期限内经营，向用户收取费用，以回收投资、偿还债务、赚取利润，特许权期满后，无偿将项目交给政府接管。BOT模式由于降低了投资风险，颇得一些政府特大型基础设施建设项目的青睐，比如马来西亚兴建的南北干线公路、泰国兴建的机场高速公路、香港兴建的东区海底隧道和大佬山隧道等都引用了这种模式。

青海省劳动与社会保障厅的青海劳动保障信息网项目就采用了 BOT 模式，由清华同方股份有限公司一揽子承包。这个项目由青海省劳动与社会保障厅提供信息资源、政策指导和政策保障，清华同方股份有限公司负责投资建设、运营和维护信息系统，并拥有投资部分所形成的资产所有权。清华同方股份有限公司的这部分投资将通过发售社会保障卡、发卡广告费收入及收取使用费等方式回收，回收部分的产权将相应移交给青海省劳动与社会保障厅。经初步计算，该项目投资规模为8000万元左右，建设周期为3年，整体工程已经于2003年11月中旬正式开始。

2004年7月29日，"利用 BOT 的方式加速东北地区电子政务的发展专项论坛"在大连举行。大连泰富数码有限公司与大连市信息产业局信息资源管理中心举行了电子政务 BOT 合作的签约仪式，这标志着东北地区第一个政府信息化 BOT 合作项目的正式展开。BOT 方式可以实现电子政务的投资社会化，经营社会化，不仅能有效减轻政府部门的财政负担，同时会培育、壮大一大批从事电子政务软件研发、硬件销售、系统集成的 IT 企业，增强东北 IT 企业的市场竞争力。

就目前来看，BOT 模式在电子政务领域大规模适用还并不成熟，但是对于欠发达地区来说，探索采用 BOT 模式是解决电子政务项目建设资金的有效途径之一。因为对于 BOT 模式来说，最大的优势是不需要政府部门直接进行资金投入，如此做法对于信息化建设资金并不充裕的欠发达地区来说尤其可贵。

6.3 电子政务项目经费的预算

6.3.1 预算的基本知识

预算是指在某一期间内生产产品或完成某项工作应该发生的费用总额的预计。如业务预算（如销售预算和生产预算等）和财务预算（如资本预算和现金预算等）。

预算是以数字表达的业务计划。从企业管理的角度来看，预算是利润计划和控制的工具，因为，建立预算可以为组织确定利润目标和为达到这一目标而应有的收支计划。从成本控制的角度来看，预算能为各项支出规定限额，限制成本于发生之前，所以，预算是控制成本的重要手段。广义的成本控制包括在全面预算（业务预算和财务预算）中；而狭义的成本控制只是财务预算。全面预算不但可以控制各项支出，而且还能控制整个组织的运营活动。预算的基本知识主要有以下 3 点：

（1）编制预算时应遵循的基本原则：
① 预算应符合适用的法律法规要求；
② 预算应符合企业经营战略的要求；
③ 预算应符合企业的成本方针和目标；
④ 预算应按自下而上的顺序进行编制；
⑤ 预算的依据一定要充分；
⑥ 预算应具有一定的合理性（预算不能脱离企业的实际情况）；
⑦ 预算应经过评审和批准（修改后的预算应再次得到批准）；
⑧ 预算应为成本计划提供依据；
⑨ 预算应与作业相结合（只依靠财务和会计人员来编制预算是不够的）。

（2）预算的主要目的是：
① 作为成本控制的手段，预先控制各种费用的发生；
② 提供成本资料，明确可能节省成本的方向；
③ 平衡各部门的资金运作；
④ 考核成本绩效等。

（3）预算编制的方法一般有：固定预算（静态预算）、弹性预算（动态预算）、零基预算、滚动预算等。

① 固定预算是根据预算期固定业务量水平为基础而编制的一种预算。固定预算不考虑预算期内活动的变化情况，通常也称为"静态预算"，是"弹性预算"的对称。适用于非盈利的组织和活动水平较为固定或变动很小的企业。

② 弹性预算是根据预算期不同的预期活动水平编制的一种预算。弹性预算考虑了预算期内固定成本、半变动成本和变动成本等与活动水平的变化情况，通常也称为"动态预算"或"变动预算"，是"固定预算"的对称。适用于活动水平经常变化的组织。弹性预算由于是动态的，所以，任何动态的费用成本，如管理费用、生产费用和销售费用等都适宜采用这种预算。由于这种预算能有效地控制费用支出，所以也称之为"费用控制预算"。预期活动水平可以用产量、服务量、工程量、工作量、设备台时、定额工时等表示。

③ 零基预算是根据预算期任何一种费用的支出都是以"零"为起点编制的一种预算。零基预算对于所有预算收支在不考虑其以往情况如何而逐项加以研究、分析和确定，它与传统的预算方法不同，"零基"两字的含义是对任何一笔预算收支，都是以"零"为起点，对每一项支出都要重新考虑，而不是在上期的基础上进行调整。按"零基"编制预算，不受任何约束，能使预算更切合当期的实际情况，有利于预算充分控制费用的支出。

④ 滚动预算是指预算期随着时间的推移自动递延并始终保持一定期限的预算。滚动预算是一种连续编制和执行的预算，通常保持一个季度或半年期限。这种预算适合于连续生产或费用连续发生的组织。

6.3.2 项目预算的基本知识

项目预算的全称为项目的计划和预算，英文是 Program Planning and Budgeting（简称为 PPB），是一种寻求最有效地调配资源以实现目标的系统方法。由于这种方法强调的是目标和实现目标的规划，以及是按规划的项目或方案拨款而不是按职能部门上年的预算基数增加或减少一部分开支，所以它克服了其他各种预算所共有的缺点，摆脱了过分的受会计期间的限制。

项目预算法强调选取实现目标的最佳途径，因此要对各种可能的方案进行费用效果分析。所谓费用效果分析是对不同的方案实现目标的效果和所需的费用进行综合的对比分析，然后根据一定的标准来选取最佳方案。选取的标准可能是：以最少的费用实现一个既定的目标，或是以现有的资源实现最大的效果。这通常需要采用数学模型对费用和效果的变化模式以及费用和效果的关系进行定量化的描述。我们可以用一个费用效果分析的示意图来帮助说明。

项目预算有两种基本方法：自上而下方法和自下而上方法。采用哪一种方法，主要与项目组织的决策系统有关。

(1) 自上而下的项目预算

这种方法主要依赖于中上层项目管理人员的经验和直觉（判断）。这些经验和判断可能来自于历史数据或相关项目的现实数据。首先，由项目的上层和中层管理人员对项目的总体费用、构成项目的子项目费用进行估计，这些估计的结果再传给低层的管理人员，在此基础上他们对组成项目或子项目的任务和子任务的费用进行估计。然后向下一级传递，直到最底层。

这种预算的方法是，当上层的管理人员根据他们的经验进行的费用估计分解到下层时，可能会出现下层人员认为上层的估计不足以完成相应任务的情况。这时，下层人员不一定会表达出自己的真实观点，不一定会和上层管理人员进行理智地讨论，从而得出更为合理的预算分配方案。在实际中，他们往往只能沉默地等待上层管理者自行发现问题并予以纠正,这样往往会给项目带来诸多问题,有时甚至导致项目失败。

人们通常认为,项目预算的过程是一个零和博弈,一方的获得意味着另一方的损失。其间充斥着权利的争夺和激烈的竞争。自上而下方法的优点主要是总体预算往往比较准确。其次,由于在预算过程中,总是将既定的预算在一系列工作任务间分配,避免了某些任务获得了过多的预算而某些重要任务又被忽视的情况。

（2）自下而上的项目预算

自下而上方法要求运用 WBS（Word Breakdown Structre,意思是"工作分解结构"）对项目的所有工作任务的时间和预算进行仔细考察。最初,预算是针对资源（团队成员的工作时间和原材料）进行的,然后才转化为所需要的经费。所有工作任务估算的总体汇总就形成了项目总体费用的直接估计。项目经理在此之上再加上适当的间接费用（如管理费用、不可预见费等）以及项目要达到的利润目标就形成了项目的总预算。

自下而上的预算方法要求全面考虑所有涉及到的工作任务。与自上而下预算方法一样,自下而上预算方法也要求项目有一个详尽的 WBS。自下而上预算方法也涉及到一定的博弈形势。例如,当基层估算人员认为上层管理人员会以一定比例削减预算时,他们就会过高估计自己的资源需求。这样又会使得高层管理人员认为下层的估算含有水分,需要加以削减,从而陷入一个怪圈。

自下而上预算的优点是,基层人员更为清楚具体活动所需的资源量。而且由于预算出自于基层人员之手,可以避免引起争执和不满。

6.3.3 电子政务项目预算的基本原则

开发项目确定预算是一门艺术。要确保能够精确的制定项目预算并保证方案顺利交付,应该注意以下原则:

（1）明确预算基础

公司内的许多部门都会涉及到预算的问题。对于开发人员来说,它代表在应用程序的特定部分需要花费多少时间。对于项目经理,它是确保项目正常运作的基线。对于销售人员或者客户来说,它直接关系到努力的成果。所以对于创建预算的最大的问题就是把它解释清楚这件事情不必太惊讶。不考虑客观情况,一些基本的理论可以帮助我们做无限预算,这样可以避免主观角度对我们的影响。通过已经理解的概念以及保证那些相关的人理解这些概念,做出一个正确的规划是理所当然的。

项目的开销和项目预算是两码事。项目的开销不仅仅指花多少钱,而且包括了实际的花费,运费和税费,也包括软件和硬件的采购费用。如果采用已经购买的软硬件设备,把他们计算为时间量（使用的小时数）。同样的,开发人员花费也计算为时间而不是金钱。一旦列出开销,确定会遭遇的风险,并量化每一个风险会对整个项目造成多大的影响,或者对部分项目造成影响的百分比。每一个开发团队都会被赋予一个风险值,用来处理有理由的开销,比如雇用一个临时工来保证不会超期,或者应付无法预料的超时工作。这时候预算就是花销的总和,它被转化为现金表,加上总体风险花费。为设备和开发时间定义转换值。

预算并不是一张发票。一旦确定了我们的报表,要呈报给公司的决策人员做调整。确保他们理解我们的报表中反映的花销。预算可能永远被标为评估,直到它结束或被认可。

预算不能由一个人来建立，至少需要开发领导人、项目经理和商业决策人来一同决定。

（2）确定项目花费

当确定了开发过程的花销，要尽可能的贴近实际。通过观察团队内的成员在以往项目中的表现，感觉一下程序的编写工作需要多少时间。咨询开发负责人，提防过度自信的评估，把可能的超时记入风险。

集成和发布的开销。会议、安全认证、许可证费用、质量检测耗时、除错、文档编写时间和资料费用，以及为经常遗漏的地方预留时间。尽管公司可能不会要求客户为这些付费，但这些都是合理的确切的项目开销。计算这些费用会帮助我们精确的计算项目最终的收益率。

接下来，逐条的记录那些不包括的，但是在以后可能会涉及的特性，甚至可能是对最终产品有益的特性，把这些列为可选项。另外一件事是可以在产品发布后将开发人员支持时间延长到许多天，通常当计划完成时，支持团队还没有就位或者会有大批的问题延迟交给开发人员。

一旦得到了开销的大概程度，就可以看出什么会导致开销的变化了。

（3）充分考虑风险费用

风险费用和分配对一个项目的成功至关紧要。没有它，当每个项目固有的风险周期发生时，就会影响项目基线。评估的价值中应该包括这部分的开销，但是可以不考虑销售的影响。风险的描述实际是对开发过程的评估。

可以考虑的风险会包括开发团队的经验，技术应用不熟练（可容忍的程度），计划时间不足，开发队伍的数量和地区，标准组件的数量，项目依赖的数据库或者第三方软件以及所有未知的因素。

确定可以导致风险的项目后，为每一个项目分配范围和百分比。比如，如果应用程序由 C 和 Java 组成，而开发团队由 C 程序员组成，那么 Java 组件就是潜在的高风险，它会被记录到"开发经验"的项目中。

所有项目都不可避免的存在人为的风险，比如生病或者休假。通常也会分配一个百分比给它，对于一个拥有 10 个开发人员，6 个月的项目，合适的百分比是占整个项目风险的 5%。对于拥有较少开发人员而相对长期的项目该值会高一些，反之则会低些。

通常情况下，风险费用大体相当于总费用的 20%～30%。这是高还是低呢？实际的风险费用依赖于评估团队的经验和未来的努力。如果在经过计算评估后，数目过高，可以参考公司的其他计划。他们是不是实际上符合预算呢？如果不是，说明我们可能是对的。如果是，那么可能是对我们的团队不太信任。应当重新评估我们的风险预算。

（4）预算是进行目标管理的开始

电子政务项目与任何工程性的项目一样，需要按项目管理的基本原理进行项目预算。项目预算本身并不是目的，也不是说凡是按项目预算进行就好。项目预算只是为建立目标管理等科学的管理体系提供依据，应该了解一点项目预算不是从天而降，需要不断总结才能使预算日趋准确，在其基础工作时应进行作业分析，记录以往系统的开发过程，总之只有在不断总结的基础上才能作好项目预算。

6.3.4 电子政务项目预算的基本方法

1. 科学和量化的预测

对电子政务项目的费用预算，主要从以下几个方面着想：

（1）工作场所使用的预算，包括自建场所和租用场所两种。
（2）硬件费用，对纯电子政务项目，主要是 PC 机，工作站，服务器等。
（3）软件费用，包括操作系统（如 NT），办公软件（如 Lotus Notes），软件开发软件（如 NT，ORBIX 开发 LICENSE，VC++等）。
（4）软件开发人员报酬，即开发人员工资，奖金，等。
（5）软件开发人员出差费用，如外出调研，参加研讨会，等。以上因素的 1，4 实际上都是由电子政务项目的规模和开发周期决定的。

如何预测软件规模，在 CMM 中有几种比较流行的预测方法，如 Wideband Delphi，Cocomo。这里以 Wideband Delphi 为例简单介绍软件规模预测：

（1）将电子政务项目根据概要需求分割成功能点（Function Point），越细越好。
（2）由至少 3 名领域专家对每个功能点进行逻辑代码行预测。针对每个功能点可进行多轮预测直到大家的结果的误差不超过 20%。
（3）总结所有的预测结果，得到此项目的逻辑代码量。
（4）根据业界人均日代码量（指整个生命周期，非只编码阶段）经验值或本公司对相关项目的经验值，以及在各个软件开发阶段（指需求分析，设计，编码，测试等）工作量的百分比分布，以及每月的工作日，就知道需要多少个月来开发这个项目。
（5）然后再根据市场需求时间，项目的人员到位情况，就能定出项目计划和进度表（包括项目起始结束时间，每个阶段的进度安排，每个月的投入人员，等等）。
（6）这样，以上第 1 步和第 4 步的费用预测就出来了。至于其他因素，要看项目的具体情况而定，不难得到。

2. 具体情况、具体分析

电子政务项目预算做到什么程度，要看实际情况。严格来讲，在项目实施过程中所要涉及的人、财、物都要折算成现金表现方式，明确表示出要多少人、多少物资花多少时间，才能完成此项目。并且最重要的是，所有人、财、物最后的表现方式均为多少钱。

但是这种方法本身实施起来就要消耗一定的资源，如果公司内部已有一个统一完善的资源数据库，实施起来则比较容易。但如果公司刚刚开始实行预算制，恐怕是没有这样的数据库的。如果为一个小项目大动干戈，就有点得不偿失了。因此，实际上，在制定预算当中所消耗的资源，也是要纳入考虑的，虽然这些并不表现在项目预算表上。

对于大型项目，只有通过预算，才能合理分派资源，并避免在项目实施过程中失控。因此，对于大型项目而言，预算还是非常重要的。

3. 应该注意做好项目计划书

对于一个电子政务项目的开发来讲，做好项目计划书是非常必要的。这里面包括对人力、财力、时间（进度）以及质量的控制。公司在实行预算管理的时候，应该注意分析一个项目所需人力、财力和时间（进度）的所有信息，在这基础之上，方能测算整个项目的成本以及今后的收益。对于做预算书要不要有预算（可能更多的是财务预算），建议是：凡是要发生费用的，都应该做预算。

4. 软件预算程度应符合实际

根据公司规模的大小、相关制度体系的严密性、项目的复杂程度来决定预算到什么样的程度。如果公司其他制度都非常严格，并且员工已经具有高效完成工作的习惯，则预算可以非常详细。相反，如果公司的工作一直是走到哪再看一看，那么，一个简单的预算已经足够。

第7章 电子政务建设的项目招标与投标

7.1 有关招投标的基本知识

招标,是指企业单位在发包建设工程项目或合作经营某项业务前,发表招标公告,由多家承包者前来投标,最后由发包者从中择优选定的一种经济行为。

投标,就是投标人在同意招标人拟定的招标文件所提出的条件的前提下,对招标项目提出报价。

什么是招标投标法?招标投标法是国家用来规范招标投标活动、调整在招标投标过程中产的各种关系的法律规范的总称。在我国,按照法律效力的不同,招标投标法法律规范分为三个层次:第一层次是由全国人大及其常委会颁布的《招标投标法》法律;第二层次是由国务院颁发的招标投标行政法规以及有立法权的地方人大颁发的地方性《招标投标法》法规;第三层次是由国务院有关部门颁发的招标投标的部门规章以及有立法权的地方人民政府颁发的地方性招标投标规章。

通常所谓的"招标投标法"指称《招标投标法》,属于第一层次上,即由全国人民代表大会常务委员会制定和颁布的《招标投标法》法律。《招标投标法》是社会主义市场经济法律体系中非常重要的一部法律,是整个招标投标领域的基本法,一切有关招标投标的法规、规章和规范性文件都必须与《招标投标法》相一致。

7.2 招标前的基本准备

7.2.1 招标前的项目确定

招标人在项目招标程序开始前,应完成的准备工作和应满足的有关条件主要有两项:一是履行审批手续,二是落实资金。

(1) 履行审批手续

按照国家规定需履行审批手续的招标项目,应当先履行审批手续。从《招标投标法》第三条规定看,强制招标的范围包括大型基础设施、公用事业项目;全部或部分使用国有资金投资、或者国有融资的项目;使用国际组织或外国政府贷款、援助资金的项目;以及法律、国务院规定必须招标的其他项目。根据现行的投融资管理体制,这些项目大多需要经过国务院、国务院有关部门或省市有关部门的审批。只有经有关部门审核批准后,而且建设资金或资金来源已经落实,才能进行招标。对开工条件有要求的,还必须履行开工手续。此外,对于那些不属于强制招标项目的范围,但需要政府平衡建设和生产条件的项目,或者国家限制发展的项目,或者台港澳和外商投资的项目,也要按有关规定进行审批。这些项目也需经履行审批手续并获准后,才能进行招标。需要指出的是,并不是所有的招标项目都需要审批,只有那些"按照国家有关规定需要履行审批手续的",才应当先履行审批手续,取得批准,否则不得招标。从我国推行招标投标的情况看,一些地方或部门在未履行报批手续或报批后尚未获准的情况下,即开始发售标书;或者先施工后招标。这些违反程序的做法,一旦项目未被批准,会造成不必要的损失。根据《民法通则》"无效的民事行为,从行为开始起就没有法律约束力"的规定,投标企业和中标企业的利益根本得不到保障。因此,投标人在参加要求履行审批手续的项目投标时,须特别注意招标项目是否已经经有关部门审核批准。

(2)落实资金

招标人应当有进行招标项目的相应资金或者资金来源已经落实,并在招标文件中如实载明。由于一些项目的建设周期比较长,中标合同的履行期限也比较长,在实际中经常发生这样的情况:合同正在执行过程中,由于种种原因资金无法到位,项目单位无法给施工企业或供货企业支付价款,甚至要求企业先行垫款,致使合同无法顺利履行,工程也成为"胡子工程"。有的项目单位利用"买方市场"条件下自身的优势地位,在根本没有建设资金或建设资金尚未落实的情况下,便发布招标公告,要求投标人带资投标,损害了投标人的利益,也造成了许多纠纷。为了杜绝这种现象,依法保护投标人的合法权益,《招标投标法》第九条第二款规定,"招标人应当有进行招标项目的相应资金或者资金来源已经落实",并要求"在招标文件中载明",以便投标企业了解和掌握,作为是否投标的决策依据。

7.2.2 招标文件的编写

招标文件是招标人向供应商或承包商贩,提供的编写投标所需的资料和招标投标将依据的规则和程序等项内容的书面文件。

招标文件应该包括哪些内容?《招标投标法》第十九条规定,招标人应当根据招标项目的特点和需要编制招标文件。招标文件应当包括招标项目技术要求、对投标人资格审查的标准、投标报价要求和评标标准等所有实质性要求和条件以及拟签订合同的主要条款。这一条对招标文件的编制提出了非常具体的要求。

招标文件一般至少应包括下列内容:

(1)招标人须知。这是招标文件中反映招标人的招标意图,每个条款都是投标人应该知晓和遵守的规则的说明。

(2)招标项目的性质、数量。

(3)技术规格。招标项目的技术规格或技术要求是招标文件中最重要的内容之一,是指招标项目在技术、质量方面的标准,如一定的大小、轻重、体积、精密度、性能等。技术规格或技术要求的确定,往往是招标能否具有竞争性,达到预期目的的技术制约因素。因此,世界各国和有关国际组织都普遍要求,招标文件规定的技术规格应采用国际或国内公认、法定标准。本条第2款规定"国家对招标项目的技术、标准有规定的,招标人应当按照其规定在招标文件中提出相应要求",实质上就是国家对招标项目的技术规格有法定公认标准的,招标人在招标文件中规定技术规格时应予遵循、采用,不得另搞一套。

(4)招标价格的要求及其计算方式。投标报价是招标人评标时衡量的重要因素。因此,招标人在招标文件中应事先提出报价的具体要求及计算方法。如在货物招标时,国外的货物一般应报到岸价(CIF)或运费保险付至目的地的价格(CIP),国内的现货或制造或组装的货物,包括以前进口的货物报出厂价(Ex-works)(出厂价或货架交货价)。如果要求招标人承担内陆运输、安装、调试或其他类似服务的话,比如供货与安装合同,还应要求投标人对这些服务另外提出报价。在工程招标时,一般应要求招标人报完成工程的各项单价和一揽子价格,该价格中应包括全部的关税和其他税。招标文件中应说明招标价格是固定不变的,或是采取调整价格。价格的调整方法及调整范围应在招标文件中明确。招标文件中还应列明投标价格的一种或几种货币。

(5)评标的标准和方法。评标时只能采用招标文件中已列明的标准和方法,不得另定。

(6)交货、竣工或提供服务的时间。

(7)投标人应当提供的有关资格和资信证明文件。

(8)投标保证金的数额或其他形式的担保。在招标投标程序中,如果投标人投标后擅自撤回招标,或者投标被接受后由于投标人的过错而不能缔结合同,那么招标人就可能遭受损失(如重新进行招标的费用和招标推迟而造成的损失等)。因此,招标人可以在招标文件中要求投标保证金或形式的担保(如抵押、保证等),以防止投标人违约,并在投标人违约时得到补偿。投标保证金可以采用现金、支票、信用证、银行汇票,也可以是银行保函等。投标保证金的金额不宜太高,现实操作中一般不越过投标总价的 2%,以免影响投标人的积极性。中标人确定后,对落标的投标人应及时将其投标保证金退还给他们。

(9)投标书的编制要求。

(10)提供投标书的方式、地点和截止时间。

(11)开标、评标的日程安排。

(12)主要合同条款。合同条款应明确将要完成的工程范围、供货范围、招标人与中标人各自的权利和义务。除一般合同条款之外,合同中还应包括招标项目的特殊合同条款。

总体而论,招标文件的内容大致可分为三类:一类是关于编写和提交投标书的规定,载入这些内容的目的是尽量减少符合资格的供应商或承包商由于不明确如何编写投标书而处于不利地位或其投标遭到拒绝的可能性;一类是关于投标书的评审标准和方法,这是为了提高招标过程的透明度和公平性,因而是非常重要的,也是必不可少的;一类是关于合同的主要条款,其中主要是商务性条款,有利于投标人了解中标后签订的合同的主要内容,明确双方各自的权利和义务。其中,技术要求、投标报价要求和主要合同条款等内容是招标文件的内容,统称实质性要求。所谓招标文件实质性响应招标文件的要求,就是投标书应该与招标文件的所有实质性要求相符,无显著差异或保留。如果投标书与招标文件规定的实质性要求不相符,即可认定投标书不符合招标文件的要求,招标人可以拒绝该投标,并不允许投标人修改或撤销其不符合要求的差异或保留,使之成为实质性响应的投标。

7.3 电子政务建设项目招标书例

电子政务建设是一个长期、持续的过程,通过一个又一个具体工程项目逐步实现。各级政府机关的电子政务建设管理者,在项目论证设计确定之后,就要组织项目建设的招标和投标。而撰写好招标书,既是一项具体工作,也是一项十分重要的项目建设的启动工作。

如何撰写好电子政务建设项目的招标书,前面我们已经有过一些论述,现列举部分具有代表性项目类型的招标书,作为我们撰写电子政务项目招标书的参考。

例:某某市电子政务建设总体设计方案招标书

某某市政府采购中心受某某市发展计划委员会的委托,对某某市电子政务建设总体设计方案进行公开招标,欢迎合格的投标人前来投标。

一、采购项目编号:TZZC2004110

二、采购项目名称:电子政务建设总体设计方案

三、投标人资格:

1、具有法人资格的国内企业单位或在我国注册的中外合资、合作企业(中方控股);

2、在专业技术、产品设备、机构人员等方面具有规划、设计、实施电子政务系统的资质和能力;

3、投标方必须具有省级以上(含省级)颁发的《软件企业认定证书》;

4、投标方必须具有电子政务平台建设和实施经验[需提供2001年1月以来签订合同的地市级政府电子政务平台建设成功案例证明];

5、注册资金人民币1000万元(含)以上;

6、在行业内具有良好的信誉和业绩,有丰富的设计和实施经验;

7、有较好的商业信誉和健全的财务会计制度;

8、有依法缴纳税收和社会保障资金的良好记录;

9、投标人遵守国家法律及省市有关法规。

四、发售招标书时间:即日起在某某市政府采购网站上提供下载,标书售价300元/份,由投标商在投标前交纳。

五、投标截止时间:2004年12月8日9:00(北京时间)

六、开标时间:2004年12月8日9:00(北京时间)

七、投标、开标地点:某某市海陵南路302号市财政局十二楼、某某市政府采购中心开标室。

八、联系方式:

某某市政府采购中心 联系人:×××

地址:某某市海陵南路302号 邮编:××××××

电话:××××-6888033 传真:××××-6888033。

7.4 电子政务建设项目的投标

7.4.1 投标书的编制

根据《中华人民共和国招标投标法》第十四条的规定,投标人应当按照招标文件的要求编制投标文件(简称投标书)。投标书应当对招标文件提出的实质性要求和条件作出响应。对有关数量方面的计算,要尽量避免误差;投标书的制作要干净整洁。

投标书至少应包括以下几个构成部分:

(1)开标一览表;

(2)投标函;
(3)投标保证金;
(4)投标报价表或预算书;
(5)技术规格响应表或技术方案(包括图纸等);
(6)有关资质证明文件,如法人授权书、制造商声明等。

投标人应当如何编制投标书?

《招标投标法》第二十七条规定,投标人应当按照招标文件的要求编制投标书。招标项目属于建设施工的,投标书的内容应当包括拟派出的项目负责人与主要技术人员的简历、业绩和拟用于完成招标项目的机械设备等。

投标人应认真研究、正确理解招标文件的全部内容,并编制招标文件。投标书应当对招标文件提出的实质性要求和条件做出响应,"实质性要求和条件"是指招标文件中有关招标项目的价格、项目的计划、技术规范、合同的主要条款等,投标书必须对这些条款做出响应就是要求投标人必须严格按照招标文件填报,不得对招标文件进行修改,不得遗漏或者回避招标文件中的问题,更不能提出任何附带条件。

投标人应该到指定的地点购买或获取招标文件,并准备投标书。在招标文件中,通常包括招标须知,合同的一般条款、合同特殊条款、价格条款、技术规范以及附件等。投标在编制投标书时必须按照招标文件的这些要求编写投标书。

投标书通常可分为:

(1)商务文件。这类文件是用以证明投标人履行了合法手续及招标人了解投标人商业资信、合法性的文件。一般包括投标保函、投标人的授权书及证明文件、联合体投标人提供的联合协议、投标人所代表的公司的资信证明等,如有分包商,还应出具资信文件供招标人审查。

(2)技术文件。如果是建设项目,则包括全部施工组织设计内容,用以评价投标人的技术实力和经验。技术复杂的项目对技术文件的编写内容及格式均有详细要求,投标人应当认真按照规定填写。

(3)价格文件。这是投标书的核心,全部价格文件必须完全按照招标文件的规定格式编制,不允许有任何改动,如有漏填,则视为其已经包含在其他价格报价中。

为了保证投标能够在中标以后完成所承担的项目,本条还要求"招标项目属于建设施工的,投标书的内容应当包括拟派出的项目负责人与主要技术人员的简历、业绩和拟用于完成招标项目的机械设备等"。这样的规定有利于招标人员控制工程发包以后所产生的风险,保证工程质量,使项目负责人和主要技术人员在项目施工中,起到关键的作用。机械设备是完成任务的重要工具,这一工具的技术装备直接影响了工程的施工工期和质量。所以在本条中要求投标人在投标书中要写明计划用于完成招标项目的机械设备。

投标书是评标的主要依据,是事关投标者能否中标的关键要件。根据对一些投标者在制作投标书方面的失败案例的综合分析,投标者在制作投标书的过程中,必须对以下四个方面引起足够的重视:

(1)"招标须知"莫弄错。"招标须知"是招标人提醒投标者在投标书中务必全面,正确回答的具体注意事项,投标人在制作投标书时,必须对"招标须知"进行反复学习、理解直至弄懂弄通,否则就可能将"招标须知"理解错,导致投标书成为废标。例如,某"招标须知"要求投标人在投标书中提供近三年开发基于Web-sphere、Oracle大型数据率的成功交易业务记录,而某投标者将"近三年",理解为"近年";将"成功交易业务记录"理解为"内部机构成功开发记录",以致于使形成的投标书不符合"招标须知",成为废纸一张。

(2)"实质要求"莫遗漏。招标投标法第三章第二十七条规定:"投标书应当对招标文件提出的实质性要求和条件做出响应"。这意味着投标者只要对招标文件中的某一条实质性要求或条件遗漏,未做出响应,都将导致废标。如某招标文件规定,投标者须具备 5 个方面的条件。若投标者 E 遗漏了对"招标货物有经营许可证要求,投标人必须具有该货物的经营许可证"这一要求做出呼应;投标者 F 在投标书中遗漏了对"投标人必须取得对所投设备生产企业的授权文件"这一要求做出响应,则投标者 E 和投标者 F,都将因遗漏而被淘汰。

(3)"重要部分"莫忽视。"标函"、"项目实施方案"、"技术措施"、"售后服务承诺"等都是投标书的重要部分,也是体现投标者是否具有竞争实力的具体表现。倘若投标者对这些"重要部分"不重视,不进行认真、详尽、完善的表述,就会使投标者在商务标、技术标、信誉标等方面失分,以至于最后落榜。例如,投标者不重视写好"标函",则就会在"标函"中不能全面反映本公司的"身价",不能充分表述本公司的业绩,甚至将获得的重要奖项(省优、市优、鲁班奖等),承建的大型重要项目等在"标函"中没有详细说明,从而不能完全表达本公司对此招标项目的重视程度和诚意。再如,一些投标者对"技术措施"不重视,忽视对拟派出的项目负责人与主要技术人员简历、业绩和拟用于本项目精良设备名称等的详细介绍,以至于在这些方面得分不高而出局。

(4)"细小项目"莫大意。在制作投标书的时候,有一些项目很细小,也很容易做到,但稍一粗心大意,就会影响全局,导致全盘皆输。这些细小项目主要是:

① 投标书未按照招标文件的有关要求登记;
② 未全部加盖法人或委托授权人印签,如未在投标书的每一页上签字盖章,或未在所有重要汇总标价旁签字盖章,或未将委托授权书放在投标书中;
③ 投标者单位名称或法人姓名与登记执照不符;
④ 未在投标书中填写法定注册地址;
⑤ 投标保证金未在规定的时间内缴纳;
⑥ 投标书的附件资料不全,如设计图纸漏页,有关表格填写漏项等;
⑦ 投标书字迹不端正,无法辨认。
⑧ 投标书装订不整齐,或投标书上没有目录,没有页码,或文件资料装订前后颠倒等。

7.4.2 投标取胜的技巧

随着《中华人民共和国招标投标法》的实施和政府采购制度的不断完善,企业通过投标获得合同将是非常重要的途径。投标是否取胜,取决于多方面的因素:投标者实力与信誉、招标者企图与意向、招投标不确定因素等,但如何在众多情况一致、实力相当的投标者中脱颖而出,从投标技巧上需要注意以下几点:

(1)及时准确地掌握招标信息

如果招标人采用公开招标方式,按规定应当通过国家指定的报刊、信息网络或者其他媒介发布招标公告。这是企业了解招标信息的重要渠道。目前,国家有关部门分别指定了一些发布招标公告的媒体。国家计委指定《中国日报》、《中国经济导报》、《中国建设报》、《中国采购与招标网》发布依法必须进行招标的项目的招标公告。财政部指定《中国财经报》发布政府采购项目的招标公告。国家经贸委指定《中国招标》发布技术改造项目的招标公告。外经贸部指定《中国国际电子商务网》、《中国招标》发布机电产品国际招标的招标公告。如果招标人采用邀请招标方式，由于邀请招标的邀请范围是招标人确定的，企业要获得邀请招标的信息相对来说比较困难，如果企业和其产品知名度较高，则其被邀请的机会相对较多。企业也可与一些专职招标机构或采购频繁的实体建立较密切的联系，便于及时了解招标动态和有关信息。

获取招标信息是否及时，对准备参加投标的企业来说相当重要。《招标投标法》规定，"自招标文件开始发出之日至投标人提交投标书截止之日止，最短不得少于二十天"。而二十多天的时间对于投标人来说，要通过对投标书的完整准确的理解，对投标价格、技术和商务方面作出完全响应，特别是对项目工程量大、设备技术要求高，而且比较复杂的采购项目，制作出具有竞争力的投标书是一件相当紧张的工作。

（2）对招标文件中所有实质性要求和条件作出响应

《招标投标法》规定，"投标书应当对招标文件提出的实质性要求和条件作出响应"。这意味着投标人只要对招标文件中若干实质性要求和条件的某一条未做出响应，都将导致被废标。

如何保证对招标文件中所有实质性要求和条件都做出响应呢？首先要认真研究招标文件，对招标文件提出的要求和条件，逐条进行分析和判断，找出所有实质性要求和条件，在投标书中一一做出响应。如果把握不准实质与非实质性的界限，企业可向招标人进行询问，且最好以书面方式进行。当自己的产品与某些实质性要求和条件有一定差距时，需在投标书的偏离表中做出详细说明。如果偏离过大，无法完全响应时，应考虑放弃投标，避免不必要的浪费。

（3）编制一本高质量的投标书

招标人和投标人之间主要通过招标文件和投标书进行交流是招标投标的特点，投标书主要包括：投标书、开标一览表、投标报价表、投标产品的方案及详细介绍、技术和商务方面与招标文件的偏离表、投标人的资信证明和招标文件要求提供的其他资料等。

投标书是描述投标人实力和信誉状况、投标报价竞争力及投标人对招标文件响应程度的重要文件，也是评标委员会和招标人评价投标人的主要依据。在企业产品和实力能够满足招标文件要求的前提下，编制一本高水平投标书，是企业在竞争中能否获胜的关键。编制一本高质量的投标书的注意事项：

① 投标人应根据招标项目的特点，认真研究招标文件内容，摸清招标人的要求和意图，了解潜在竞争对手的情况。在知己知彼的情况下，从技术、商务等各方面确定投标策略。

② 在编制投标书时，投标人应确保投标书完全响应招标文件的所有实质性条件和要求。一般情况下，投标人都会认真研究招标文件中的技术要求，根据自己产品的情况，在技术方面较好地响应招标文件的实质性要求。但是，许多投标人往往会在一些看似并不重要的内容上出现疏漏，导致投标失败，这样的结果非常令人惋惜。有些信誉、实力和产品水平都是国内一流的企业，就是因未响应招标文件中一条商务条款而前功尽弃。如在一次帐篷的招标中，招标文件明确采购20000顶，以2000顶为一数量单位，投标人可以投一个数量单位，也可以投多个数量单位。如果投多个数量单位，必须按一个数量单位、两个数

量单位、三个数量单位……提供报价投标。一家企业投了6000顶，却未按规定提供2000、4000、6000顶分别报价，只提供了6000顶的报价。在评标时，评委会是以每个投标人2000项的报价为基础进行评比的。这家企业未报2000顶的价格，评委们无法对其做出评价，其投标被拒绝。

（4）科学合理地确定投标报价

关于投标价与中标的关系，《招标投标法》规定，中标人的投标应当符合下列条件之一：

① 能够最大限度地满足招标文件中规定的各项综合评价标准；

② 能够满足招标文件的实质性要求，并且经评审的投标价格最低；但是投标价格低于成本的除外。这就是说，投标价格最低的并不一定中标。

在实际招标中，如果招标人采购简单商品、半成品、设备、原材料，以及对其技术性能、质量没有特殊要求的招标项目时，价格可以作为评标时惟一考虑的因素。这时，在商务、技术均满足招标文件的要求时，经评审的投标价格，即评标价格最低的应当作为中标者。如果招标人采购较复杂的设备或有特殊要求的项目，这时可以对价格因素和非价格因素，按照招标文件中规定的评价标准，采取折算为货币或打分的方法予以量化后进行加权平均，从而综合评估出能够最大限度地满足招标文件中规定的各项综合评价标准的中标者。投标企业应当弄清招标文件对投标价格的评定原则和方法，并据此确定投标价格。确定投标报价时，应注意：

①投标报价不能低于成本价，因为《招标投标法》已将其定为违法行为。如有特殊情况，应加以说明。如：某帆布厂在参加帐篷投标时，投标报价低于成本价，但该企业在投标书中说明了原因。该企业生产的篷布属长年库存积压产品。按降价处理，使其投标报价具有了较强的竞争优势获得中标，同时，还解决了篷布库存积压问题。

②确定适当的利润率。在评标时，投标报价在评标因素中所占比重一般为30%～60%。因此，利润率过高，投标报价缺乏竞争力，利润率太低，即便中标，也无经济效益。投标人要根据招标项目的情况、招标人情况、竞争对手的情况、投标人自身的经营状况等综合因素制订投标策略，确定合理的利润率。

③把握好确定投标报价的时机。有经验的投标人，都会在递交投标书的前夕，根据竞争对手和投标现场的情况，最终确定投标报价或折扣率，现场填写有关商务方面的文件。

④巧妙地确定投标保证金的金额。通常，招标文件都规定投标保证金的金额为投标报价的2%。由于出具投标保证金需要一些程序，其金额较容易被竞争对手掌握，推算出投标报价。为了保密，可适当提高投标保证金金额，以迷惑竞争对手。

此外，在投标书中，要尽量详细描述投标产品情况，特别是突出展示自己的产品优于竞争对手的性能和特点。同时还要将自身的业绩、在其他项目中标的情况、有关方面的评价、产品样本等等有关材料充实到投标书中，并分别配上详细介绍，以便引起评委们和招标人重视，向他们充分展示你的实力。

投标是一场既公平又非常残酷的竞争，是实力、信誉和经验等多方面的综合能力的比拼，千万不要因为一时疏忽导致失败。

7.5 电子政务建设项目招标管理与评标

7.5.1 电子政务建设项目招标管理

1. 招标组织

招标人可以自行组织实施招标活动，也可委托物业管理招标代理机构办理招标事宜。但要注意的是：自行招标要有与招标项目相适应的工程技术、经济、管理人员参加；而招标代理机构应具备物业管理专业资格，在招标的方式上可采用公开招标和邀请招标两种方式。

2. 双赢是招标投标的理性目的

携手合作、实现共赢是招投标双方的共同愿望。目前在大型信息化建设工程中，作为项目总承包商的核心系统集成商，在项目建设中发挥的作用越来越重要。而很多设备厂商只提供其中的一部分产品，对此，他们是怎么做的呢？

深圳科士达科技发展有限公司针对这一趋势，专门成立了大客户售前技术支持部，从项目的前期咨询，到中期的方案设计，再到后期的项目投标，对大型系统集成商进行直接技术支持，双方形成合力，形成了一种"双赢"的长期合作模式。

宝德科技股份有限公司针对每个标都会组织一个完善的队伍给用户做详细的需求分析，努力做到给客户的东西一定是客户想要的。现在招标时，用户和厂商接触的机会很少。为此，清华同方计算机系统本部服务器事业部总经理朱平东建议：从公平的角度，应该给厂商一个公开的和用户面对面的沟通机会，这样才可以在公平的基础上，客户更了解各个厂商的情况和产品，从而得到他们最合适的产品。

APC[①]则在提高答标效率上做好文章。APC 在竞标过程中积累了不少好的经验，并成立了专门的建议书中心，专门进行应标分析，做标书，最短的 4 小时内就能完成。而且 APC 还建立了各种方案的数据库，很多基本信息也做成了模块，如公司介绍、售后服务等。

2002 年联想与安徽省教育厅签了一个中国电子政务超级大单，内容包括联想"启天"商用电脑 3 万余台、联想"万全"高端服务器及"传奇"教育软件各 500 余套。中标的原因当然和实力分不开，更重要的是联想针对安徽教育界资金相对紧张但信息化需求又十分迫切的实际情况，还提供了融资服务。按照规划，2002 年安徽校校通工程需投入资金 3 亿多元，这对财政资金相对紧张的安徽省来说无疑困难重重。联想经过深入调查和研讨，主动提出了创新的思路，最终与安徽省教育厅、省物价局就"政府政策支持、企业投资建设、学生适当交费、学校管理使用、成本收回后产权无偿移交"的全新模式达成共识，使教育

---

① 1981 年，美国麻省理工学院林肯实验室的三位电力工程师合力创办了 APC 公司，当时是专注于太阳能的研究与开发；1984 年，APC 公司注意到不间断电源市场的潜力，并且结合自身的技术优势，开始专门生产 UPS 产品，并推出了其第一种不间断电源（UPS）750 型。1988 年 7 月，APC 公司正式成为公开上市公司，从而获得了保证其业务发展的充足资金。股票发行代码为 APCC。1998 年 APC 在收购了大型 UPS 供应商 Silicon 公司后，完成了由原先的小型 UPS 领导厂商到"端到端"电源保护解决方案供应商的转变。2000 年，其营业收入达到创纪录的 14.8 亿美元，继续保持全球最大的 UPS 供应商地位。2002 年，APC 再次入选"财富 1000 强"、福布斯 "白金级企业 400 强"、"金融时代 500 强"排行榜，并成为"S&P500 强"、"纳斯达克 100 强"企业。

信息化融资的棘手难题迎刃而解。联想的这一新模式对整个IT市场无疑都具有很重要的借鉴意义。

3. 招标投标的管理法规

《中华人民共和国招标投标法》(以下简称《招标投标法》),对必须进行招标的工程建设项目,包括项目的勘察、施工、监理以及与工程建设有关的重要设备和材料等的采购作出了原则性的规定。据此,国家发展计划委员会报经国务院批准于2000年5月1日发布了《工程建设项目招标范围和规模标准规定》,明确了强制招标的门槛价:即施工单项合同估算价格在200万元人民币以上;重要设备、材料等货物的采购,单项合同估算价在100万元以上;勘察、设计、监理等服务的采购,单项合同估算价在50万元以上;虽单项合同估算价较低,但项目总投资额在3000万元以上的必须依法进行招标。国家经贸委下发了《关于加强国债专项资金技术改造项目招标监管的通知》,明确国债专项资金技术改造项目设备采购必须进行招标。财政部制定了《政府采购管理暂行办法》,明确"达到财政部及省级人民政府规定的限额标准以上的单项或批量采购项目,应实行招标采购"。

为了加强对评标专家和评标专家库的监督管理,进一步明确工程建设项目施工招标投标中的实体性和程序性规定,《评标专家和评标专家库管理暂行办法》和《工程建设项目施工招标投标办法》已于2003年4月1日和5月1日开始实施。

针对一些招标代理机构对评标专家库入库专家把关不严、有的评标专家库专家人数过少、有的评标专家库部门色彩和地方色彩较浓等问题,《评标专家和评标专家库管理暂行办法》对组建评标专家库的条件、评标专家库的组建方式、评标专家库的日常管理,以及评标专家的权利义务作了比较详细的规定。并规定,政府投资项目的评标专家,应当从政府有关部门设立的评标专家库中抽取。

针对现实生活中非常突出的标底问题,《工程建设项目施工招标投标办法》进一步强调,任何单位和个人不得强制招标人编制、报审标底,或干预其确定标底;招标项目可以不设标底进行无标底招标。

7.5.2　电子政务建设项目评招

1. 投标书的初审

对投标书的初审,主要根据以下几个方面:

(1) 买方将审查投标书是否完整,有无计算上的错误,是否提交了投标保证金,文件签署是否合格,投标书的总体编排是否有序。

(2) 算术错误将按以下方法更正。如果单价与数量乘单价的积而得到的总价不一致,以单价为准修改总价,如果投标人不接受对其错误的更正,其投标书将被拒绝,其投标保证金将被没收。如果用文字表示的数值与用数字表示的数值不一致,以文字表示的值为准。

(3) 对于投标书中不构成实质性偏差的小的不正规,不一致或不规则,买方可以接受,但这种接受不能损害或影响任何投标人的相对排序。

(4) 在详细评标之前,根据投标人须知第26条,买方要审查每份投标书是否实质上响应了招标文件的要求。实质上响应的投标应该是与招标文件要求的全部条款、条件和规格相符，没有重大偏离的投标。对关键条文的偏离、保留或反对，例如关于投标保证金（投标人须知第 15 条），适用法律（通用合同条款第 30 条），和税及关税（通用合同条款第 32 条）的偏离将被认为是实质上的偏离。买方决定投标书的响应性只根据投标书本身的内容，而不寻求外部的证据。

（5）如果投标书实质上没有响应招标文件的要求，买方将予以拒绝，投标人不得通过修正或撤消不合要求的偏离或保留从而使其投标成为实质上响应的投标。

2. 投标报价的评审

（1）关于电子产品的价格和成本

电子产品的价格编制依据是现行的预算定额、费用定额和相关配套取费文件，一般统称为"计价依据"。按上述计价依据计算的预算价格，反映的是社会（或行业）平均价格，其成本消耗也是社会（或行业）平均成本。

商品价格由成本和利润组成，成本是商品价格的最低经济界限，商品价格只有不低于成本，再生产过程才能进行下去。成本分社会平均成本和企业个体成本。招标工程的投标人，如果管理水平高，技术力量强，其个体成本就会低于社会平均成本，价格完全可以低于社会平均价格。招标投标法第三十三条规定：投标人不得以低于成本的报价竞标。第四十一条规定，中标人的投标价应当能够满足招标文件的实质性要求，并且经评审的投标价格最低，但是投标价格低于成本的除外。这里所讲的成本是指投标企业的个体成本。

（2）如何界定投标人的报价不低于其成本价

电子政务工程招标，通常采用两种做法：一是招标工程设标底标底（指招标单位自我核定的最低工程造价），根据标底计算评标价；二是招标工程不设标底，不低于其成本的最低价中标。评标人如何界定投标人的报价不低于其成本价我的做法有两种：

① 对于设有标底的招标项目，招投标法第四十条规定：设有标底的，应当参考标底。标底是招标者对招标工程所需费用的自我测算相控制，标底在评标时起尺度和参考作用。评标时首先按招标文件的规定计算评标价，然后将所有的投标报价与"评标价"比较，达到招标文件规定的中标条件者中标。若采用最低价中标，而最低报价又与标底价差距太大，就应分析该报价是否低于其成本价。

② 对于不设标底的招标项目，若采取最低价中标，评标难度较大。我的做法是：先求出招标工程投标报价的平均预算价，判别最低报价的预算价是否准确；然后看报价让利是否有明确的让利因素、数额和可能性说明。若让利理由充分、数额明确、措施落实，可认为最低报价不低于其成本价。

（3）评定标报价不低于成本价的条件

① 对于设有标底的招标项目。首先要有一个能体现招标工程在特定的地点、时间段内的"行业平均成本的标底"。在编制标底时，不仅要根据设计图纸、现行预算定额和工程量计算规则正确地编制施工图预算，还应考虑招标工程的技术特点和施工的复杂程度、招标文件中确定的质量和工期要求、是否采用新技术或新材料、建设期内材料价格上涨或下跌幅度、建设地点的交通条件等与工程造价密切相关的因素。其次投标报价应有详细的投标项目预算书，若采用价格让利竞争，报价承诺书还应详尽的描述让利的因素、条件和可能性。在编写施工组织设计时，应重点阐述确保投标工程的质量和工期采取的技术措施以及本单位的优势。这才能给评标委员会分析比较每个投标人的报价是否低于其成本价创造条

件。

② 对于不设标底的招标项目。招标人应按《招标投标法》的规定发布招标公告或投标邀请书，并根据招标项目的特点和需要编制招标文件。投标人应根据招标项目的技术要求和招标文件规定的投标报价要求和评标标准等，结合企业自身经营管理状况、技术水平、材料供应方式和采购渠道、建设单位资金到位情况等多方面因素，认真详细的编写投标报价书，阐明竞争条件和实现竞争条件的可能性。评标委员会则按照招标文件确定的评标方法和标准，对投标书进行评审和比较。评标委员会完成评标后，应当向招标人出书面评标报告，并推荐合格的中标候选人。

（4）评标工作要点

从规范合法的评标工作看，评标由该招标工程的评标小组负责，评委是开标前由招标人在电子政务工程招标评标、定标委员会专家库内随机抽取的，事先对招标工程的情况不了解。在短时间内，评出最低报价是否低于其成本价，难度还是较大的。为便于提高评标质量，建议：

① 开标时，招标人必须将招标文件交给评委，使评委对招标文件中规定的评标方法有所了解。

② 开标地点应备有必要的查阅资料，如工程量清单、施工图、甲方供材价格、独立费内容及单价、现行预算定额及费用定额等。

③ 对不设标底，采用工程量清单招标的工程，评标时只需评价投标人综合单价报价是否合理，无须评价其总报价。对设有标底，按施工图总价招标的工程，评标时除评价总报价外，还应对其让利的因素、数额、措施和可能性进行分析比较，剔除低于其成本的最低投标报价。

④ 每位评委都应认真写出自己的书面评审意见。

第 8 章 电子政务建设的项目监理

8.1 什么是项目监理

所谓项目监理,包括以下三个方面的主要内容:

(1) 对工程进度的监督检查。施工单位承包工程后,要根据设计单位提供的施工图,编制施工图预算、施工组织设计、施工网络计划、物资需求计划,严格按施工顺序合理组织施工,编制好施工方案,搞好施工现场平面布置和劳动管理,安排好主体工程、辅助工程、公用工程的相互衔接,安排好各工序、各工种之间的衔接配合,合理组织平行流水和交叉作业,采用先进技术提高工效,缩短工期。严格按合同规定的工期执行,不能因施工原因而影响按期、按质建成投产。

(2) 对工程质量的监督检查。施工单位的技术管理是确保工程质量的重要环节,要对施工单位的技术管理进行监督,要求施工单位在施工前要认真做好施工图纸的会审,弄清工程范围,建设规模和技术要求,做好自然条件和经济条件调查,明确质量要求。建立健全质量监督体系,保证工程质量。施工单位要设立质量监督检查员,严格执行设计要求和施工验收规范,确保工程质量能够全部达到合格水平。凡不合格的工程要坚决返工,因施工责任返工所增加的费用,由施工单位负责。施工单位要建立工程保修制度,实行质量保证金办法。将合同工程款总价的 5%~10%留作质量保证金。

(3) 对工程成本的监督检查。施工单位内部要加强管理,合理使用建设资金,坚持按工程进度拨款,要加强物资管理,要处理好内部分配关系,要把经济责任制和按劳分配原则结合起来,使职工的收入和劳动成果挂钩,充分体现多劳多得的方针,奖金水平应随生产和利润增减、产品质量好坏、成本的高低有升有降。

8.2 电子政务工程项目监理制度

8.2.1 建立电子政务工程项目监理制度

1. 建立监理制度的必要性

(1) 建立监理制度有利于我国项目管理制度与国际接轨

实行项目监理制是国际上确保工程项目质量和进度的一种通行惯例。我国于 1986 年开始探索、引入项目监理制度并在工程建设中予以应用,收到了明显的效果。1993 年,上海市开始了工程设备监理制度的试点工作。在国务院机构改革前,电力部、水利部、邮电部、机械部、内贸部等有关部门根据工程管理的需要,在各自的职能范围内也组织和筹备开展了工程监理工作。1997年，北京市工商局"金网工程"在建设中实施了IT监理。目前，一些国际金融机构都把实行监理作为提供建设贷款的条件之一，世界银行在我国投资的工程全部要求进行监理。这表明，监理制已成为国际上工程建设必须遵循的惯例。2004年8月1日，北京市信息化工作办公室开始正式执行《北京市信息系统工程监理管理办法（试行）》，对信息系统工程监理及监理单位、监理工程师的资格认证做了明确的规定。预计两年内，在国家大型工程和财政支持的信息化工程项目中都将强制实行监理制度。

当前，监理制度在国际上已成为工程建设组织管理体系中的重要环节。在我国，监理制的实施是对传统工程管理体系的改革，尤其在电子政务工程的建设中引进监理机制已日益成为投资方的共识。

（2）电子政务建设项目的特点决定了必须有相应强有力的监理制度

电子政务建设项目从本质上讲都是政府项目，为了我国信息产业更快更好地向前发展，国家应制定有关信息系统监理的政策法规及相关的监督管理制度；为了强化对系统工程建设的政府管理，国家应专门设立对信息系统工程建设进行监督指导的机构。

电子政务建设项目多是信息系统建设项目。大型信息系统建设是一项投资大、周期长、知识密集、高风险的系统工程，不成功者屡见不鲜。在信息系统建设中常出现一种不正常的现象，花了几百万甚至几千万元，计算机买了，网络通了，当然这些都是集成商做的，以后就成了"胡子"工程。为什么达不到投资的目的？其中的原因是多方面的，但在系统建设过程中，工程管理跟不上，缺少经验，不严格按工程建设规范办事是主要原因。信息系统建设有自己的特点，有人将其比喻为"三分技术，七分管理"，也有人说是"三分技术，七分协调"，更有人说是"三分技术，七分实施"。不论哪一种提法，都说明了信息系统建设中必须要有一个合理的管理运行机制，这是比人才、技术更为重要的因素。信息系统的建设是有风险的，据报道，一家咨询集团曾对美国24由家大型企业开发的客户－服务器系统进行了调查，结果表明，其中68%的项目超过了预定的开发周期，55%的项目费用超过预算，88%的项目必须进行系统再设计。另有一家美国著名的调查公司SPR对美英两国的企业信息系统工程进行了类似的调查，报告显示，有30%～50%的客户/服务器项目中途放弃开发。国内的情况也不容乐观，而未雨绸缪实为必要，防患胜过于修补，"秋后算总账"对哪一方也没有好处。对工程进行全程控制，引进监理机制是信息系统建设提高工程投资成功率的重要手段。监理制的实施是对传统工程管理体制的改革。

（3）我国电子政务工程项目建设现状决定了必须引入监理机制

如果把计算机网络系统看成是电子政务工程建设的基础硬件设备，显然可以将电子政务工程监理在行业上归并于工程设备监理的范畴。当然，电子政务工程监理有着自己特定的行业特色，专家们认为，工程设备监理所涉及的专业领域十分广阔。

在工程建设中，监理工作有着不可替代性，是一种约束机制，监理工作是站在独立的第三方的立场上为业主服务。

当前，电子政务项目工程建设正处于日新月异的发展时期，行业新颖、人员年轻、科技含量高、智力密集、所涉及的领域宽广、对实践经验要求高。但目前信息系统工程的市场不规范、政策法规不完善、缺少监督监理机制、不重视信息资源安全保密的防范措施。

一些个别的公司，只看到电子政务项目工程项目投资额度大、利润高，就不顾自己的能力、信誉、资质状况，也不屑于国家的政策法规、国家安全，一心只想抓住机遇，把利润搞上去，他们一哄而起、一拥而上，采用各种手段把项目争取到手，使在我国信息产业轰轰烈烈向前发展的背后，出现了许多不应出现的现象。

即便是一些搞得比较好的工程项目，也或多或少地存在一些问题，如项目可行性论证不充分；用户需求不全面、不准确；用户要求一变再变、工程进度一拖再拖；甲乙双方的合同书条文不规范，缺乏可执行性，或存在二义性；出现争执时，双方各执一词、争执不下；缺少对设备监理、对系统的评测验收；工程结束后，承包方没有提交与工程有关的文档资料，严重影响了工程的连续性、继承性、可扩展性；工程长时间不能投入正常运行、工程款一再拖欠，承包方也迟迟拿不到工程款，等等。

凡此种种，造成许多电子政务项目工程项目不成功、不完善，长期收不了口，"豆腐渣"工程层出不穷，严重地影响了电子政务项目工程项目的质量和进度，不仅损害了合同签约双方（建设方和承建方）的利益，还给国家和社会造成了许多不应有的损失。

虽然目前 IT 市场一派繁荣景象，各种产品层出不穷，但很多政府部门根本无从选择，他们缺乏选择和评价的标准与方法，甚至缺乏明确的目标、需求与战略，导致产品的选择缺乏针对性。据 CCID 调查显示，在 IT 项目不成功的案例中，因软件选择失败的比例高达 67%。因此，如何从琳琅满目的产品中选择最适合自己的产品（包括供应商和 IT 服务供应商）是关系 IT 项目成败的重要条件。

缺乏有效的管理是导致政府信息化建设项目失控的直接原因。项目管理是一项需要很高技巧的复杂工作，需要制定合理的实施计划、良好的组织管理、沟通、整合、强有力的成本、时间、质量、风险控制。尤其是大型电子政务应用项目，项目管理更是一门高深的学问和高超的艺术。如果没有良好的项目管理，政府信息化建设项目必然无法按时、按质、按预算完成。

为了避免上述情况的出现，人们常规的做法是在合同书、协议书中加入"双方友好协商"、"行业协会仲裁"、"本合同一经双方签章认可立即生效，具有法律效力"等条款，但它们都有局限性，不能有效地保护合同双方的根本利益。

2. 建立监理制度的可行性

保障电子政务工程签约双方的利益是保证我国计算机信息产业和电子政务工程顺利发展的重要方面。在新形势下，为了确保国家信息产业和电子政务更加健康、有序地发展，为了使我国信息资源得到更充分的利用，也为了必要的安全保密，对电子政务项目工程建设进行有组织、规范化的监理，就显得更加重要。

但到目前为止，不论是国内还是国外都还没有出现系统的、规范化的、科学而又行之有效的政策法规和解决措施。虽然在信息产业中没有专门针对信息工程建设的政策法规和解决措施，但并不等于在我国就没有工程监理方面的可借鉴的成功经验。

从 1988 年起，在国家建设部的领导下，我国开展了对大中型工交项目、重要的民用建筑项目及外资、合资建设项目实行建设监理。10 多年来，形成了一套有效的有关监理的政策法规及强有力的管理机构，还有专门从事监理业务的监理公司、企事业单位和经营组织，造就了一支富有实践监理经验的工程监理队伍。经验表明，工程建设项目的建设监理既加快了工程建设的速度，又确保了工程的建设质量，实现了建设与效益、数量与质量的有机结合；工程监理工作也达到了制度化、规范化、科学化的目标。

建设部对建筑工程项目实行的"建设监理制度"，是信息产业实施计算机信息系统工程监理的样板。计算机信息系统工程完全可以在学习这些成功经验的基础上，结合本行业的特点开展计算机信息系统工程的监理工作。

　　总之，在我国实行电子政务项目建设的监理是完全可行的。这是因为：有国家建设部的成功经验作为借鉴；有国家建设部的大量法规作为参考；在计算机行业，有大量的国家标准和行业标准作为依据；可得到计算机行业协会的支持；国内有大量经验丰富的计算机信息处理工程方面的专家、学者和人才；"建设监理制度"是社会主义市场经济体制的重要组成部分，是连接业主责任制、招标投标承包制的中心环节，也是克服市场经济中某些弊病的手段，一直得到国家政府的支持，由此，电子政务工程监理一旦开展也会得到国家和地方政府的强有力的支持；监理制度会得到业主（政府部门或单位）的接受和欢迎。由于委托了监理公司对工程的监理，业主无需再设立庞大的策划机构及花费大量的人力、物力和财力，就能够达到对工程放心，而且，设计意图易被了解，差错易被纠正，施工质量能得到保障，难题易得到解决，工程进度得到较好的控制；管理制度会得到信息系统工程承建单位的支持，开发过程中的问题易被发现和及时纠正，拖欠工程款的问题易得到解决。

8.2.2　电子政务工程项目监理制度的框架

　　我国建筑行业"建设监理体制"的基本框架是一个体系、两个层次，并早已成为我国政府有关职能部门的一项管理制度。

　　电子政务项目工程的监理也应成为我国政府职能部门的一项管理制度，同样应当采用"一个体系、两个层次"的体制框架。

　　（1）一个体系。是指在组织上和法规上形成一个系统。政府在组织机构和手段上加强及完善对信息工程建设过程的监督与控制的同时，施行社会监理的开放体制。社会监理工作自成体系，有独立的思想、组织、方法和手段，奉行公正、科学的行为准则，坚持按照工程合同和国家的法律、行政法规、规章和技术标准、规范办事，既不受委托监理的建设单位随意指挥，也不受施工单位和材料供应单位的干扰。

　　（2）两个层次

　　① 宏观层次，即"政府建设监理"，由政府机构制定监理法规、对计算机信息系统工程行使强制性的监督管理权力，以及定期对社会监理单位考核、审批、监督、调理，对监理工程师的资格进行考核、审批、监督。

　　② 微观层次，即"社会建设监理"。专业化的工程监理单位经由政府监理机构确认、批准并获取资格证书，向工商行政管理机构申请注册登记，领取营业执照，遵照国家的政策法规、国内外行业标准，以自己雄厚的技术基础、长期的工作经验、丰富的阅历，以及对经济与法律的通晓，遵循独立、公正、科学的准则，为信息系统建设工程提供优质服务。

8.2.3　电子政务工程项目监理法律制度

　　欧美信息化程度国家已经建立完善的电子政务工程项目监理制度，并往往通过法律加以确定。而在我国，还没有建立较完善的电子政务工程项目监理制度，相关的法律法规主要有《招标投标法》和《信息系统工程监理暂行规定》等，一些地方政府也制定出台相关的法律法规，如《北京市信息系统工程监理管理办法（试行）》。

8.3 电子政务项目工程的监理

8.3.1 电子政务工程监理与项目管理

所谓电子政务工程项目监理即面向电子政务工程项目的监督管理,也就是指受业主方委托,代表业主的利益,保护投资、控制质量、确保进度,对该单位信息工程项目的全过程或不同阶段进行监督管理;站在第三方的立场,公平、公正地对待工程各方,确保公正性、公平性、公开性,协调业主方和开发方的关系,以圆满完成业主方的电子政务工程项目。

监理的主要目标是项目的质量控制、进度控制、成本控制。从项目建设的角度,我们发现这同时也是项目管理的金三角:时间、质量、资源。建方(乙方)的项目管理之间的关系。就其自身的阶段划分而言,是基于项目管理的启动、设计、实施、验收这几个过程。因此,监理工作首先是基于项目承建方(乙方)的项目管理基础上展开的。

实现监理的监控目标需要过程的保证,这也就是为什么有的项目提倡全过程监理的原因,监理从项目开始就已介入。与建筑行业不同,信息工程,尤其是应用系统、软件系统,采取设计、施工一体化,需求发生变更是十分普遍的现象,这给工程的整体质量控制带来很大的风险。因此,较为理想的作法是在项目的初始阶段多花点时间和功夫,对项目的可行性,项目的需求和可能存在的风险进行充分的论证,以避免项目后期陷于困境。这只是理想的状况,很少存在不变更的信息工程。随着系统的建设,客户原来的看法会得到进一步提高,对业务需求会有新的认识,差别在于这种认识提高对原来设计的结构是否形成重大的变化。在许多大的系统集成项目中,项目建设的甲乙双方常常因需求的重大变更产生较大的矛盾,变更还破坏了项目的节奏,造成整体质量的降低和项目进度的滞后,降低工作人员的生产效率和士气,乙方常常抱怨项目无法进行。这时监理公司的作用就十分重要,既要保证项目整体质量目标,又要对客户的各种变更要求予以区别对待,约束项目中不规范行为,加强承建方对项目的风险控制。

不仅如此,信息化工程是非常专业的而且是分工非常细的,软件、硬件、网络、安全等等,每一个领域都有自己的精深之处,涉及的专业门类多、技术性强、风险性大、具有不可预见性。即使项目承建方按项目管理的要求一步步进行,也会遇到不可预见的问题,更不用说项目承建方有不规范行为的情况。我们就经常遇到过系统集成商在系统初步集成的时候,网络或服务器存在性能问题,有时花费较长的时间也无法定位问题之所在,更无法快速解决,比较被动。有时还有潜在的问题不易发现,如服务器的配置没有考虑业务的发展,初期能够满足业务处理的要求,但很快就要追加投资。有的安全问题考虑的不全面,可能将来造成更大的隐患。因此在技术方面,监理内容又要远远超出项目管理的要求,要求监理方在技术方面门类要非常全,例如网络、通信、主机、存储、应用软件、自动化控制等,在项目管理的不同阶段,需要从技术的层面对项目各关键点进行把关,而在这方面,承建方往往做得比较少,较多采取事后有问题再校正的措施。

因此监理在信息化工程建设中,首先要求承建方要有合理、科学的项目管理,基于项目管理计划,监理方在建设的不同阶段,有不同的质量计划,风险管理计划,沟通计划,进度控制计划，所有这些计划手段是对承建方的项目管理进行的监督、理顺，并规范项目管理中不规范的行为，在项目的关键点进行技术质量、进度的把关，保证项目建设更加规范、科学，达到全过程控制。

8.3.2 监理工作的依据

对监理工作的含义可以理解为"对某种预定的行为从旁观察或进行检查，其目的是为了督促其不得逾越预定的、合理的界限（行为准则），因此，也可以引伸为监督，即发挥约束的作用"。并可以理解为"对一些相互协作和相互交错的行为进行调理，避免抵触，对抵触的行为进行理顺，使其顺畅；对相互矛盾的权益进行调理，避免冲突；对冲突了的权益进行协作。概括地说，它起协调人们的行为和权益关系的作用"。监理就是要在工程中发挥约束和协调的作用。

开展电子政务工程监理工作的依据主要包括以下几个方面：

（1）国务院颁发的《质量振兴纲要》。其中明确提出，对重点建设项目中的成套设备，在项目法人负责制的基础上，建立设备监理制度。该文件是国家的一个法规性文件，在推动工程设备监理工作中（这其中当然包含电子政务工程建设监理）完全可以作为遵循的依据。

（2）现行国家、行业和地区的有关法律、法规、规定。在电子政务工程建设中必须遵循国家的有关法律、法规。如 OA 公文管理开发就必须遵循国办的《国家行政机关公文处理办法》和中办的《中国共产党机关公文处理条例》，档案管理要遵守《档案法》，查询统计要遵守《中华人民共和国统计法》等，这是一种社会要求。

（3）开发单位与业主签订的合同。由于 IT 行业的特殊性，理想的情况是监理工作从系统的可行性研究就开始与工程同步，以合同为依据开展工作。我们监理的北京市工商局"金网工程"，在合同上就明确规定要引进监理机制，监理按合同要求开展工作。

（4）现行的 IT 行业技术质量标准规范。对工程进行规范化管理，按标准规范办事是十分顺理成章的。IT 建设的实际情况较为复杂，由于技术更新快，标准规范常常滞后，如何坚持按软件工程办事，这对开发方和监理方都有着很高的要求。这里既需要监督约束，又需要合作协调。我们在工作中十分注意这个问题，较好地解决了在开发方使用新的开发技术如面向对象的开发工具、构件技术等条件下，如何坚持软件工程的问题。

（5）参照国际上通行的管理方法。国际咨询工程师联合会（FIDIC）制订的国际范本、通用规则、使用指南，如 FIDIC 制订的《业主／咨询工程师标准服务协议书》等国际公认与通用的权威文件；在工程的质量控制中，积极参照 ISO 9000 系列的要求。同时要结合工程的实际情况使用实施。监理方不同时承接与该信息工程项目有关的开发任务。开发方不能采取既开发又监理"同体监理"行为。回避原则：避免"同体监理"，即：监理方不同时承接与该信息工程项目有关的开发任务；开发方不能采取既开发又监理的"同体监理"行为。

8.3.3 监理工作的内容

电子政务信息工程项目监理的内容，可概括为：三监理、三控制、二管理和一协调。

（1）三监理指咨询式监理、里程碑式监理和全程式监理。

① 所谓咨询式监理，是其中最简单的一种，只对用户方就企业信息化过程中提出的问题进行解答，其性质类似于业务咨询或方案咨询。这种方式费用最少，监理方的责任最轻，适合于对信息化有较好的把握、技术力量较强的用户方采用。

② 所谓里程碑式监理，是将信息系统的建设划分为若干个阶段，在每一个阶段结束都设置一个里程碑，在里程碑到来时通知监理方进行审查或测试。一般来讲，这种方式比咨询式监理的费用要多，当然，监理方也要承担一定的责任。不过，里程碑的确定需要乙方的参与，或者说监理合同的确立需要开发方的参与，否则就会因对里程碑的界定不同而互相扯皮。

③ 全程式监理是一种复杂的监理方式，不但要求对系统建设过程中的里程碑进行审查，还应该派相应人员全程跟踪、收集系统开发过程中的信息，不断评估开发方的开发质量和效果。这种方式费用最高，监理方的责任也最大，适合那些对信息系统的开发不太了解、技术力量偏弱的用户方采用。

（2）控制包括：质量控制，进度控制和成本控制。

①质量控制是指在监理的整个生命周期中严格审查关键性过程和阶段性结果，检查其是否符合预定的质量要求。一般采用事前控制、事中监管和事后评估的方法实现质量控制。它包括采购进货、网络施工、软件开发测试和验收等内容。

②进度控制指通过采用事先控制、全程监督和事后纠偏的方法达到进度控制目标，确保项目建设工期。它包括施工工期控制和软件开发工期控制。

③成本控制指在监理的整个生命周期中，严格审查和控制工程成本；在工程出现重大变更时，严格审查、核定变更费用，确保资金合理使用。它包括硬件投资、软件投资和附属设备投资控制。

（3）二管理指信息管理和合同管理。

①信息管理主要包括妥善管理在监理过程中监理方产出的文档资料和承建方、业主方提交监理方的文档资料，对三方共同参与的过程和活动作监理记录，要求业主单位和承建单位妥善保管与工程建设相关的文档资料，与业主单位和承建单位共同对工程中其他方的重要信息保密，尊重其他方的知识产权等。

②合同管理主要包括工程变更管理，工程延期及延误处理，费用索赔处理，合同争议调解和违约处理等。

（4）协调（即组织协调）主要指建立业主方、承建方和监理方的三方沟通机制，如例会制度、专题会议制度、里程碑会议制度、文件传送制度等，协调项目建设过程中发生的变更、争议和索赔等。

在强调电子政务信息工程行业特色的同时，电子政务工程监理工作也可以借鉴其他行业的监理工作经验。电子政务信息工程行业是新兴产业，如果我们把计算机、网络、通信设备看成是电子政务信息工程系统的基础硬设备，作为一种自然的延伸，监理工作自然会进入电子政务信息工程行业的分析、设计、采购等领域。电子政务信息工程行业监理工作的特色是十分注重系统分析，保证系统质量。

电子政务工程监理的基本任务与一般监理业务相似，主要是对电子政务信息工程系统建设进行系统质量控制，亦可根据项目法人（业主）的要求参与项目前期的可行性研究、评估咨询、招标等项工作。如果条件允许，可以在工程进度控制、投资控制方面开展工作，站在第三方的立场上为业主服务。在我国当前的条件下,电子政务工程监理的主要基本任务应该是对在建系统的质量进行控制。

监理人员在电子政务工程实施中,通过自己丰富的工程经验,参考 ISO 9000 的要求,在尊重开发方技术风格的基础上,按合同要求进行工程的质量控制。这种做法是与国际化的管理标准 ISO 9000 要求的管理思路一致的,采用 ISO 9000 思路进行质量控制是监理行业质量控制的一般方法。ISO 9000 的实施必须结合工程的具体情况,质量控制注意贯彻预防为主和检验把关相结合的原则。系统实施如果出现问题,监理人员应该提出走出困境的措施,以确保投资效益。近两年来,国内的一些系统集成商和软件公司先后通过了 ISO 9000 认证,注意建立起自己的质量保证体系。从 ISO 9000 的观点来看,电子政务信息工程系统可以看成是一种产品,这种趋势客观上促进了 ISO 9000 对电子政务信息工程监理人员在质量控制方面的支持。

电子政务信息工程系统的质量形成于开发周期的全过程,著名的质量管理专家 W.E.Deming 认为,产品质量涉及到生产的所有环节,只有各个生产层面都不忽视质量,最后才能得到高质量的产品。W.E.Deming 指出,85%的质量责任在于管理不善。监理人员必须使影响系统质量的要素在开发过程中处于受控状态。近几年,我们按照这种思路,结合电子政务信息工程系统通常的几个开发阶段如分析、设计、实施、测试等,对系统的质量进行控制,效果很好。这与开发方的质量保证体系要求是一致的。

管理就是决策,决策正确与否,将直接影响系统建设总目标的实现,还将影响到监理单位和监理人员的声誉。电子政务信息工程监理人员要做出正确的监理决策,要有可靠的信息作为依据,信息是工程控制、管理的基础。业主、开发方和监理方在工作中要进行信息交流,通过计算机网络进行交流的方式值得推荐,尤其对于大系统的异地交流更具有独特的优势。

8.3.4 监理工作对象与领域

电子政务工程项目的监理对象和领域,有别于其他工程监理,主要表现在以下两个方面:

(1) 电子政务工程项目的监理业务内容尤其着重信息系统工程的生存期。

监理公司的业务内容是根据信息工程的生存期而划分的。计算机行业的"计算机软件开发规范"中对软件生存期定义为八个阶段,即可行性研究与计划、需求分析、概要设计、详细设计、实现、组装测试、确认测试、使用与维护。到目前为止,还没有看到有关信息系统工程的生存期的标准化定义和划分方法,这就需要有关领导部门提出意见,否则监理公司的业务内容就缺少阶段划分的标准。在试点期,监理公司也可针对不同的工程项目制定不同的企业规范。

(2) 电子政务工程项目监理涉及的主要领域是各种类型的信息系统工程——计算机工程、网络工程、通信工程、结构化布线工程、智能大厦工程、软件工程、系统集成工程,以及有关计算机和信息化建设的工程及项目;监理的范围可仅限制于本地区,也可跨地区乃至在全国范围内开展监理业务;监理的工程可以是国家信息化建设的大型项目,也可以是中小企业、机关、学校的信息化建设的中小型项目;监理的工程可以是一个独立的工程,也可以是大型综合工程中的独立执行信息工程监理的子工程。

在一个电子政务信息工程项目的建设中，乙方可能有多个，比如硬件提供商、软件开发商、系统集成商等，而且每一个也可能涉及多个有关单位，因而监理方既可以由一个专业单位承担综合监理任务，也可以将一个复杂的项目分解为硬件提供、软件设计等若干个单项，由多个不同的专业单位分别进行监理。当然，对于电子政务信息工程项目这样复杂系数较高的项目，我们建议最好由一个开发方和一个监理方来负责系统建设，这样可以减少责任单位的"接口"数，避免扯皮现象。

8.3.5 电子政务工程项目监理的特殊性

电子政务信息系统工程与建设部的建筑工程相比有许多相似之处，也有许多不同的特点，这就使其监理工作带有明显的特殊性。

一般来说电子政务信息系统工程有如下特点：行业新颖、人员年轻；投资额度大、工期短、利润丰厚；对从业人员要求高，不仅要具有丰富的实践经验和很快掌握先进技术的能力，还要知识面宽、通晓国家标准和行业规范；工程项目的不可预见成分高，风险程度大；大多数从业人员缺乏工程监理的意识。

从工程技术角度来看，电子政务信息系统工程还有如下特点：技术含量高，是智力、知识密集型的产业；处于发展中的高科技领域，高新技术发展迅速；与技术的继承程度相比，创新成分多，新开发的工作量大；工程类型广泛，涉及国民经济的各行各业；多种科学技术领域的综合与交叉；用户需求易随形势发展而发生急速变化，甚至有许多要求超过新技术的发展。

由此带来电子政务信息系统工程监理的特殊性：这是一条还没有人走过的路，只有充分发挥政府和相关单位的积极性才能开创出一个新局面。具体说来，主要表现在以下方面：

（1）国家在信息产业中还没有实行过电子政务信息系统工程建设监理制度；
（2）在中央和地方还没有形成信息产业工程监理的法制体系和管理结构体系；
（3）很少有人认真考虑过在信息产业中运用国家建设部建设监理的成功经验；
（4）计算机信息系统工程中缺少信息系统建设的规范及详细的成套标准；
（5）工程监理要与计算机信息系统的发展同步；
（6）业主对新科学技术的要求一般都很高，常派生出许多新课题亟待开发研究；
（7）电子政务信息系统工程建设企业是智力密集型的行业，要求监理人员必须专业知识扎实、知识面宽；
（8）信息系统工程覆盖面广，其工程监理涉及国计民生的各行各业，增加了监理工作的难度；
（9）承担风险和责任大；
（10）不可预见性的成分多；
（11）工程监理的管理工作复杂，必须采用新的管理手段，配备先进齐全的技术设备；
（12）要有雄厚的经济基础为后盾。

总体而论，工程监理工作应从试点开始。国家和地方政府机关一旦确定"所有信息系统建设工程必须接受政府监理"的原则，建立信息建设监理制度也就势在必行，审批"计算机信息系统工程监理公司"的试点工作也就应该立即开始。试点工作应注意以下几点：

（1）参照国家建设部1988年开始试行建设监理的经验，在试点阶段要根据本地区、本部门的实际出发,形式可以多样,方法可以灵活。

(2) 试点工作要谨慎起步、法规先导、健康发展,防止一哄而上、草率行事。试点的目的是为全面开展建设监理工作做出示范、培训人员、摸索经验。试点期为1~2年。

(3) 试点的组织由政府部门成立或指定一个现有管理机构负责此项工作,制定工作规划,制定相应的政策法规、规章制度,审批建设监理单位和监理工程师的临时证书,以及参与审批试点监理工程的开竣工。

(4) 试点工作还有其他许多内容,可参照建设部1988年的文件"关于开展建设监理工作的若干意见"。

8.3.6 监理工作的管理与规范

(1) 监理需要资质认证

不少信息主管认为,信息化建设本身就比较复杂,涉及的问题也很多,因此信息化监理对监理公司的要求就比较高,尤其是对人才资源的要求很高,做监理的人才水平一定要高,必须能判断出工程建设中出现的问题,需要有丰富的工作经验和比甲乙双方都要强的管理能力。而通过对监理公司进行资质认证,促进监理公司的规范化发展,才能促进整个监理市场的良性循环。另外,监理工作需要面对的一个比较重要的问题是知识产权,甲乙双方都有很多自己企业的相关机密,如技术专利等,这也需要监理行业有一个非常规范、非常严格的资质认证,来保护监理公司的知识产权。

监理行业发展的角度上来讲,应该本着宁缺毋滥的原则,尽管目前需要发展监理,但如果监理公司没有相关的经验是不行的,所以需要对监理公司进行严格的资质审查,如建立定期的审查制度等。

(2) 监理需要规范

在信息化建设中引入"监理制"来避免"豆腐渣"、"半拉子"工程,已经成为许多政府部门和企业的共识。但不少信息主管表示:由于信息系统监理的职责是什么、监理的主要目的是什么、怎么评价监理效果等等一系列问题没有规范,因此目前实施监理还有一些顾虑,希望能尽快制定监理标准。只有使监理更加规范化,才能更好地推进监理工作,才能使信息系统的建设更加顺利。

(3) 有法可依

监理主要代表甲方的利益,对乙方的工程实施进行监督,怎么权衡和处理三方的利益关系是监理中一个重要问题。不能甲方怎么说监理就怎么说,或者乙方怎么说监理也怎么说。监理实际上是站在第三方,是一个执法的角色,按照法律、科学、标准、经验、按照技术来办事。因此不少信息主管表示:制定信息系统工程监理相关法律、法规,为监理提供相关法律保障,才能使监理尽快完善起来。尤其是国家应该法律规定,具有政府背景的信息化工程必须要有监理或其他行业某种规模以上的必须要有监理。

在实施项目中,监理能不能对乙方具有有效的约束力非常重要。如果监理公司要约束乙方的一些行为,就一定要有相应的法律、法规作为依据,而目前可以作为监理的依据实在不多,这是监理行业发展的一个难题。在信息化建设过程中,有不少工程,因为没有必要的法律作保证,产生了工期拖长、投资追加等严重问题,打击了企业信息化积极性,所以信息化监理的法制化很重要。在《国家采购法》正式实行之后,各个政府部门的招标就相当分散了，按照《国家采购法》规定，除了列入采购名单的硬件设备之外，都由各主管部门负责，所以作为信息系统建设的潜在用户，非常关注监理的相关法律、法规建设。

显而易见，用户对信息化监理的需求非常强烈，而监理制度只有尽快法制化，使之有法可依，才能保护用户的投资。如果无法可依，出了问题，没法解决，势必影响监理的效果和信息化建设，监理要维护用户的利益也就成了一句空谈。

第9章　电子政务基础平台建设

9.1　什么是电子政务基础平台

在汉语言中"基础"一词是"基"的解释或简称,"基"之本义为建筑物的根基,如"房基"、"地基"等。不过"基"之涵义在很早就引申为"根本"和"开始"。关于"基本"涵义的文献如《诗经·周颂·丝衣》就有"自堂徂基"一句,郑玄注释说:"基,门塾之基";《诗经·小雅·南山有台》也有"邦家之基"。关于"开始"涵义的文献如《国语·晋语九》有"基于其身",韦昭注释曰:"基,始也"。在现当代汉语中"基"和"基础"涵义也是如此:根基、根本、开始。

"平台"一词却是一个当今外来词,是英语语词 platform 或 terrace 的翻译。Platform 一词的基本涵义也就是 "A horizontal surface raised above the level of the adjacent area"(高于邻近区域高度的水平的表面)、"as a stage for public speaking or a landing alongside railroad tracks"(作为公众演讲的舞台和沿铁路线的平台)、"A place, a means, or an opportunity for public expression of opinion"(公开表达意见的地方、方法或机会)等。Terrace 的涵义与 platform 相近。

电子政务就是运用电子化手段实施的政府管理或公共管理工作。准确地说,所谓电子政务,就是政府机构应用现代信息和通信技术,将管理和服务通过网络技术进行集成,在互联网上实现政府组织结构和工作流程的优化重组,超越时间和空间及部门之间的分隔限制,向社会提供优质的和全方位的、规范而透明的、符合国际水准的管理和服务。

因此,所谓电子政务基础平台,就是实现政府或公共部门运用电子化手段实施管理工作的根本物质平面,也就是为实现和完善电子政务的那些根基性和开始性的物质设施与技术结构。

从整体而论,一个完整的电子政务基础平台应包括三个部门:电子政务硬件平台、电子政务软件平台和电子政务资源库。其中电子政务硬件平台主要包括主机平台、网络平台、智能大厦(含机房建设和综合布线)等;电子政务软件平台主要包括电子政务门户平台、信息交换平台、数据中心、公务服务平台、视频会议平台、安全平台、工作流管理平台、管理监控平台等;而电子政务资源库可以分为中央资源库、地方资源库和行业资源库等。

一个电子政务基础平台服务的对象有四类:政府机构、公务员、公民、企业单位。

从网络层面上看,电子政务主要包括三个组成部分:政府部门内部的电子化和网络化办公;政府部门之间以及与金融等重要经济部门之间通过计算机网络而进行的信息共享和实时通信;政府部门通过网络与民众之间进行的双向信息交流。因此,一个完整的电子政务框架,应当是上述这三个部分的有机结合,能够同时为四类用户提供整体服务。

9.2 电子政务主机平台建设

最早的计算机网络是伴随着主机（Host）和终端（Terminal）这两个概念的出现而产生的。当时的主机通常指大型机或功能较强的小型机，而终端则是指一种计算机外部设备，现在的终端概念已定位到一种由 CRT 显示器、控制器及键盘合为一体的设备，它与我们平常指的微型计算机的根本区别是没有自己的中央处理单元（CPU），当然也没有自己的内存，其主要功能是将键盘输入的请求数据发往主机（或打印机）并将主机运算的结果显示出来。而随着互联网的发展，目前对于"终端"一词又引入了新的含义。对互联网而言，终端泛指一类信息接入或接受的地方，这个地方既可能是一个数据库，也可能是一个信息处理器；即可能是一台高性能的计算机，也可能是一系列联网计算机。事实上，现在很多时候人们也统称"主机"和"终端"为主机平台。为计算机网络或万维网提供服务的主机平台，可以分为两种情况，一是实体主机平台，二是虚拟主机平台。前者可以采取自建、托管等方式实现，后者可以是分享租用和整机租用。

9.2.1 实体主机平台建设

在网络环境下，电子政务的实体主机平台环境涉及到网络服务器、网络工作站等设备。在网络软件支持下，可以完成特定的网络功能。在组建电子政务主机平台中如何实现实体主机平台建设，将在后面章节中讨论。

9.2.2 虚拟主机平台建设

要建一个网站，通常可以通过以下方法实现：至少一台专门的 Web 服务器、一台 Email 服务器、一个防火墙、一根至少 64K 的 DDN 专线、一位专业的服务器管理人员，这个费用一年不下 10 万元，而且这还是一种没有热备份的方式，因此稳定性与安全性得不到高保障。要提高可靠性就必须增加机器，增加带宽，而这个费用则非常昂贵，并非一般企业或地方政府单位所能承受。

互联网上现有计算机近亿台，可分为两类：客户机和服务器，客户机是访问别人信息的机器，当它上网访问时，被临时分配了一个 IP 地址，利用这个临时身份证，就可以在互联网上获取信息。服务器则是提供信息供人访问的计算机，由于人们任何时候都可能访问它，因此服务器必须每时每刻都连接到互联网上，拥有固定的 IP 地址，为此不仅得设置专用的电脑设备，还得租用昂贵的数据专线，再加上各种维护费用，如房租、人工费、电费等，将是一笔巨大的开支。

为此，人们开发了虚拟主机技术。所谓虚拟主机，即把一台真正的主机分成许多的"虚拟"主机，每台虚拟主机都具有独立的域名和 IP 地址（或共享 IP 地址），具有完整的互联网服务器功能，在外界看来，每台虚拟主机和真正主机完全一样，但费用却大不一样，由于多台虚拟主机共享一台真实主机的资源，所以每一个虚拟主机所承担的费用均大幅度降低，使每个企业或单位都可承担得起。

虚拟主机是目前国际互联网上建立信息资源站点最为流行、最方便、最省钱的方法，企业或单位只需注册申请自己的互联网域名，并租用互联网真实主机上的一定量的磁盘空间，即可建立一个独立的信息发布网站。

目前，许多企业、许多单位建立网站都采用这种方法，这样不仅大大节省了购买机器和租用专线的费用，同时也不必为使用和维护服务器的技术问题担心，更不必聘用专门的服务器管理人员，因为这些事都由虚拟主机提供者承担。

虚拟主机依托于一台（计算机）服务器，多个网站可以在这台服务器上共享资源（硬盘空间、处理器周期以及内存空间），单独的一台服务器上可以同时运行10个至1000个虚拟主机。因此，如果一个单位或企业觉得虚拟主机不能满足自己的需要，还可以采取服务器整机租用的办法来实现主机平台的建设。所谓服务器整机租用，是指用户无须自己购买主机，只需根据自己业务的需要，提出对硬件配置的要求。主机服务器由服务器提供（企业或单位）配置，用户采取租用的方式，安装相应的系统软件及应用软件以实现用户独享专用高性能服务器，实现 WEB+FTP+MAIL+VDNS 全部网络服务功能，用户的初期投资减轻了，可以更专著于自己业务的研发。

9.3 电子政务网络平台建设

在我国，根据国家电子政务建设方案，电子政务的网络平台分为政府内网（副省级以上机构或单位）、专网（地方政府政务的网络联接以及与副省级或以上政府内网的联接、或者政府部门内办公局域网及其联接）、外网（面向社会公众提供服务的门户网络）三大部分。

政务系统中牵涉到大量的数据传递，包括本部门政府机关内部的传递，政府机关之间的传递以及政府和用户之间的传递，其中本部门的传递可以直接通过自己部门的系统进行数据传递，政府机关之间可以依赖政府专网进行数据交换和传递，政府和公众的信息传递则依靠政府外网进行。在保证政府外网和政府专网之间数据的有效交换的同时，还要做好信息和数据的隔离。

（1）电子政务内网的建设实际上就是政府部门内部的局域网建设。在各个政府部门的电子政务的内网建设完成后，关键是建立多部门电子政务局域网的互连，即建设电子政务专网，具体要求如下：延长局域网的网络长度；建立一个完整的多部门的电子政务专网；实现更大范围的资源共享和信息交流；将不同单位的局域网互连起来；实现全球范围的信息交流和资源共享；与互联网实现互连。

多部门电子政务局域网互连可以通过局域网到局域网互连（LAN—LAN）、局域网到广域网互连（LAN—WAN）、广域网到广域网互连（WAN—WAN）和局域网通过广域网互连（LAN—WAN—LAN）等方式。

（2）电子政务的专网建设常借助一些电信部门的公用网络系统作为它的通信链路，使用双绞线、光缆、微波、卫星、无线电波等有线传输介质和无线传输介质。网络互连时应该满足以下基本要求：在要求互连的网络之间至少有一条物理链路；为网络之间的通信提供路径选择和数据交换功能；力求不修改互连在一起的各网络原有的结构和协议，利用网间互连设备协调和适配各个网络的差异；在网络互连时，应尽量避免由于互连而降低网内的通信性能；使用相同的网间互连协议。

（3）电子政务外网的建设实际上是以互联网为依托的，因此关键在于如何与互联网进行连接。不同的连接方式的主要区别是连接带宽不一样。所谓带宽，是单位时间内通过一条通信线路的数据量。带宽越大，数据文件的传输速度就越快，www 页面在测览器端显示的速度也就越快。通常，传输速度用 b/s 表示，即每秒传输的比特数。

如果将政府信息化比作一项建筑工程的话，那么政府网建设就好比大楼的奠基石一样。政府网的建设包括局域网建设、广域互联、移动无线等方方面面。

单从局域网的建设看，应该注意以下几点：

（1）局域网设计的原则

① 应用为本的原则。局域网的设计应遵循"应用为本"的原则，在应用的基础上设计局域网。

② 适度先进原则。网络设计时，应考虑到能够满足未来几年内用户对网络带宽的需要。

③ 可扩展原则。可扩展是指网络规模和带宽的扩展能力，也是必须考虑的。

（2）局域网设计的基本步骤

① 需求分析。需求分析是要了解局域网用户现在想要实现什么功能、未来需要什么功能，为局域网的设计提供必要的条件。

② 确定网络类型和带宽。现在局域网市场几乎完全被性能优良、价格低廉、升级和维护方便的以太网所占领，所以一般局域网都选择以太网。一个大型局域网（数百台至上千台计算机构成的局域网）可以在逻辑上分为以下几个层次：核心层、分布层和接入层。在中小规模局域网（几十台至几百台计算机构成的局域网）中，可以将核心层与分布层合并，称为"折叠主干"，简称"主干"，称"接入层"为"分支"。对于由几十台计算机构成的小型网络，可以不必采取分层设计的方法，因为规模太小了，不必分层处理。目前快速以太网能够满足网络数据流量不是很大的中小型局域网的需要。但是在计算机数量超过数百台或网络数据流量比较大的情况下，应采用千兆以太网技术，以满足对网络主干数据流量的要求。网络主干和分支方案确定之后，就可以选定交换机产品了。现在市场上交换机产品品牌不下几十种。性能最高的当属 CISCO、3COM、AVAYA 等国外交换机品牌，这些产品占领了高端市场，价格也是非常昂贵的；以全向、神州数码 D-link、实达、长城、清华紫光、TCL 为代表的国内交换机厂商的产品具有非常高的性能价格比，也可以选择。交换机的数量由联入网络的计算机数量和网络拓扑结构来决定。

③ 确定布线方案和布线产品。现在布线系统主要是光纤和非屏蔽双绞线的天下，小型网络多以超五类非屏蔽双绞线为布线系统。因为布线是一次性工程，因此应考虑到未来几年内网络扩展的最大点数。布线方案确定之后，就可以确定布线产品了，现在的布线产品有许多，如安普、IBM、IBDN、德特威勒等，可以根据实际需要确定。

④ 确定服务器和网络操作系统。服务器是网络数据储存的仓库，其重要性可想而知。服务器的类型和档次应与网络的规模和数据流量以及可靠性要求相匹配。如果是几十台计算机以下的小型网络，而且数据流量不大，选用工作组级服务器基本上可以满足需要；如果是数百台左右的中型网络，至少要选用 3～5 万元左右的部门级服务器；如果是上千台的大型网络，5 万元甚至 10 万元以上的政府级服务器是必不可少的。市场上可以见到的服务器品牌也非常多，IBM、惠普、康柏等国外品牌的服务器享有比较高的品牌知名度，但是价格也比较高；国产品牌服务器的地位也在不断提升，如浪潮、联想、长城、实达、方正等。服务器的数量由网络应用来决定，可以根据实际情况，配备 e-mail 服务器、web 服务

器、数据库服务器等，也可以让一台服务器充当多种服务器角色。

网络操作系统基本上是三分天下：微软的 windows 2000 server、传统的 UNIX 和新兴的 LINUX，可以根据网络规模、技术人员水平、资金等综合因素来决定究竟使用什么网络操作系统。

9.4 电子政务智能大厦建设

9.4.1 智能大厦与综合布线

人类社会已开始进入信息社会，信息逐渐渗透到人们工作、生活、娱乐、商业、制造业、军事等各个领域，办公自动化、电子商务、网上购物、远程医疗、家庭上网、电子博物馆等概念逐渐变为现实，这一切都是依赖于计算机技术、通信技术、网络技术、信息技术的飞速发展，依赖于这些新技术在人们生活中的广泛应用。互联网是这些技术的典型应用，经过了几年快速的发展，其规模已发展到几万个互连网，并正在以每月百分之十几的速率增长；国内网络建设的发展也十分迅速，已建成四大网络。以它们为骨干连接在一起数目众多的基础网络，成为信息交流的节点，这些信息节点可以是一座智能大厦，也可以是智能建筑群，如：商务型大厦，办公用大楼，交通运输设施，卫生医疗设施，园区建筑。

实现电子政务的一个最基本办公条件就是政府办公大楼计算机技术化，把政府办公大厦建成"智能大厦"。

何谓"智能大厦"？数年前"智能大厦"这个词根本不存在，我们经常可以接触到的是"互锁"。例如，在我们大楼内的火灾报警系统可以同 HVAC（暖通空调系统的监控）控制系统联锁，当有火灾发生时风机和控制风阀可以自动反应，以避免烟雾通过空调系统扩散。这种互锁的概念迅速发展并有了更多的含义。随着技术的迅猛发展，建筑的业主和租户有了关于复杂"集成"的需要，这意味着多个独立的系统通过一个"开放"的网络平台相互通讯，需要一个公用的数据库可以管理所有的信息，以及"只需一把椅子"的监视和控制方式。今天有关集成的观念被越来越多的人们所接受，信息技术跳跃式的发展以及我们追随这些技术在能源管理系统上所做到改进对此都起到了促进的作用。现在大楼业主和租户希望这种智能型的建筑可以节省能源消耗和提高职员的工作效率。"智能建筑"可以满足他们的需求并且毫无疑问它将成为下一世纪建筑物的一个标准。因此，所谓的概念事实上是"智能建筑"的延伸。

但是不论是学界，还是政府，对"智能大厦"概念都没有达成共识、作出明确的界定。在国外，也有对"智能大厦"概念的讨论，例如，欧洲智能大厦小组（EIBG）认为"智能大厦"创造一种环境，允许公司实现其商业目标，并最大限度地发挥大厦使用人员的潜力，同时使得在大厦使用期内，管理人员能够以最小的开销对资源进行最有效的管理。还有一些综合布线厂商，如 NORDX/CDT 公司也对"智能大厦"做出了解释："智能大厦"通过诸如供暖、通风、空调、消防、安全系统以及能源/照明管理系统等自动控制系统，为其使用人员创造一个舒适而高效的环境；这些控制系统集成于其内，并互相作用，例如当发生火灾时，火警系统通知安全系统打开通道，安全系统通知空调系统调节空气的流动情况以帮助阻止火势的蔓延；智能大厦还通过一个单一的网络将电信和控制服务集成在一起，并对能够满足当前和未来大厦用户需求的系统进行管理。

总之,从电子政务网络平台建设的角度看,所谓的"智能大厦"就是这样一个建筑物:具有 BA(大楼自动化,Building Management Automation 简写为 BA)、CA(通信自动化,Communication Automation 简写为 AC)、OA(办公自动化,Office Automation 简写为 OA)、SA(安全保卫自动化,Safety Automation 简写为 SA)4 个基本要素及其内在关联的最优化,并能提供一个收费合理、高效舒适、温馨便利的环境。

智能大厦的基础是智能综合布线技术,这样的布线技术不同于传统的布线方法。

传统的布线方法是将各种各样的设施的布线分别进行设计和施工,如电话系统、消防系统、安全报警系统、能源管理系统等都是独立进行的。一座自动化程度较高的大楼内,各种线路如麻,不但难以管理,布线成本高,而且功能不足,不适应形势发展的需要。综合布线就是针对这些缺点而采取的标准化措施,实现了统一材料、统一设计、统一布线、统一安装施工,使结构清晰,便于集中管理和维护。

综合布线系统是一个用于传输语音、数据、影像和其他信息的标准结构化布线系统。是建筑物或建筑群内的传输网络,它使语音和数据通信设备、交换设备和其他信息管理系统彼此相连接。综合布线系统采用结构化的布线方式,将建筑物中的计算机系统、电话系统、楼宇对讲、监视系统合成一个结构统一,材料相同,统一管理的实体,高品质的无屏蔽双绞线取代传统的同轴电缆和专用电缆,完全解决了数据高速传输,线间干扰及电磁辐射等难题。综合布线系统有效克服了传统布线设计施工复杂、使用扩展难、投资和维护费高的缺陷。

与传统布线相比,综合布线具有以下优点:

(1)结构清晰,便于管理和维护。过去的布线方法是将各种各样的设施的布线分别进行设计和施工,如电话系统、消防系统、安全报警系统、能源管理系统等都是独立进行的。一座自动化程度较高的大楼内,各种线路如麻,不但难以管理,布线成本高,而且功能不足,不适应形势发展的需要。综合布线就是针对这些缺点而采取的标准化措施,实现了统一材料、统一设计、统一布线、统一安装施工,使结构清晰,便于集中管理和维护。

(2)材料统一先进,适应今后的发展需要。综合布线系统采用了先进的材料,如光纤等,其传输速率在 100Mbps 以上,完全能够满足未来 5~10 年的发展需要。

(3)灵活性强,适应各种不同的需要。综合布线系统使用起来非常灵活,一个标准的插座既可以接入电话,又可以连接计算机终端,也适应各种不同拓扑结构的局域网。

(4)便于扩充,节约费用,提高系统的可靠性。综合布线采取的冗余布线和星形结构布线方式,既提高的设备的工作能力又便于用户扩充。传统布线使用的线材比综合布线的线材便宜,但在统一安排线路走向和统一施工可减少用料和施工费用,也减少使用大楼的空间,美观大放。

综合布线系统通常由六个子系统组成:

(1)工作区子系统。由各种适配器、连接器组成,其功能是将用户终端系统连接到信息插座上。

(2)水平子系统。由水平电缆和工作区信息插座组成,其功能是将工作区信息插座和楼层配线间的水平分配线架连接起来。

(3)干线子系统。提供建筑物干线电缆的路由,是综合布线的主动脉,负责连接管理子系统到设备间子系统。

（4）设备间子系统。主要设备包括数字程控交换机、大型计算机、网络设备、主配线架、进出线设备和不间断电源（UPS），这些设备通常位于大楼中间部位。

（5）管理子系统。指线路的跳线连接控制，可安排或中管线路路由，管理整个用户终端。由水平跳线连接（HC）、中间跳线连接（IC）和主跳线连接（MC）的配线硬件和色标规则构成。楼层配线间和设备间都有管理子系统。

（6）建筑群子系统。用于将一幢建筑物中的电缆延伸到其他建筑物群的设备和装置，从而组成建筑群综合布线系统。

目前已进驻中国的国际知名布线厂商有十几家。其中市场上比较著名的厂商有朗讯（Lucent）、安普（AMP）、西蒙（Siemon）、阿尔卡特（Alcatel）、丽特（NORDX/CDT）、IBM、泛达（Panduit）、德特威勒（DataWler）、MOD-TAP、Hubell、科龙（Krone）、奥创利（Ontronics）、Rit 等。

9.4.2 电子政务机房建设[①]

电子政务机房的环境必须满足计算机系统及其辅助设备对温度、湿度、洁净度、电磁场强度、噪音干扰、安全保安、防漏、电源质量、振动、防雷和接地等的要求。所以，一个合格的现代化电子政务机房，应该是一个安全可靠、舒适实用、节能高效和具有可扩充性的机房。电子政务机房工程包括装修工程、配电工程、空调工程、设备监控工程、闭路电视工程、安全工程、消防工程等七大部分。

1. 电子政务机房系统设计原则及系统特点

电子政务机房动力系统整体解决方案包括：市电/备用发电机自动切换系统、交流配电系统、交流不间断电源系统、直流不间断电源系统（可选）、防雷和浪涌保护系统、机房环境调节系统、动力设备及环境监控系统等。其中，直流不间断电源系统用于传输等直流设备。如果所有设备都采用交流供电，则不需要引入直流不间断电源系统。以上系统组成完整的 IT 动力机房一体化的电子政务机房动力系统整体解决方案。

其设计原则及特点是：

（1）通用性。系统的设计符合中国国家设计标准和信息产业部标准。

（2）可靠性。设备具有良好的电磁兼容性和电气隔离性能，不影响其他设备正常工作。一体化动力系统整体方案统筹设计，保证电子政务网络设备、数据设备等关键设备的永不间断工作。

（3）稳定性。产品都经过全球主要电信商、数据网长期的运行考验，在业界具有领先的技术。

（4）安全性。符合高等级的抗扰度国际标准，工作安全可靠。

（5）可维护性。主设备采用模块化结构设计，便于故障的维护处理。

（6）扩充性。在系统设计中充分考虑到用户后期的扩容，做了合理的冗余设计；系统设计充分考虑电子政务机房业务的快速发展需要。

智能化设计。系统主设备自动切换开关、交流配电系统、交流不间断电源UPS、直流不间断机房精密空调、动力监控均采用智能化设计，不需要另购智能接口板。

[①] 主要参考：艾默生，电子政务机房———一体化解决方案，中国信息导报，2003.6.30-32.

（7）经济性。系统整体设计，可合理设计设备容量，减少设备成本；同时动力一体化解决也降低了设备的额外成本，给后期设备维护带来一站式服务。

2. 电子政务机房动力一体化配置

按电子政务机房的规模和重要程度，可将机房动力配置的类型分为：小型（三类）电子政务机房；中型（二类）电子政务机房；大型（一类）电子政务机房等。下面重点介绍中型（二类）电子政务机房和大型（一类）电子政务机房。

（1）小型（三类）电子政务机房。小型电子政务机房是指数据设备机房面积在100平方米左右，或标准机架少于20个，或数据设备耗电量大于20kV·A的数据中心机房。小型电子政务机房动力一体化方案主要由低压配电系统、UPS系统、空气调节系统、动力及环境监控系统构成。在小型电子政务机房中，为保证系统的可靠性和供电安全性，建议采用1+1并机冗余集中供电方案，两台UPS正常工作时，平均承担系统总负载，其工作可靠性是单机系统的5.5倍。例如一台UPS单机的MTBF（平均无故障时间）为30万小时，在1+1系统中，其MTBF为165万小时，可靠性大大提高。为保障电子政务机房的可靠性，电池的可靠性是关键指标之一。艾默生推荐用户采用UPS和电池的一体化设计方案，选用艾默生UPS专用电池UPStar系列，可以实现UPS和电池的最佳配合，充分延长电池寿命，保障电子政务中心电力供应。

（2）中型（二类）电子政务机房。中型电子政务机房是指机房面积在100~500平方米左右，或标准机架少于150个，或数据设备耗电量小于200kV·A的数据中心机房。

在中型电子政务机房中，服务器等数据设备通常总容量小于200kV·A。以负载120kVA为例，推荐使用艾默生Hipulse系列120kV·A12脉冲直接并机冗余方案。

（3）大型（一类）电子政务机房。大型电子政务机房是指数据设备机房面积500~1000平方米左右，或标准机架超过150个，或数据设备耗电量大于200 kV·A的数据中心机房。

艾默生网络能源提供单机容量从1kV·A至800kV·A全系列的产品。在中国，艾默生主要提供两大系列，即iTrust系列（1kV·A~60kV·A）和Hipulse系列（80 kV·A~800kV·A）。

在大型电子政务机房中，79%的事故是因为输出配电回路，11%来自UPS和电池问题，为了解决输出配电的单点故障问题，推荐使用双母线输出UPS冗余系统。以负载400kVA为例，使用4台Hipulse系列400kVA12脉冲机柜并机/双母线冗余方案，从输入配电到输出配电，每个环节均采用备份冗余方式，消除系统上的任何单独故障，为电子政务的安全可靠运行提供全方位的保护。

9.5 政府门户网站建设

9.5.1 什么是政府门户网站[①]

所谓门户网站，是指通向某类综合性互联网信息资源并提供有关信息服务的应用系统。

---

① 主要参考：李广乾，建设政府门户网站、全面深化电子政务，新浪网，2003.7.14。

门户网站最初提供搜索引擎和网络接入服务,后来由于市场竞争日益激烈,门户网站不得不快速地拓展各种新的业务类型,希望通过门类众多的业务来吸引互联网用户,以至于到后来门户网站的业务包罗万象,成为网络世界的"百货商场"或"网络超市"。从现在的情况来看,门户网站主要提供新闻、搜索引擎、网络接入、聊天室、电子公告牌(BBS)、免费邮箱、电子商务、网络社区、网络游戏、免费网页空间,等等。在我国,典型的门户网站有新浪网、网易和搜狐网等。

网络门户网站的成功为现代化的企业管理提供了一种新型工具。一些大型企业集团将门户网站引入企业内部信息以及客户关系管理当中,在企业内部网的基础上建立起基于企业数据仓库的网络应用系统,通过互联网向企业客户、合作伙伴以及企业员工提供各种业务与服务。

网络门户网站和企业门户网站的发展为建立政府门户网站提供了技术条件与初步的业务模式,因此人们自然也希望将门户网站引入政府管理特别是电子政务当中。

所谓政府门户网站,即是指在各政府部门的信息化建设基础之上,建立起跨部门的、综合的业务应用系统,使公民、企业与政府工作人员都能快速便捷地接入所有相关政府部门的业务应用、组织内容与信息,并获得个性化的服务,使合适的人能够在恰当的时间获得恰当的服务。

在认识"政府门户网站"这个概念时,必须明确下列几个方面的内容:

(1)政府门户网站有赖于各政府部门已有的信息化基础条件。但是,这种基础条件并不一定要求各政府部门已经实现了网络化办公,政府部门只要具备完善的内部办公与业务信息化管理应用系统即可。

(2)政府门户网站不仅是政务信息发布平台和业务处理平台,而且也是知识加工平台、知识决策平台、知识获取平台的集成,它使政府各部门办公人员之间的信息共享和交流更加流畅,通过数据挖掘、数据加工而使零散的信息成为知识,使相关人员能够在恰当的时间使用恰当的知识,为行政决策提供了充分的信息和知识支持。

(3)后台整合是政府门户网站区别于其他网站的关键所在。与互联网门户网站和企业门户网站不同,政府门户网站具有两种"前台—后台"关系。

第一种"前台—后台"关系实际上是一种双重的"前台—后台"关系,即:门户网站作为连接所有政府网站的前台,并不直接面对各政府机构的业务职能部门,它只是作为一个强大的搜索引擎,快速便捷地为客户找到办理相应业务的政府网站,这是第一重"前台—后台"关系;在此基础上,客户就可以通过具体的政府机构的网站直接面对业务职能部门了,在这里,政府网站与其职能部门之间构成了又一重"前台—后台"关系。

第二种"前台—后台"关系是一种单一的"前台—后台"关系。在这种情况下,客户通过政府门户网站即可直接进入业务办理程序,客户无须与具体的政府机构(网站)打交道,也不用知道自己是在与哪个政府机构打交道。此时,客户似乎在通过这个门户网站面对一个"超级政府",因为人们通过这个门户网站可以办理包罗万象的业务。

无论是第一种"前台—后台"关系还是第二种"前台—后台"关系,都需要对后台业务进行整合。尽管在第一种"前台—后台"关系里,政府门户网站仅仅是所有政府机构的网站业务连接,但是要实现这一点仍然需要对所有政府机构的业务类型进行分类与排列,通过某一主题按照逻辑关系而对所有这些业务进行整理,同时在技术上以及在管理上都对门户网站提出了新的要求,例如,在政府机构之间仍然分离的情况下,门户网站应当看作是所有经由该门户网站的政府机构的业务监督窗口。

第二种"前台—后台"关系超越了"电子政务"的概念,已经成为一种真正意义上的"电子政府"了。在这里,所有的政府业务部门都已经按照业务流程进行了重组,传统的政府机构已经逐步地淡出了电子政府的范畴而成为电子政府的"业务处理车间"。

因此,所有的政府门户网站都是政府网站,但是并不是所有的政府网站都是门户网站;而且,政府门户网站意义上的"政府"的含义已经不再是传统意义上的"政府机构"了,它已经超越了现有的政府机构的含义,成为一种虚拟的"超级政府"。

9.5.2 政府网站建设的基本原则和步骤

1. 建设原则

(1)阶段开发性原则。网站全面规划,功能实现分阶段进行。

(2)易用性原则。表现为方便读者上网使用和最大限度的减轻后台管理人员的管理负担,做到部分业务的完全或部分自动化处理。

(3)规范化原则。在系统设置、网页设计、数据库开发等所有的工作中,也为将来的进一步开发制定了完善的规范,具有较强的实际操作性。

(4)可扩展性原则。系统设计要考虑到业务未来发展的需要,同时考虑网站建设的阶段性,要尽可能的设计得简明,各个功能模块间的耦合度小,便于系统的扩展。

(5)维护量最小原则。尽可能将经常更新的部分利用数据库技术实现自动操作,达到日常信息发布不需要进行网页设计和FTP上传;审核和权限管理原则:由于政府网站的严肃性,在网站系统上要实现信息发布的操作中实现分级权限管理和后台检验审核的功能。

(6)安全、稳定性原则。在充分考虑到站点访问性能的同时,要格外重视建成站点的安全和稳定性问题。

2. 基本步骤

政府网站的建设是一项复杂的、分阶段分步骤进行的长期系统工程。一般情况下,可以分为以下的几个方面:

(1)准备阶段

① 网站策划。对计划建设的政府网站的定位、内容结构、网站功能等方面进行策划。

② 确定域名。确定政府网站的域名,建议采用行业规范的域名体系。

③ 系统选择。根据自身的情况考察并确定服务器的发布形式、网站的软硬件系统平台等。

④ 内容组织。根据政府网站的结构进行相关资料的采编和录入等工作。

(2)实施阶段

① 申请域名。可以直接申请,也可以委托专业公司申请。

② 配置设立网站服务器:根据不同的网站发布形式,需要完成不同的工作,一般情况下在网站上需要配置DNS、WWW、FTP、MAIL等服务器。

③ 网页设计。包括设计和制作静态网页和动态网页,在形象、导航、页面内容等方面需要保持风格的统一。

④ 网站功能以及数据库系统开发。根据网站的规划设计和开发所需的网站功能和数据

库系统。

⑤ 网站发布与宣传。对开通并正常运行的政府网站通过互联网及传统媒体进行全面的开通发布与宣传。

（3）运行阶段

① 信息更新。不断更新网站内容和信息，使之成为"活"的的政府网站。

② 培训与技术支持。对网站维护和使用人员进行相关的使用和技术培训。

③ 站点维护。包括反馈处理、系统维护、网页维护等。

④ 进一步开发的准备。随着政府部门以及网站技术的发展，在合适的时候需要对网站进行再开发。

3. 人员参与

建设一个好的政府网站需要各种专业人员的参与，主要包括以下几种：

（1）网站建设总监。需要对网站建设有一定了解并且能够调用政府部门的各种资源，建议政府部门领导人直接担任。

（2）网站策划人员。需要对总体业务情况熟悉和比较了解网站建设的各个方面，建议政府机关人员和专业服务商一起进行具体策划。

（3）网页设计人员。建议由专业服务商提供形象、导航和整体风格的规范设计，政府部门的设计人员可以进行日常维护和信息更新。

（4）网站管理员。管理和维护政府网站的正常运行，采用虚拟主机的情况下由专业服务商提供维护。

（5）系统开发工程师。设计和开发各项网站功能、网站数据库系统等，也可以委托专业公司开发。

（6）信息采编、录入员。收集、整理、编辑、录入各种上网资料和信息。

（7）其他，如安全保卫、清洁工人等后勤人员。

4. 主机平台选择

一般来讲，网站的实现环境有以下三种：专线主机——网站服务器设在政府部门内部，通过专线方式进行信息发布；托管主机——将自身的网站服务器托管到电信部门的网络中心，通过网络中心的通信线路进行信息发布；虚拟主机——利用专业服务商的服务器进行信息发布，与其他的网站共享服务器资源。

三者的优缺点比较如表 9-1。

表 9-1

	专 线 主 机	托 管 主 机	虚 拟 主 机
通信速度	快	很快	快
安全性	一般（必须和内部网物理隔离）	好	一般
信息更新	很方便	一般	一般
网站管理	很方便	一般	差
投入费用	很高（包括软硬件购买费用、专线流量费）	一般（包括软硬件购买费用、托管费用）	低（租金）

9.5.3 国外政府门户网站建设

政府门户网站的发展直接受益于互联网门户网站以及企业门户网站的发展。与此同时，近些年来政府网站的泛滥也给电子政务的发展带来了一定的副作用，在如此众多的政府网站面前，人们往往不知所措，因此，迫切需要一种"简单、实用、重点突出"的单一政务处理入门网站。大约从 2000 年开始，在一些信息基础设施条件比较完善、电子政务较为发达的国家，电子政务开始走出相互独立、各自为"政"的旧制。这些国家已经认识到，要求民众去浏览每个政府网站才能办成一件事情是对民众不友好的，这与现实中要求每个人必须亲自到每个政府机构才能办成事情其实没有什么两样。因此，它们在一个统一的政府网站下，将比较分散的各类政府网站综合到一个协调一致的目录下，根据特定用户群的需求开发一系列集成的政府服务项目。政府门户网站开始作为提供政府服务的唯一的电子政务网站。

目前，政府门户网站还处在发展当中，各国的做法也存在着很大的差别。从发展程度来看，总体上还处于第一种"前台—后台关系"阶段，即主要是按照业务流程的需要，通过技术手段将各政府机构串联起来，但是也还有部分业务已经实现了在线实时处理，正在向第二种"前台—后台关系"转变，新加坡的"电子公民"网站即是这方面的代表。

就国际政府门户网站的发展来看，美国、英国和新加坡三国的做法具典型性，包含着许多网络条件下的政府行政管理与服务的制度创新。下面就来分别介绍这三个国家建设政府门户网站的情况：

（1）美国政府门户网站：美国是电子政务最为发达的国家，政府网站的数量也最多，共有两万多个。这些政府网站的内容非常丰富，页面数量多达几千万，一般的公民很难通过网络搜索来准确快捷地获得政府服务，这当然就需要门户网站加以引导。

我们可以从地域属性和权域属性来分析美国的政府门户网站的情况。从政府行政管理层次上来看，美国政府可以划分为联邦、州与市县三级。由于实行联邦制，三级政府在许多的行政事务管理方面相对独立，因此政府门户网站也就划分为这样三级，每级政府的门户网站的服务内容各不相同，彼此之间存在着明确的分工。每个州政府和市（县）政府都建立自己的一个单一的门户网站，企业或公民根据业务内容，通过访问所在地域的单一的州或市（县）政府网站，即可获得各种不同的服务。每一个政府门户网站都各具特色，包括税收、执照、注册和护照信息以及满足所在地域的每个居民的具体需求的信息。

联邦一级的政府门户网站是"第一政府网站"（Firstgov.gov.）。该网站于 2000 年 6 月开始建设，已经成为全球功能最为强大的超级政府网站。作为联邦政府唯一的政府服务网站，该网站整合了联邦政府的所有服务项目，并与许多政府部门如立法、司法和行政部门建立了链接，同时也与各州政府和市县政府的门户网站都有链接。作为一个综合性网络门户，用户通过该网站可以接向任何政府网站，包括州和地方政府。"第一政府网站"所要达到的一个首要目标就是，要让客户只须点击 3 下即可找到自己所需要的各类政府信息与服务。它允许用户同时搜索全部 2700 万网页，使用一个由私营企业和联邦政府一起开发的高强度搜索引擎，个人通过关键词、主题或机构进行搜索，可以在不到 1/4 秒的时间内搜索到半兆的文件。从这个意义上讲，该网站与联邦各职能部门、州及市县级政府网站实际上就构成了一种前台与后台的关系，任何企业和公民通过前台网站即 Firstgov.gov，可以找到所有美国政府部门提供的所有服务。

从内容分类来看，该网站一方面按地区划分，囊括了全美50个州以及地方县、市的有关材料及网站链接；另一方面又按农业和食品、艺术和文化、经济与商业等行业来划分，各行各业的有关介绍及网站也是随点随通。该网站的设计非常有特色，它将政府服务分为三类，即对公民的在线服务（Online services for Citizens）、对企业的在线服务（Online Services for Business）以及对政府机构的在线服务（Online Services for Governments）。每一类又分为诸多项目，如"对公民的在线服务"就包括申请护照、天气预报、彩票中奖号码等；"对企业的在线服务"包括在线申请专利与商标、转包合同、商业法律与法规等；"对政府机构的在线服务"包括联邦雇员薪水变化表、联邦雇员远程培训以及联邦政府职位等。这种设计简单明确，任何一个寻求政府在线服务的人都可以很方便地找到所需要的各种服务。

（2）英国政府门户网站：早在1994年英国政府就建立了一个类似于政府门户网站的网站：www.open.gov.uk，其功能主要是提供政府网站的联接，但是服务的内容很少。2000年12月，英国政府开发出一个服务内容更多、搜索更方便且功能也更为强大的单一的政府服务门户网站系统，它由"英国在线"网站（www.ukonline.gov.uk）和"政府虚拟门户"网站（www.gateway.gov.uk）组成。"英国在线"网站不仅将上千个政府网站连接起来，而且把政府业务按照公众需求进行组合，使公众能够全天候地获得所有政府部门的在线信息与服务。该网站的内容分为五大块：生活频道、快速搜索、在线交易、市民空间、新闻天地。"生活频道"能够向用户设置了11个主题的服务，用户无须考虑各政府部门的职责和分工。其他的各大块也都包括众多主题的服务内容。

"政府虚拟门户"网站是一个为公众和企业获得政府在线服务、提供登记注册服务的专门网站，它可以使公众和企业通过一个单一的入口同政府的多个部门进行沟通和实现在线办理行政事务。已经在"政府虚拟门户"网站运行的主要服务项目中，包含国内个人所得税在线征收和部分增值税的在线返还等内容。该网站是提供"集成化政府"服务战略的一个重要组成部分，与"英国在线"网站形成了"后台与客户前端"的关系。

（3）新加坡政府门户网站：以前，新加坡也是由各政府部门单独地建立政府网站提供网络服务，彼此之间没有进行一体化的整合。1999年，新加坡的电子政务开始出现整合趋势，一些业务不再按照部门来设置，而是按照流程做打包处理，也就是说，公民或企业在办理网上业务时，不必再考虑要登陆各个政府站点，分别办完各种相关手续，而是按照业务流程，一步步地在一个单一的网站上完成所有这些相关业务手续，实现了"一站式"网上办公。

所有这些打包服务都可通过新加坡的政府门户网站（http：//www.gov.sg）找到。该政府站点就像一本政府白皮书，完全代表政府，而不是政府的某一个方面。例如，该网站有一个统一的接受用户反馈的部分，用户发往政府各个部门的意见、建议、反馈等都通过这里的统一格式进行。与美国的first.gov不同，该中心站点将政府服务划分为政府信息与电子服务、新闻公告、为企业的信息与电子服务、为非新加坡公民的信息与电子服务以及电子公民服务等几大块，虽然看过去没有像美国的first.gov那样将电子政务划分为G2G、G2B、G2C三大部分那么简洁，但是，从逻辑上看仍然清晰明了，栏目的设置让人一目了然。

其实，就电子政务来说，最重要的是其前台的业务流程设置与后台不同政府机构之间的业务协调处理上。而恰恰是在这一点上，新加坡的电子政务建设别具一格，深受人们的称赞。其中最引人注目的是"电子公民中心"（www.ecitizen.gov.sg）和"政府电子商务中心"（www.GeBiz.gov.sg）。

"电子公民中心"始建于1999年4月，其目的是将政府机构所有能以电子方式提供的服务整合在一起，并以一揽子的方式轻松便捷的提供给全体新加坡公民。"电子公民中心"将一个人"从摇篮到坟墓"的人生过程划分为诸多阶段，在每一个阶段里，你都可以得到相应的政府服务，政府部门就是你人生旅途中的一个个"驿站"。每一个"驿站"都有一组相互关联的服务包，例如，在"就业驿站"里，你可以找到这些服务包："雇佣员工"（专为雇主设计）、"寻找工作"（专为求职者设计）、"退休"、"提高技能"和"在新加坡工作"（专为外国人提供）等。目前"电子公民"网站里共有九个驿站，涵盖范围包括：商业贸易、国防、教育、就业、家庭、医疗健康、住房、法律法规和交通运输，这些驿站把不同政府部门的不同服务职能巧妙地联系在一起。例如，在"家庭"驿站里，"老人护理"服务包来自卫生部，而"结婚"服务包则来自社区发展部。

"政府电子商务中心"于2000年12月正式开通，它实际上就是新加坡政府的采购系统，它把新加坡政府各部门和机构的财务系统与采购软件整合到一起进行工作。政府部门的贸易伙伴可以在网上得到政府招标的邀请并购买招标文件，供应商可以在网上索要发票、检查付款情况、提交产品目录和竞标。同私营部门的B2B交易中心一样，它也是通过来自世界各地的众多供应商的激烈竞争而获得价廉物美的产品、通过网上下单而节约更多的时间、通过更低的库存而减低成本。目前，政府通过"政府电子商务中心"采购的产品价值已经达到1.1亿美元，今后还要求将80%的政府采购都搬到"政府电子商务中心"上来。

9.5.4 我国政府门户网站建设

1. 建设途径

我国电子政务建设主要依两条途径展开：

（1）政府上网。政府上网工程促使政府网站的数量快速增加。据最新统计，政府上网工程实施三年来，全国政府部门建立的网站已突破一万个，三年净增十倍。

（2）建立纵向的业务应用系统。我国以"金"字工程为主体的纵向业务应用系统不断增加，由最初的3个增加到现在的12个，许多政府职能部门也在建立自己专门的电子政务应用系统，并且都希望尽量能够向"金"字工程上靠。

仅仅依据这两条途径，其负面效应已充分暴露：

（1）国家投入了大量资金，各级政府机构建设电子政务的积极性都很高，政府网站数量也快速增加；但，政府网站的社会应用水平却总是提不上去，条块分割、信息孤岛的弊端尽管世人皆知却就是解决不了，很多专网都说自己是"金"字工程，却不能共享。所以，每个政府网站所提供的信息与服务数量都很有限，彼此独立，业务流程连接不起来，电子政务的快速、便捷、公开、透明的优势自然也就显现不出来。这种状况严重地制约了电子政务的社会化应用水平，将对未来电子政务的顺利发展造成极为不利的影响。建设政府门户网站能够有效解决这种困难局面。政府门户网站已开始受到关注，例如，在我国的电子政务建设规划中就提出了建设"两网一站四库十二金"的内容，其中的"一站"即是指政府门户网站。

（2）绝大多数地方政府都在往这方面努力，开始花费很大的精力来建立自己的政府门户网站。但是，从有关的电子政务建设规划来看，我们对政府门户网站的性质、特点、作用还缺乏清楚的了解，将政府门户网站等同于一般的政府网站，对政府门户网站与电子政务建设的其他相关问题也未作明确的安排。另外，就已经建立起来的地方政府门户网站来看，除了北京市（www.beijing.gov.cn）和上海市（www.shanghai.gov.cn）取得了一定的成绩外，大多数地方政府做得还很不理想，有些甚至还停留在政府上网阶段。

2. 我国政府门户网站存在的主要问题

按照国际社会中有关电子政务的上述三种评估标准，我国的电子政务建设（包括政府门户网站建设）应该说整体上还处于起步阶段，即使一些搞的比较好的地区或部门的网站建设，不仅与国外一些先进国家相比有较大的差距，而且本身也存在一些突出的问题。这些问题主要表现在以下三个方面：

（1）发展不平衡。从横向来看，无论电子政务发展，还是政府门户网站建设，总体上东南沿海经济较为发达的地区，电子政务发展比较快，政府门户网站所占比例大，而中西部地区相对落后，政府门户网站的比例比较小。从纵向来看，中央、省市行政层级比较高的政府及其部门的电子政务发展比较快，门户网站建设比较完善，而行政层级比较低的政府或部门，相对落后。据时代财富科技公司发布的《中国电子政务研究报告》表明，中国目前的电子政务实现度仅为 22.6%。这说明，我国电子政务无论信息的实用性、完整性，还是实质性的电子政务功能都还离公众的期望有很大差距。而这种差距，直接地体现在政府的门户网站方面。

（2）政府门户网站建设普遍缺乏有效的组织和规划。这不仅体现在一些政府门户网站的站名、域名不规范，更重要的是政府门户网站的内容设计也是五花八门，缺乏最起码的规范，导致一些政府的主页形象与政府形象有较大差距。

（3）相当一部分政府门户网站有名无实，信息不更新，没有深入链接，有的甚至变为"死网"。据机构调查评估，目前全国 2500 多个政府门户网站中，约有 1/3 的网站难以打开，约有 1/3 的政府网站应用价值比较低，还有相当数量的网站存在信息更新不及时、服务功能不健全、发布的信息无时效价值等现象，有的站点新闻最后的更新日期最新时间甚至与现实相距半年以上；许多网站只有静态功能的介绍，欠缺动态信息交流；有的网站与用户交流沟通的手段单一，相关链接范围窄、深度浅；还有一些政府网站存在着与自己的本职工作联系不紧，脱离实际等问题。

从国外电子政务创新国家的经验看，电子政务的发展，首先要有一个功能完善、进出便捷的门户网站，这是实现电子政务各项职能的一个最重要的窗口。如果公众不能从政府的门户网站获取各种信息和服务，就等于堵塞了的电子政务的服务通道。以美国的白宫网站为例，该网站实际上是所有美国政府门户网站的中心站点，在该网站上有一个美国政府站点的完整列表，可以链接到美国所有已经上网的官方资源。同时白宫网站上所有内阁级（相当于中国部委级）的站点都提供了文本检索功能，可以通过关键词查找这些站点上的所有文献和文章。所有这些都为公众及时了解政府的各种信息、接受政府提供的服务，创造了条件。

3. 进一步建设的思路

针对今后电子政务及政府门户网站的建设，提出以下建议：

（1）在继续建设12个重要的业务应用系统的同时，提高政府门户网站在未来我国电子政务建设中的地位，将政府门户网站看作是实现我国电子政务战略的核心。也就是说，一方面，通过"金"字工程提高那些重要部门的工作效率，另一方面，通过政府门户网站加强办公资源的整合，消除"条"与"块"之间的割裂状况。换一个角度来看，这也就意味着，通过发展"金"字工程加强对经济生活的监管，通过发展政府门户网站来体现电子政务的"服务于民"的本质要求。与此同时，有必要对政府上网工程进行调整，将工作重点转移到政府门户网站建设上来。因此，今后的电子政务要从重视数量转向重视质量和效果。

（2）将政府门户网站建设与政府机构改革相结合。新一轮的政府机构改革将秉持"精简、统一、效能"的原则，转变政府职能，建立行为规范、运转协调、公正透明、廉洁高效的行政管理体制。所有这些要求都与政府门户网站一致，政府门户网站可以作为政府机构改革的方向。

（3）分层次规划政府门户网站的建设。可以考虑在中央政府、省、市（地）层面上建立政府门户网站，并分别建立统一的管理机构。例如，就省级层面来说，要对那些厅、局已经建立起来的电子政务应用系统进行整合，对那些还没有建立或打算建立电子政务应用系统的职能厅局来说，一定要放在省级门户网站的规划内加以统筹，不应鼓励各职能部门单独建立自己的政府网站。再比如，在中央政府层面，可以考虑建立中央政府门户网站www.china.gov.cn，统一整合各部委已经建立的政府网站，并对未来的发展进行规划。总之，要根据政府门户网站的要求来规划电子政务的发展。

（4）正确处理政府门户网站与各政府机构的内网与外网的关系。国家信息化领导小组《关于我国电子政务建设指导意见》对政务内网、政务外网与"互联网"之间的关系已经作了明确的规定，需要强调的是，各政府机构的"互联网"今后要满足政府门户网站建设的统一要求，甚至可以交由政府门户网站的统一管理机构进行管理。另外，各政府机构的政务内网与政务外网建设也应该接受这个机构的统一管理。

（5）在当前政府门户网站尚未规划完善而各政府机构又急于建立自己的政府网站的情况下，不应鼓励电子政务的建设、运营与管理的"外包"业务。此时的"外包"只会强化已有的各自为"政"的格局，不利于将来的技术、业务与管理的全面整合。

9.5.5 我国政府门户网站的评价指标

政府上网工程服务中心（http://www.gov.cn/）2004年发布了政府门户网站评价指标体系。该指标体系共分为五大项，包括网站内容建设、功能应用、网站建设、网站运营、网民评议。

（1）"内容建设"反映政府门户网站的内容丰富程度，电子政务服务的范围。

（2）"功能应用"反映政府门户网站电子政务建设对民众服务的能力，包括网站的分类架构、网民互动和业务应用系统。

（3）"网站建设"反映政府门户网站建立体系合理程度，反映电子政务应用的支持程度。

（4）"网站运营"反映政府门户网站电子政务应用的实际效果。

(5)"网民评议"反映政府门户网站的社会知名度或社会影响。

9.6 电子政务软件平台建设

9.6.1 软件平台的相关概念

软件（software）是电脑软件的简称。电脑软件，是人们为了告诉电脑要做什么事而编写的，电脑能够理解的一串指令，有时也叫代码、程序。电脑软件是对应于电脑硬件（Hardware）而言的。

准确的说，软件是计算机系统中与硬件相互依存的另一部分，它包括程序（Program）、相关数据（Data）及其说明文档（Document）。其中程序是按照事先设计的功能和性能要求执行的指令序列；数据是程序能正常操纵信息的数字结构；文档是与程序开发维护和使用有关的各种图文资料。

软件同传统的工业产品相比，有其独具的特性：

（1）软件是一种逻辑实体，具有抽象性。这个特点使它与其他工程对象有着明显的差异。人们可以把它记录在纸上、内存、和磁盘、光盘上，但却无法看到软件本身的形态，必须通过观察、分析、思考、判断，才能了解它的功能、性能等特性。

（2）软件没有明显的制造过程。一旦研制开发成功，就可以大量拷贝同一内容的副本。所以对软件的质量控制，必须着重在软件开发方面下工夫。

（3）软件在使用过程中，没有磨损、老化的问题。软件在生存周期后期不会因为磨损而老化，但会为了适应硬件、环境以及需求的变化而进行修改，而这些修改有不可避免的引入错误，导致软件失效率升高，从而使的软件退化。当修改的成本变得难以接受时，软件就被抛弃。

（4）软件对硬件和环境有着不同程度的依赖性。这导致了软件移植的问题。

（5）软件的开发至今尚未完全摆脱手工作坊式的开发方式，生产效率低。

（6）软件是复杂的，而且以后会更加复杂。软件是人类有史以来生产的复杂度最高的工业产品。软件涉及人类社会的各行各业、方方面面，软件开发常常涉及其他领域的专门知识，这对软件工程师提出了很高的要求。

（7）软件的成本相当昂贵。软件开发需要投入大量、高强度的脑力劳动，成本非常高，风险也大。现在软件的开销已大大超过了硬件的开销。

（8）软件工作牵涉到很多社会因素。许多软件的开发和运行涉及机构、体制和管理方式等问题，还会设计到人们的观念和心理。这些人的因素，常常成为软件开发的困难所在，直接影响到项目的成败。

根据功能的不同，电脑软件可以粗略地分成四个层次——固件、系统软件、中间件。最贴近电脑硬件的是一些小巧的软件。它们实现一些最基本的功能，通常"固化"在只读存储器芯片中，因此称为固件。系统软件包括操作系统和编译器软件等。系统软件和硬件一起提供一个"平台"。它们管理和优化电脑硬件资源的使用。常见的中间件包括数据库和万维网服务器等，它们在应用软件和平台之间建立一种桥梁。应用软件种类最多，包括办公软件、电子商务软件、通信软件、行业软件、游戏软件等等。

电脑软件都是用各种电脑语言（也叫程序设计语言）编写的。最底层的叫机器语言，它由一些0和1组成，可以被某种电脑直接理解。上面一层叫汇编语言，它只能由某种电脑的汇编器软件翻译成机器语言程序，才能执行。常用的语言是更上一层的高级语言，比如C，Java，Fortran，BASIC。这些语言编写的程序一般都能在多种电脑上运行，但必须先由一个叫做编译器或者是解释器的软件将高级语言程序翻译成特定的机器语言程序。编写电脑软件的人员叫程序设计员、程序员、编程人员。

由于机器语言程序是由一些0和1组成的，它又被称为二进制代码。汇编语言和高级语言程序也被称为源码。在实际工作中，一般来讲，编程人员必须要有源码才能理解和修改一个程序。很多软件厂家只出售二进制代码。近年来，国际上开始流行一种趋势，即将软件的源码公开，供全世界的编程人员共享。这叫"开放源码运动"。

现在软件的使用都是架构在计算机网络上的，而不仅仅是在单机上使用，通常解决软件架构使用的主要技术有两个：一个是中间件解决方案，一个是组合式软件工程。在软件架构使用基础上，所有软件组合在一起，依靠一个支撑软件来运行，而这个支撑软件就是所谓的"软件平台"。"软件平台"是指用来构建和支撑应用软件的独立软件系统，开发、运行、部署和管理软件的基础，是任何一个应用软件得以实现和应用的必要条件。软件平台都是用组合式的软件工程设计的，它是中间给你解决方案。

电子政务软件平台主要包括电子政务门户平台、信息交换平台、数据中心、公务服务平台、视频会议平台、安全平台、工作流管理平台、管理监控平台等。

9.6.2 软件的开发与管理

第一个写软件的人是Ada(Augusta Ada Lovelace)，在19世纪60年代他尝试为Babbage(Charles Babbage)的机械式计算机写软件。尽管他们的努力失败了，但他们的名字永远载入了计算机发展的史册。

经过软件研究人员的不断探索，软件开发方法大致可以分为八类：Parnas方法、Yourdon方法、面向数据结构的软件开发方法、问题分析法PAM、面向对象的软件开发方法、可视化开发方法、ICASE和软件重用和组件连接。今后的软件开发将以OO技术为基础（指用它开发系统软件和软件开发环境），可视化开发、ICASE和软件组件连接三种方式并驾齐驱。它们四个将一起形成软件界新一轮的热点技术。

同其他任何工程项目一样，软件项目同样存在管理的问题。在一个小的软件开发项目中也许还无所谓，但一个大型的软件开发项目如果没有优秀的软件管理人员来领导和协调整个项目，其失败的可能性就很大。

软件管理工作涉及到软件开发工作的方方面面，其直接对象包括人、财、物，简单地说，人就是指软件开发人员，财就是指项目经费，物就是指软件项目。

作为软件开发的项目管理者，应该站在高处来俯瞰整个项目，对整个项目实施要有总体规划与具体计划。只要在把握全局的前提下，再采用适当的管理与技术，项目才能顺利开展。软件项目的管理工作可以分为四个方面：软件项目的计划、软件项目的组织、软件项目的领导和软件项目的控制。

9.7 电子政务资源库建设

9.7.1 电子政务资源库的内涵

资源库是资源数据库系统的简称,电子政务资源库也是政府资源信息库的简称。事实上,网络技术的发展和信息资源的开发总是相拥相伴的,网络技术无疑是政府信息化的物理基础,信息资源的应用必将反哺于网络技术的发展,两者相辅相成,是信息化建设的"双翼",缺一不可。电子政务是政府信息资源的"集散地"和开发中心,实现政府信息资源的市场价值和信息增值是网络社会政府利用信息技术进行有效管理的归宿。我们必须注重实际应用,把为企业和公众服务、实现资源共享放在重要地位。唯有这样,电子政务的巨大社会效益和经济效益才能最大限度的发挥出来,两者的有机结合是政府上网和建立电子政府的真正内涵和落脚点。

电子政务资源库归根结底应该以服务于政府和社会为宗旨。对政府来说应当使政府行政管理、应急指挥和快速反应的能力进一步提高,做到科学、高效的宏观管理和决策。对社会及时发布大量有价值的政务信息,引导企业自主走向市场,对经济发展和社会进步进行导向,减少盲目性。

在政府信息资源开发和应用上,要在体现政府信息公开和面向社会服务的原则基础上,制定政府信息库建设规范、信息资源采集、加工和发布以及管理实施标准,关键是制定统一的规划和技术标准,以此规范电子政务的可持续发展。保证政府信息资源在政府机构内部实现畅通流转、共享。

电子政务资源库应当是一个"大而全,广而精"的政府信息数据库群。它包括:

(1)政府决策信息,如国家和地方的政策、法规条例、决策咨询、战略发展研究报告(包括各职能机构和院所历年的研究成果)和阶段性的总体规划等。

(2)为社会服务的信息,如国际国内重大政治新闻、经济运行分析、热点透视、社情民意动态、税收征管、统计报表、市场供求信息、社会与经济预测信息、金融财经信息、科技与人才信息,等等。

(3)各政府组成部门的工作职能、各种公文、会议情况、总结报告、记录数据、办公文档、机关行政管理信息、经验介绍、驻外办事处工作流信息等政府间交流信息。

(4)整个城市的各类资源要素储备和分布状况,行政组织及人力资源调配预案,对自然灾害和意外事故的处理以及重大突发事件(维护城市稳定方面的信息:突发事件、重大案件、大规模群众集访和应用早期掌握的信息解决弱势群体困难,做好群众工作)的应急预案数据库。

(5)不断收集城市规划与发展的思想库以及城市发展和政府行政的历史沿革等信息。还应包括:城市地下网、管、道和线的分布和结构。

9.7.2 建设电子政务资源库的价值

我国的电子政务建设,正在由网络硬件环境建设,逐步向政府信息化法规、标准、电子工作模式等软环境建设方向发展,由网络信息发布式、内部电子流程化方式向利用网络资源和信息资源实现信息的整合、共享、深度利用等方式发展。建设基于网络的，政府和社会迫切需要的，以跨政府职能的信息整合为特征的，可供政府和社会充分共享的基础数据库，已经成为电子政务深化发展的重要内容。

在我国政府信息化规划中，提出要先行进行人口、法人单位、空间地理和自然资源、宏观经济等基础数据库的建设，这些基础数据库提供了自然人、法人、地理资源、宏观经济等社会事务、国家事务中重要实体的属性信息，以保证政府决策和社会利用所需信息的精确、统一，避免了各政府部门基础数据不规范，不一致的和重复的建设。不过在信息时代，政府决策和社会利用需要的基础信息除了实体的属性信息之外，还需要经验性的政务过程信息；除了需要准确的单方面信息之外，还需要高汇聚度的综合性信息。各级政府机关已经形成的文件、档案、真实地记录了政府管理社会事务和国家事务的过程和成果，存储了政府决策的经验和教训，是一座丰富的、有待于深度挖掘的综合性信息宝藏。将这些政府记录建设成电子政务资源库，可以在以下几个方面极大地推动电子政务的发展，提高政府信息化的整体水平。

（1）电子政务资源库可以为全方位、多角度、无时滞地利用综合性信息资源提供数据基础，从而为政府高效率，高质量决策提供了保障。手工环境下，由于文档载体和信息内容紧密结合在一起，文档的线性排列方式与检索角度的多元化形成矛盾，每种检索工具只能提供一种检索角度，严重地限制了档案中蕴含的丰富信息内容的利用。政府在进行某项综合性，跨部门的专项决策时，需要参考大量的回溯性信息，档案作为政府的核心信息资源，却无法有效地发挥作用：一方面，手工检索工具种类较少，规范程度差，导致可供选择的检索途径较少，影响文档信息的查全率和查准率；另一方面，需要查询多个手工检索工具，需要调阅的文档物理位置分散，并且汇聚检索主题信息的过程也比较复杂，导致检索的速度非常慢，常常造成决策时机延误。而在数字环境中，将文档信息加工，整合成电子政务资源库，则可以从根本上改变政府文档信息的利用方式，提高利用率。电子文档的信息可以与载体相分离，文档的物理存储和逻辑访问是相互独立的，在设计精良的资源库的基础上，可以变单方向的和单角度的滞后的信息利用为全方位、多角度、无时滞的信息利用，满足政府跨部门、跨行业、跨时间的专项信息需求，比如专项政府决策支持，公共危机处理信息支持、应急联动、横向行政审批信息支持等。以中央政府各相关机构或各地方政府所辖各级政府机关形成的政府活动文档作为基本整合范畴，结合大量的相关背景信息和资料，在集中进行数字化处理和信息化开发的基础上，形成能够汇集政府在行政管理活动中长期积累的经验和教训信息，真实完整政府工作过程的数据库，一定会有助于提高政府决策的科学性，保证行政的连续性，规避因决策不当而带来的社会风险，经济风险、从而使电子文档成为政府进行决策和管理的长期有效的信息工具。

（2）建设和利用电子政务资源库是知识管理理念、方法在政府管理中的有效应用，有助于提高政府管理的整体水平。英国、加拿大、澳大利亚等国家政府都提出了要抓住信息技术应用所提供的机会，实现知识管理，提高政府的效率和效能。而所谓知识管理，就是在恰当的时候将恰当的信息提供给恰当的利用者。电子政务资源库的建设，提高了政府文档信息的汇聚程度、共享程度，提供了深度挖掘政府知识的通道，是对知识管理理念的实践，有助于培养各级政府在决策时利用信息广泛参考、深入求证，减少"拍脑袋"决策、"随机"决策的现象。这必将提高政府的信息能力，提高各个地区或城市在国际竞争中的地位。

（3）建设和利用电子政务资源库，不但有利于政府自身的利用，而且有利于政府信息的社会共享，实现政府信息资源的全面增值。保存在各级档案馆，政府机关中的文档信息是政府身边的资源，是政务活动的伴生物，无需额外花重金购买，无法仿制，无法再生，如果置之不用，是对社会财富的巨大浪费，也不利于公民知情权的保证。高效的政府，同时也是透明的政府，公众要了解政府，不仅要了解政府的现在，也要了解政府的过去；公众理解、认可政府决策，不仅要理解、认可其决策的成果，同时也要理解，认可其决策的过程。电子政务资源库是基础性数据库，在法规框架内，将其中部分内容对外公布，可以满足公众了解政府，理解政府决策的需要，实现政府信息资源的广泛共享。

（4）建设和利用电子政务资源库，是一项在国内、国际领先的政府信息管理工程。由于政府文档信息的内容涉及面广，来源复杂，种类多样，全球尚没有一个国家、地区或城市出面横向组织建设数字化的电子政务资源库。电子政务资源库建设的结果不仅是资源库本身，而且也是与之配套的政府文档信息构建、组织、挖掘；共享的制度、标准、模式、技术的再创造。此外，文档是政府办公的命脉，电子政务资源库是动态的，数据量不断增加，所以在建设初期要全面统筹，既保证建成资源库的长期可用性，又考虑它的未来发展，保证资源库与电子政务系统的衔接，以便将电子政务系统中的文档直接移植到资源库中，降低数据加工的成本。如果说电子政务要建设人口、法人单位、空间地理和自然资源、宏观经济等基础数据库，还是迎头赶上发达国家信息化水平的话，那么在电子政务资源库建设方面的行动则属于一项开创性、创新性的工作。

9.7.3　电子政务资源库的建设方略

由于建设电子政务资源库是一项繁巨、复杂的社会工程，需要有计划、按步骤循序渐进，全面考虑政府信息资源采集的难度，基础数据的准备情况，社会和经济效益大小，因此，电子政务资源库的建设应注意以下几点：

（1）由易到难、分段实施

应该遵循"由易到难，分段实施"的原则，建立具有适应能力的政务处理系统，实现政府与企业、公民的互动式交流与服务，实现政府业务的重组和优化，建立集成系统以及方便使用的技术体系。具体而言，可以从以下几个方面来实施。

① 就资源范围而言，先对各级政府所辖的综合档案馆的馆藏进行数字化建设，再扩展至各专业，行业档案馆，逐步扩展至政府机关内保存的文档信息。在利用网络对一个地区互或城市区域内的档案馆实现互联互通的基础上，以网络数据库作为整合平台，以中心档案信息资源门户作为利用窗口，形成汇聚政府综合工作信息和相关资源信息的虚拟网络资源库的格局。目前，各级政府的综合档案馆馆藏的数字化建设已经全面展开，也已经形成了较大规模的数字信息量。为这些数字信息营造符合信息化时代资源特点的利用方式，挖掘其推动社会发展的资源价值，不仅符合电子政务发展的方向，也是十分可行的一项重要举措。档案原始信息已经实现了相对的集中，在信息库的建设和信息资源使用过程中，所面临的部门信息权限障碍相对较小，非常适宜作为电子政务资源库建设的起点单位和协调单位。在我国的各级政府中，以文件中心的方式，对政府的现行文件和半现行文件实现集中管理，也已经成为目前普遍实践的政府信息资源管理方式。政府文件中心的信息管理方式为建设电子政务资源库奠定了良好的基础。

② 就数据库对象而言，先建设政府文档的元数据库、目录数据库，在此基础上再建设全文数据库。先行建设元数据库，意味着确定了电子政务资源库的基本框架，基本规范，目录数据库的建设则为利用者和原文之间搭建桥梁。目前，我国的政府信息化领导机构正在着手建立基于 XML 的文件格式标准，以使电子文件更加易于进行网络交换和数字化存储。同时，文件格式标准的制定和推行，将为电子政务资源库的建设提供信息结构化的良好基础。以有效管理数字化档案信息为目的的档案编码描述格式（EAD：Encoded Archival Description），已经成为国际标准。EAD 作为元数据的一种专项信息描述方式，其长处正是对基于网络的档案信息管理和检索。我国目前正在加紧完成该项标准的制定工作，也已经有了具体的系统实现的尝试。上述工作为构建电子政务资源库提供了基础要件。

③ 就主题内容而言，先行建设关系到国计民生、文明传承的重要资源库，再扩展至普通的主题数据库。资源库的建设要讲求效益，无须将所有的政府文档都都电子化，只有那些为国民经济和社会发展所急需的、常用的政府信息资源才是建设的首选对象，如财政管理，行政审批，危机事件处理，重点工程建设，重大社会活动，法规政策等。如北京奥运会筹办工作、上海世博会筹办工作等专题信息库建设，不仅可以支持这些重大社会工程的持续决策，也会对动员全社会关心和支持这些活动的开展发挥重要的作用。

④ 就加工深度而言，先行建设综合信息数据库，在此基础上加以提炼，挖掘，建成知识库。目录数据库和全文数据库是对政府资源信息的直接描述和再现，而知识库则归纳和揭示了政府行政的基本规则，整体走势和未来动向，是对政府文档的深层次利用。知识库建成后，与政务决策支持系统集成，可以提升决策支持系统的智能化水平。

（2）制定规范、加强管理

对于一个现代组织，尤其是大型社会组织来说（地方政府从某种角度来讲也是一个有机系统），其信息系统往往是一个复杂的大系统，必须有一套运行规范来管理和控制信息系统的运作。系统运行过程中应当遵循的基本规范包括：信息系统操作规程、系统修改扩充升级规程、系统定期维护制度、安全保密制度以及运行状态记录和日志归档等。

虽然我国电子政务信息资源建设取得了一定的成就，但大多是各部门为满足业务需要而建立的，因此较多地考虑自身行业（部门）的需要，很少考虑其他的信息共享需要，再者，我国还没有统一的电子政务信息资源标准，所以就导致每个部门各行其是，既不规范，也不统一。以北京市为例，大部分委局办区县的信息资源都是以电子形式存储在计算机或服务器中，政策法规和期刊类信息大部分以办公文档的形式（如 Word、Text）存储，行业和职能类信息多以数据库形式（从 FoxPro、Access 到 Oracle、DB2）存储，还有一些数据以 DXF、TIF 格式存储，更有一些单位计算机不普及，仍然采用纸质文档。北京市是我国信息化最发达的地区之一，其情况尚且如此，其他地方的情况可想而知。

在我国，电子政务信息资源的开发利用不仅是政府行为，也是具有综合性、复杂性、系统性的政府工作，涉及党、人大、政府、司法、事业部门机构、中央、地方等全国成千上万个部门、机构，跨地区、跨部门、跨行业，牵涉到社会的方方面面，需要统一、明确、强有力的领导。目前，恰恰缺乏统一的领导和协调，导致部门分割、盲目投资和重复建设，严重的甚至将其变化为企业性行为，这极不利于电子政务统一、协调、持续、稳定地发展。《国家信息化领导小组关于我国电子政务建设指导意见》指出："电子政务建设必须按照国家信息化领导小组的统一部署，制定总体规划，避免重复建设。各级党政主要领导同志要亲自抓，防止各自为政。要正确处理中央与地方、部门与部门的关系，明确各自的建设目标和重点,充分发挥各方面的积极性,分类指导,分层推进,分步实施"。因此,建立全国的电子政务信息资源管理机构,解决信息资源建设中各自为政、条块分割、政出多门、各行其是、资源垄断等弊端,合理配置资源,共享信息,形成信息资源建设的合力,对于未来国家电子政务信息资源建设有着至关重要的作用。有人建议在全国人大设立信息资源委员会、在各级政府(包括中央)设立规划和管理政府信息资源开发利用的权威机构、设立首席信息官(CIO)等,这是值得考虑的。

(3) 注重质量评价

在信息资源开发阶段尤其要进行质量评价,这时的评价是可预测性的,投入运行后,由于信息资源和环境的不断变化,需要对信息资源运行状态和效益进行及时滚动式分析评价,以此作为该库的维护、更新和推广的依据。质量评价的关键是选择评定质量的指标及评定优劣的标准。应包含:有效性、实用性、可靠性、灵活性、安全性、可近性、易用性和完整性。

(4) 以信息公开为制度、确保信息资源的最大收集

有些组织机构由于保守或者是竞争等方面的原因,常常把本部门拥有的信息资源看成是自己的私有财产而不大愿意对外公开。如果没有完善的信息公开制度作保证,很难进行信息资源共享。

树立"公众以公开方式收集不到某部门应该公示的信息,该部门就是失职"的新理念。将这一理念转化为制度,条件成熟时转化为法令,只有这样才能使电子政务资源库建设更加有效和充实。关键是集多方社会利益代表(包括人大、政协代表)的政治智慧,对"应该公示的信息"进行严格界定,一旦形成共识就要依法行政,全社会监督。

(5) 加强基础数据库建设

电子政务资源库本质上是一种业务资源库,还依靠国家或地方的基础资源库才能很好运行。"十五"期间,我国部署了人口、法人单位、自然资源和空间地理以及宏观经济等4个数据库建设工作。但从总体上看,我国的基础数据库尚不能满足电子政务的深层次需要,故应做好以下工作:数据库建设中必须坚持统一规划、统一标准、全网共享的原则,对于每一个系统应做到统一设计、分别建设;对原有的数据库进行改造,增加新内容,对各单位已有的数据库进行规范化和标准化,建成统一的服务于办公业务网的数据库群;通过适当集中的办法,在一个区域,建立高水平的、全区域机关共享的政府数据中心,向各部门集中提供应用和服务;建立政府信息资源库的目录体系;建设支持政府决策工作的国民经济综合数据库、社会和历史数据库、自然资源数据库;着力生产精品数据库和特色数据库。

第 10 章 电子政务网络设备的选用与管理

10.1 网络服务器的选购与管理

10.1.1 什么是网络服务器

网络服务器（通常简称"服务器"[①]，Server）是指为网上用户提供专项服务或者多项服务的结点。网络服务器是网络中最关键的设备，其性能直接影响整个网络的性能，其作用是运行网络操作系统，存储和管理网络中的共享资源，如数据库、文件、应用程序以及大容量硬盘、打印机、绘图仪等设备；帮助网络管理员监视、控制和调整各工作站的活动；此外，还为各个网络客户机的应用程序提供服务。

事实上，服务器是一种高性能计算机，作为网络的节点，存储、处理网络上 80%的数据、信息，因此也被称为网络的灵魂。做一个形象的比喻：服务器就像是邮局的交换机，而微机、笔记本、PDA、手机等固定或移动的网络终端，就如散落在家庭、各种办公场所、公共场所等处的电话机。我们与外界日常的生活、工作中的电话交流、沟通，必须经过交换机，才能到达目标电话；同样如此，网络终端设备如家庭、企业中的微机上网，获取资讯，与外界沟通、娱乐等，也必须经过服务器，因此也可以说是服务器在"组织"和"领导"这些设备。

服务器的构成与微机基本相似，有处理器、硬盘、内存、系统总线等，它们是针对具体的网络应用特别制定的，因而服务器与微机在处理能力、稳定性、可靠性、安全性、可扩展性、可管理性等方面存在差异很大。尤其是随着信息技术的进步，网络的作用越来越明显，对自己信息系统的数据处理能力、安全性等的要求也越来越高，如果您在进行电子商务的过程中被黑客窃走密码、损失关键商业数据；如果您在自动取款机上不能正常的存取，您应该感到不满意的是这些设备系统的幕后指挥者——服务器，而不是埋怨工作人员的素质和其他客观条件的限制。

10.1.2 网络服务器分类

服务器发展到了今天，服务器的种类也是多种多样的，适应于各种不同功能、不同应用环境下的特定服务器不断涌现。大致根据以下标准把服务器分以下若干类型：

（1）按应用层次划分。按应用层次划分通常也称为"按服务器档次划分"或"按网络规模"分，是服务器最为普遍的一种划分方法，它主要根据服务器在网络中应用的层次或

[①] 有时，"服务器"可以有广义的理解：指具有固定的电子地址，并为网络用户提供服务的网络节点，它是实现资源共享的重要组成部分。在这种情况下，"服务器"就分为网络服务器、打印服务器、终端服务器、磁盘服务器和文件服务器等。

服务器的档次来划分的。要注意的是这里所指的服务器档次并不是按服务器 CPU 主频高低来划分，而是依据整个服务器的综合性能，特别是所采用的一些服务器专用技术来衡量的。按这种划分方法，服务器可分为：入门级服务器、工作组级服务器、部门级服务器、企业级服务器。

（2）按服务器的处理器架构划分。也就是按服务器 CPU 所采用的指令系统为标准，把服务器分为 CISC 架构服务器、RISC 架构服务器、VLIW 架构服务器和 EPIC 架构服务器四种。

（3）按用途划分。为了满足各种特定功能而开发、生产的功能型服务器。如果按照这种划分标准，我们可以分为通用型服务器和专用型服务器。

（4）按服务器机箱结构分。按服务器的机箱结构可以把服务器划分为"台式服务器"、"机架式服务器"、"机柜式服务器"和"刀片式服务器"四种。

10.1.3 网络服务器选用

在具体的电子政务主机平台建设中，到底采用何种类型的服务器，要根据具体用途、价格、功能、技术等情况而定。

另外，服务器的性能不是越高级越好，也并不是服务器的性能越高级，被访问的速度也就一定越快。因为影响被访问速度的因素是多种多样的：服务器的硬件配置（包括服务器的类型、CPU、硬盘速度、内存大小、网卡速度等）、服务器所在的网内环境与速度、服务器所在的网络环境与互联网骨干网相联的速率、China Net 的国际出口速率、访问者的 ISP（互联网接入服务提供商）与 China Net 之间的专线速率、访问者的 ISP（互联网接入服务提供商）向客户端开放的端口接入速率、访问者计算机的配置、Modem 的速率、电话线路的质量等。

同时，如果自建和管理服务器，在资金、人力、技术、环境等方面不足的话，可以采取服务器托管的方式来进行服务器平台建设。所谓服务器托管是客户自行采购主机服务器，并把它放置在互联网数据中心的机房，并安装相应的系统软件及应用软件以实现用户独享专用高性能服务器，实现 WEB+FTP+MAIL+DNS 全部网络服务功能，由客户自己进行维护，或者是由其他的签约人进行远程维护，节省高昂的专线及网络设备、机房建设等费用。对于一些基层单位或中小企业采取这种方式建设主机平台也是一个理智而经济的行为。

10.2 网络工作站的选购与管理

网络工作站是指连接到计算机网络上并运行专门程序来实现网络应用的计算机，它是网络中进行数据处理的主要场所。工作站通过网络从服务器取出程序和数据后，用自己的 CPU 和内存进行运算处理，处理结果可以再存储到网络服务器中。工作站可有自己单独工作的操作系统，但与网络相连时，需安装工作站连接软件，形成一个专门的引导程序引导上网访问服务器。网络工作站也叫客户机。

事实上，服务器（Server）提供互联网服务的主机，例如 SINA 提供 WWW 的服务，那么 SINA 也就可以称之为服务器。而网络工作站（Workstation）可以理解为提供给一群特定人士、作为数值分析与科学用途的机器。例如你们研究室有一部 Sun 的机器，他仅提供你们研究室内部几部计算机的联机，当你们有需要使用到 Fortran 这个程序语言时，就联机进入 Sun 这部机器，并在上面进行我们所需要的计算工作。这就是工作站。而工作站与服务器的差别，大概就在于有没有提供互联网服务而已，例如，如果将 Sun 开启 WWW 服务，那么这部机器就可以称之为服务器了，同时也是网络工作站。当然作为网络工作站的主机应该是一种高档的微型计算机，通常配有高分辨率的大屏幕显示器及容量很大的内存储器和外部存储器，并且具有较强的信息处理功能和高性能的图形、图像处理功能以及联网功能。

当然，严格意义上讲，工作站（Workstation）是一种以个人计算机和分布式网络计算为基础，主要面向专业应用领域，具备强大的数据运算与图形、图像处理能力，为满足工程设计、动画制作、科学研究、软件开发、金融管理、信息服务、模拟仿真等专业领域而设计开发的高性能计算机。

对于大型的电子政务网站，其工作站根据软、硬件平台的不同，一般分为基于 RISC（精简指令系统）架构的 UNIX 系统工作站和基于 Windows、Intel 的 PC 工作站。

UNIX 工作站是一种高性能的专业工作站,具有强大的处理器(以前多采用 RISC 芯片）和优化的内存、I/O（输入/输出）、图形子系统，使用专有的处理器（Alpha、MIPS、Power 等）、内存以及图形等硬件系统，专有的 UNIX 操作系统，针对特定硬件平台的应用软件，彼此互不兼容。

PC 工作站则是基于高性能的 X86 处理器之上，使用稳定的 Windows NT 及 Windows2000、WINDOWS XP 等操作系统，采用符合专业图形标准（OpenGL）的图形系统，再加上高性能的存储、I/O（输入/输出）、网络等子系统，来满足专业软件运行的要求；以 NT、WIN2000、XP 为架构的工作站采用的是标准、开放的系统平台，能最大程度的降低拥有成本。

另外，根据体积和便携性，工作站还可分为台式工作站和移动工作站。

台式工作站类似于普通台式电脑，体积较大，没有便携性可言，但性能强劲，适合专业用户使用。

移动工作站其实就是一台高性能的笔记本电脑。但其硬件配置和整体性能又比普通笔记本电脑高一个档次。

10.3 网卡的选购与管理

网络接口卡（NIC-Network Interface Card）又称网络适配器 （NIA-Network Interface Adapter），简称网卡。用于实现联网计算机和网络电缆之间的物理连接，为计算机之间相互通信提供一条物理通道，并通过这条通道进行高速数据传输。

在局域网中，每一台联网计算机都需要安装一块或多块网卡，通过介质连接器将计算机接入网络电缆系统。网卡完成物理层和数据链路层的大部分功能，包括网卡与网络电缆的物理连接、介质访问控制（如：CSMA/CD）、数据帧的拆装、帧的发送与接收、错误校验、数据信号的编/解码（如：曼彻斯特代码的转换）、数据的串、并行转换等功能。

在网络中，如果有一台计算机没有网卡，那么这台计算机将不能和其他计算机通信，它将得不到服务器所提供的任何服务。当然如果服务器没有网卡，就称不上服务器了，所以说网卡是服务器必备的设备，就像普通PC（个人电脑）要配处理器一样。平时我们所见到的PC机上的网卡主要是将PC机和LAN（局域网）相连接，而服务器网卡，一般是用于服务器与交换机等网络设备之间的连接。

按网卡的总线接口类型来分一般可分为 ISA 接口网卡、PCI 接口网卡以及在服务器上使用的 PCI-X 总线接口类型的网卡，笔记本电脑所使用的网卡是 PCMCIA 接口类型的。该分类方法主要将网卡分为 ISA 总线网卡、PCI 总线网卡、PCI-X 总线网卡、PCMCIA 总线网卡、USB 总线接口网卡等等。

除了可以按网卡的总线接口类型划分外，我们还可以按网卡的网络接口类型来划分。网卡最终是要与网络进行连接，所以也就必须有一个接口使网线通过它与其他计算机网络设备连接起来。不同的网络接口适用于不同的网络类型，目前常见的接口主要有以太网的 RJ-45 接口、细同轴电缆的 BNC 接口和粗同轴电 AUI 缆的接口、FDDI 接口、ATM 接口等。而且有的网卡为了适用于更广泛的应用环境，提供了两种或多种类型的接口，如有的网卡会同时提供 RJ-45、BNC 接口或 AUI 接口。该方法主要将网卡分为 RJ-45 接口网卡、BNC 接口网卡、AUI 接口网卡、FDDI 接口网卡、ATM 接口网卡等。

随着网络技术的发展，网络带宽也在不断提高，但是不同带宽的网卡所应用的环境也有所不同，目前主流的网卡主要有 10 Mbps 网卡、100 Mbps 以太网卡、10 Mbps/100 Mbps 自适应网卡、1000 Mbps 千兆以太网卡四种。不过 10 Mbps 网卡被使用越来越少了。

如果根据网卡所应用的计算机类型来分，我们可以将网卡分为应用于工作站的网卡和应用于服务器的网卡。前面所介绍的基本上都是工作站网卡，其实通常也应用于普通的服务器上。但是在大型网络中，服务器通常采用专门的网卡。它相对于工作站所用的普通网卡来说在带宽（通常在 100 Mbps 以上，主流的服务器网卡都为 64 位千兆网卡）、接口数量、稳定性、纠错等方面都有比较明显的提高。还有的服务器网卡支持冗余备份、热拨插等服务器专用功能。

除了以上几类网卡以外，另外还有一些非主流分类方式，如现在非常流行的无线网卡。无线上网卡，顾名思义，就是不用网线的上网卡，它是目前无线广域通信网络应用广泛的上网介质。目前，由于我国只有中国移动的 GPRS 和中国联通的 CDMA（1X）两种网络制式，所以常见的无线上网卡就包括 GPRS 无线上网卡和 CDMA 无线上网卡两类。另外还有一种 CDPD 无线上网卡。

10.4 集线器的选购与管理

10.4.1 什么是集线器

集线器的英文称为"Hub"。"Hub"是"中心"的意思，集线器的主要功能是对接收到的信号进行再生整形放大，以扩大网络的传输距离，同时把所有节点集中在以它为中心的节点上。它工作于OSI（开放系统互联参考模型）参考模型第一层，即"物理层"。集线器与网卡、网线等传输介质一样，属于局域网中的基础设备，采用CSMA/CD（一种检测协议）访问方式。

集线器是局域网LAN中重要的部件之一，它是网络连线的连接点。集线器有多个户端口，连接计算机和服务器之类的外围设备。一个以太网数据包从一个站发送到集线器上，然后它就被广播到集线器中的其他所有端口，所以基于集线器的网络仍然是一个共享介质的LAN。智能集线器的每一个端口都可以由网络操作员从集线器管理控制台上来配置、监视、连通或解释。集线器管理还包括收集各种各样网络参数的有关信息，诸如通过集线器和它每一个端口的数据包数目、它们是什么类型的包、数据包是否包含错误，以及发生过多少次冲等信息。

集线器也属于数据通信系统中的基础设备，它和双绞线等传输介质一样，是一种不需任何软件支持或只需很少管理软件管理的硬件设备。它被广泛应用到各种场合。集线器工作在局域网（LAN）环境，像网卡一样，应用于OSI参考模型第一层，因此又被称为物理层设备。集线器内部采用了电器互联，当维护LAN的环境是逻辑总线或环型结构时，完全可以用集线器建立一个物理上的星型或树型网络结构。在这方面，集线器所起的作用相当于多端口的中继器。其实，集线器实际上就是中继器的一种，其区别仅在于集线器能够提供更多的端口服务，所以集线器又叫多口中继器。

10.4.2 集线器类型

（1）按端口数量来分。这是最基本的分类标准之一。目前主流集线器主要有8口、16口和24口等类，但也有少数品牌提供非标准端口数，如4口和12口的，还有的有5口、9口、18口的集线器产品，这主要是想满足部分对端口数要求过严、资金投入比较谨慎的用户需求。此类集线器一般用作家庭或小型办公室等。

（2）按带宽划分。集线器也有带宽之分，如果按照集线器所支持的带宽不同，我们通常可分为10 Mbps、100 Mbps、10／100 Mbps三种。

（3）按照配置形式分。目前有三种配置形式的集线器。一是独立型集线器，二是模块化集线器，三是堆叠式集线器。

（4）按是否可进行网络管理来分。按照集线器是否可被网络管理分，有不可通过网络进行管理的"非网管型集线器"和可通过网络进行管理的"网管型集线器"两种。

（5）按局域网的类型分类。从局域网角度来区分，集线器可分为四种不同类型：单中继网段集线器、多网段集线器、端口交换式集线器、网络互联集线器。

目前，集线器和交换机之间的界限已变得模糊。交换式集线器有一个核心交换式背板，采用一个纯粹的交换系统代替传统的共享介质中继网段。

10.4.3 局域网集线器选择

随着技术的发展，在电子政务局域网尤其是一些内网、专网性质的局域网中，集线器已逐渐退出应用，而被交换机代替。集线器主要应用于一些地方电子政务网络之中。选择集线器主要注意以下几点：

(1) 以速度为标准。集线器速度的选择，主要决定于以下 3 个因素：

① 上联设备带宽。如果上联设备允许跑 100 Mbit/s，自然可购买 100 Mbit/s 集线器；否则 10 Mbit/s 集线器应是理想选择，因为是对于网络连接设备数较少，而且通信流量不是很大的网络来说，10 Mbit/s 集线器就可以满足应用需要。

② 提供的连接端口数。由于连接在集线器上的所有站点均争用同一个上行总线，所以连接的端口数目越多，就越容易造成冲突。同时，发往集线器任一端口的数据将被发送至与集线器相连的所有端口上，端口数过多将降低设备有效利用率。依据实践经验，一个 10 Mbit/s 集线器所管理的计算机数不宜超过 15 个，100 Mbit/s 的不宜超过 25 个。如果超过，应使用交换机来代替集线器。

③ 应用要求。传输的内容不涉及语音、图像，传输量相对较小时，选择 10Mbit/s 即可。如果传输量较大，且有可能涉及多媒体应用（注意集线器不适于用来传输时间敏感性信号，如语音信号）时，应当选择 100 Mbit/s 或 10/100 Mbit/s 自适应集线器。10/100 Mbit/s 自适应集线器的价格一般要比 100 Mbit/s 的高。

(2) 以能否满足拓展为标准。当一个集线器提供的端口不够时，一般有以下两种拓展用户数目的方法：

① 堆叠是解决单个集线器端口不足时的一种方法，但是因为堆叠在一起的多个集线器还是工作在同一个环境下，所以堆叠的层数也不能太多。然而，市面上许多集线器以其堆叠层数比其他品牌的多而作为卖点，如果遇到这种情况，要区别对待：一方面可堆叠层数越多，一般说明集线器的稳定性越高；另一方面可堆叠层数越多，每个用户实际可享有的带宽则越小。

② 级连是在网络中增加用户数的另一种方法，但是此项功能的使用一般是有条件的，即 Hub 必须提供可级连的端口，此端口上常标有"Uplink"或"MDI"的字样，用此端口与其他的 Hub 进行级连。如果没有提供专门的端口而必须要进行级连时，连接两个集线器的双绞线在制作时必须要进行错线。

(3) 以是否提供网管功能为标准。早期的 Hub 属于一种低端的产品，且不可管理。近年来，随着技术的发展，部分集线器在技术上引进了交换机的功能，可通过增加网管模块实现对集线器的简单管理（SNMP），以方便使用。但需要指出的是，尽管同是对 SNMP 提供支持，不同厂商的模块是不能混用的，同时同一厂商的不同产品的模块也不同。目前提供 SNMP 功能的 Hub 售价较高，如 D-Link 公司的 DE 1824 非智能型 24 口 10 Base-T 的售价比加装网管模块后的 DE 18241 要便宜 1000 元左右。

(4) 以外形尺寸为参考。如果网络系统比较简单，没有楼宇之间的综合布线，而且网络内的用户比较少，如一个家庭、一个或几个相邻的办公室，则没有必要再考虑 Hub 的外形尺寸。但是有的时候情况并非如此，例如为了便于对多个 Hub 进行集中管理，在购买 Hub 之前已经购置了机柜，这时在选购 Hub 时必须要考虑它的外形尺寸，否则 Hub 无法安装在机架上。现在市面上的机柜在设计时一般都遵循 19 英寸的工业规范，它可安装大部分的 5 口、8 口、16 口和 24 口的 Hub。不过，为了防止意外，在选购时一定注意它是否符合 19 英寸工作规范，以便在机柜中安全、集中地进行管理。

(5) 适当考虑品牌和价格。像网卡一样，目前市面上的 Hub 基本由美国品牌和中国台湾品牌占据，近来大陆几家公司也相继推出了集线器产品。其中高档 Hub 主要还是由美国品牌占领，如 3 COM、Intel、Bay 等，它们在设计上比较独特，一般几个甚至是每个端口配置一个处理器，当然，价格也较高。我国台湾地区的 D-Link 和 Accton 占有了中低端 Hub 的主要份额，大陆的联想、实达、TPLink 等公司分别以雄厚的实力向市场上推出了自己的产品。这些中低档产品均采用单处理器技术，其外围电路的设计思想大同小异，实现这些思想的焊接工艺手段也基本相同，价格相差不多，大陆产品相对略便宜些，正日益占据更大的市场份额。近来，随交换机产品价格的日益下降，集线器市场日益萎缩，不过，在特定的场合，集线器以其低延迟的特点可以用更低的投入带来更高的效率。交换机不可能完全代替集线器。

10.5 交换机的选购与管理

10.5.1 网络交换机

交换机的英文名称为"Switch"，它是集线器的升级换代产品，从外观上来看，它与集线器基本上没有多大区别，都是带有多个端口的长方体。交换机是按照通信两端传输信息的需要，用人工或设备自动完成的方法把要传输的信息送到符合要求的相应路由上的技术统称。广义的交换机就是一种在通信系统中完成信息交换功能的设备。

"交换"和"交换机"最早起源于电话通讯系统 PSTN。我们以前经常在电影或电视中看到一些老的影片时常看到有人在电话机旁狂摇几下（不是拨号），然后就说：给我接 XXX。话务员接到要求后就会把相应端线头插在要接的端子上，即可通话。其实这就是最原始的电话交换机系统，只不过它是一种人工电话交换系统，不是自动的，也不是我们所指的计算机交换机，但是今天的交换机也就是在这个电话交换机技术上发展而来的。

交换机的主要功能包括物理编址、网络拓扑结构、错误校验、帧序列以及流量控制。目前一些高档交换机还具备了一些新的功能，如对 VLAN（虚拟局域网）的支持、对链路汇聚的支持，甚至有的还具有路由和防火墙的功能。

交换机拥有一条很高带宽的背部总线和内部交换矩阵。交换机的所有的端口都挂接在这条背部总线上。控制电路收到数据包以后，处理端口会查找内存中的 MAC 地址（网卡的硬件地址）对照表以确定目的 MAC 的 NIC（网卡）挂接在哪个端口上，通过内部交换矩阵直接将数据包迅速传送到目的节点，而不是所有节点，目的 MAC 若不存在才广播到所有的端口。这种方式我们可以明显地看出一方面效率高，不会浪费网络资源，只是对目的地址发送数据，一般来说不易产生网络堵塞；另一个方面数据传输安全，因为它不是对所有节点都同时发送，发送数据时其他节点很难侦听到所发送的信息。这也是交换机为什么会很快取代集线器的重要原因之一。

交换机与集线器的区别主要体现在如下几个方面：

（1）在 OSI/RM（OSI 参考模型）中的工作层次不同。交换机和集线器在 OSI / RM 开放体系模型中对应的层次不一样，集线器是同时工作在第一层（物理层）和第二层（数据链路层），而交换机至少是工作在第二层，更高级的交换机可以工作在第三层（网络层）和第四层（传输层）。

（2）交换机的数据传输方式不同。集线器的数据传输方式是广播（broadcast）方式，而交换机的数据传输是有目的的，数据只对目的节点发送，只是在自己的 MAC 地址表中找不到的情况下第一次使用广播方式发送，然后因为交换机具有 MAC 地址学习功能，第二次以后就不再是广播发送了，又是有目的的发送。这样的好处是数据传输效率提高，不会出现广播风暴，在安全性方面也不会出现其他节点侦听的现象。

（3）带宽占用方式不同。在带宽占用方面，集线器所有端口是共享集线器的总带宽，而交换机的每个端口都具有自己的带宽，这样就交换机实际上每个端口的带宽比集线器端口可用带宽要高许多，也就决定了交换机的传输速度比集线器要快很多。

（4）传输模式不同。集线器只能采用半双工方式进行传输的，因为集线器是共享传输介质的，这样在上行通道上集线器一次只能传输一个任务，要么是接收数据，要么是发送数据。而交换机则不一样，它是采用全双工方式来传输数据的，因此在同一时刻可以同时进行数据的接收和发送，这不但令数据的传输速度大大加快，而且在整个系统的吞吐量方面交换机比集线器至少要快一倍以上，因为它可以接收和发送同时进行，实际上还远不止一倍，因为端口带宽一般来说交换机比集线器也要宽许多倍。

总之，交换机是一种基于 MAC 地址识别，能完成封装转发数据包功能的网络设备。目前，主流的交换机厂商以国外的 CISCO（思科）、3 COM、安奈特为代表，国内主要有华为、D-LINK 等。

10.5.2 交换机类型

交换机的分类标准多种多样，常见的有以下几种：

（1）根据网络覆盖范围分广域网交换机和局域网交换机。广域网交换机主要是应用于电信城域网互联、互联网接入等领域的广域网中，提供通信用的基础平台。局域网交换机就是我们常见的交换机。局域网交换机应用于局域网络，用于连接终端设备，如服务器、工作站、集线器、路由器、网络打印机等网络设备，提供高速独立通信通道。

（2）根据传输介质和传输速度划分有以太网交换机、快速以太网交换机、千兆以太网交换机、10 千兆以太网交换机、ATM 交换机、FDDI 交换机和令牌环交换机几种。

① 带宽在 100 Mbps 以下的"以太网交换机"是最普遍和便宜的，它的档次比较齐全，应用领域也非常广泛，在大大小小的局域网都可以见到它们的踪影。以太网包括三种网络接口：RJ-45、BNC 和 AUI，所用的传输介质分别为：双绞线、细同轴电缆和粗同轴电缆。不要以为一讲以太网就都是 RJ-45 接口的，只不过双绞线类型的 RJ-45 接口在网络设备中非常普遍而已。当然现在的交换机通常不可能全是 BNC 或 AUI 接口的，因为目前采用同轴电缆作为传输介质的网络已经很少见，而一般是在 RJ-45 接口的基础上为了兼顾同轴电缆介质的网络连接，配上 BNC 或 AUI 接口。

② 快速以太网是一种在普通双绞线或者光纤上实现 100 Mbps 传输带宽的网络技术。快速以太网不全都是纯正 100 Mps 带宽的端口，目前基本上还是 10 / 100 Mbps 自适应型的为主。同样一般来说这种快速以太网交换机通常所采用的介质也是双绞线，有的快速以太网交换机为了兼顾与其他光传输介质的网络互联，或许会留有少数的光纤接口"SC"。

③ 千兆以太网交换机是用于目前较新的一种网络——千兆以太网中，也有人把这种网络称之为"吉比特（GB）以太网"，那是因为它的带宽可以达到 1000 Mbps。它一般用于一个大型网络的骨干网段，所采用的传输介质有光纤、双绞线两种，对应的接口为"SC"

和"RJ-45"接口两种。

④ 10千兆以太网交换机主要是为了适应当今10千兆以太网络的接入，它一般是用于骨干网段上，采用的传输介质为光纤，其接口方式也就相应为光纤接口。同样这种交换机也称之为"10 G以太网交换机"。

⑤ ATM交换机是用于ATM网络的交换机产品。ATM网络由于其独特的技术特性，现在还只用于电信、邮政网的主干网段，因此其交换机产品在市场上很少看到。在ADSL宽带接入方式中，如果采用PPP OA协议的话，在局端（NSP端）就需要配置ATM交换机。它的传输介质一般采用光纤，接口类型同样一般有两种：以太网RJ-45接口和光纤接口，这两种接口适合于不同类型的网络互联。相对于物美价廉的以太网交换机而言，ATM交换机的价格比较高，在普通局域网中应用很少。

⑥ FDDI技术是在快速以太网技术还没有开发出来之前开发的，它主要是为了解决当时10Mbps以太网和16 Mbps令牌网速度的局限，它的传输速度可达100Mbps。但它当时是采用光纤作为传输介质的，比以双绞线为传输介质的网络成本高很多，所以随着快速以太网技术的成功开发，FDDI技术也就失去了它原有的市场。正因如此，FDDI设备，如FDDI交换机也就比较少见了，FDDI交换机是用于老式中、小型企业的快速数据交换网络中的，它的接口形式都为光纤接口。

⑦ 主流局域网中曾经有一种被称为"令牌环网"的网络。它是由IBM在20世纪70年代开发的，在老式的令牌环网中，数据传输率为4 Mbps或16 Mp/s，新型的快速令牌环网速度可达100 Mps，目前已经标准化了。令牌环网的传输方法在物理上采用星形拓扑结构，在逻辑上采用环形拓扑结构。与之相匹配的交换机产品就是令牌环交换机。由于令牌环网逐渐失去了市场，相应的纯令牌环交换机产品也非常少见。但是在一些交换机中仍留有一些BNC或AUI接口，以方便令牌环网进行连接。

（3）根据交换机应用网络层次划分企业级交换机、校园网交换机、部门级交换机和工作组交换机、桌机型交换机。

① 企业级交换机属于一类高端交换机，一般采用模块化的结构，可作为企业网络骨干构建高速局域网，所以它通常用于企业网络的最顶层。企业级交换机可以提供用户化定制、优先级队列服务和网络安全控制，并能很快适应数据增长和改变的需要，从而满足用户的需求。对于有更多需求的网络，企业级交换机不仅能传送海量数据和控制信息，更具有硬件冗余和软件可伸缩性特点，保证网络的可靠运行。这种交换机从它所处的位置可以清楚地看出它自身的要求非同一般，起码在带宽、传输速率以背板容量上要比一般交换机要高出很多，所以企业级交换机一般都是千兆以上以太网交换机。企业级交换机所采用的端口一般都为光纤接口，这主要是为了保证交换机高的传输速率。那么什么样的交换机可以称之为企业级交换机呢？目前还没有一个明确的标准，通常认为，如果是作为企业的骨干交换机时，能支持500个信息点以上大型企业应用的交换机为企业级交换机。企业交换机还可以接入一个大底盘。这个底盘产品通常支持许多不同类型的组件，比如快速以太网和以太网中继器、FDDI集中器、令牌环MAU和路由器。企业交换机在建设企业级别的网络时非常有用，尤其是对需要支持一些网络技术和以前的系统。基于底盘设备通常有非常强大的管理特征，因此非常适合于企业网络的环境。

② 校园网交换机，这种交换机应用相对较少，主要应用于较大型网络，且一般作为网络的骨干交换机。这种交换机具有快速数据交换能力和全双工能力，可提供容错等智能特

性，还支持扩充选项及第三层交换中的虚拟局域网（VLAN）等多种功能。这种交换机通常用于分散的校园网而得名，其实它不一定要应用校园网络中，只表示它主要应用于物理距离分散的较大型网络中。因为校园网比较分散，传输距离比较长，所以在骨干网段上，这类交换机通常采用光纤或者同轴电缆作为传输介质，交换机当然也就需提供 SC 光纤口和 BNC 或者 AUI 同轴电缆接口。

③ 部门级交换机是面向部门级网络使用的交换机。这类交换机可以是固定配置，也可以是模块配置，一般除了常用的 RJ-45 双绞线接口外，还带有光纤接口。部门级交换机一般具有较为突出的智能型特点，支持基于端口的 VLAN（虚拟局域网），可实现端口管理，可任意采用全双工或半双工传输模式，可对流量进行控制，有网络管理的功能，可通过 PC 机的串口或经过网络对交换机进行配置、监控和测试。如果作为骨干交换机，则一般认为支持 300 个信息点以下中型企业的交换机为部门级交换机。

④ 工作组交换机是传统集线器的理想替代产品，一般为固定配置，配有一定数目的 10Base-T 或 100Base-TX 以太网口。交换机按每一个包中的 MAC 地址相对简单地决策信息转发，这种转发决策一般不考虑包中隐藏的更深的其他信息。与集线器不同的是交换机转发延迟很小，操作接近单个局域网性能，远远超过了普通桥接互联网络之间的转发性能。工作组交换机一般没有网络管理的功能，如果是作为骨干交换机则一般认为支持 100 个信息点以内的交换机为工作组级交换机。

⑤ 桌面型交换机，这是最常见的一种最低档交换机，它区别于其他交换机的一个特点是支持的每端口 MAC 地址很少，通常端口数也较少（12 口以内，但不是绝对），只具备最基本的交换机特性，当然价格也是最便宜的。这类交换机虽然在整个交换机中属最低档的，但是相比集线器来说它还是具有交换机的通用优越性，况且有许多应用环境也只需这些基本的性能，所以它的应用还是相当广泛的。它主要应用于小型企业或中型以上企业办公桌面。在传输速度上，目前桌面型交换机大都提供多个具有 10／100 Mbps 自适应能力的端口。

（4）根据交换机端口结构划分固定端口交换机和模块化交换机。如果按交换机的端口结构来分，交换机大致可分为：固定端口交换机和模块化交换机两种不同的结构。其实还有一种是两者兼顾，那就是在提供基本固定端口的基础之上再配备一定的扩展插槽或模块。

① 固定端口顾名思义就是它所带有的端口是固定的，如果是 8 端口的，就只能有 8 个端口，再不能添加。16 个端口也就只能有 16 个端口，不能再扩展。目前这种固定端口的交换机比较常见，端口数量没有明确的规定，一般的端口标准是 8 端口、16 端口和 24 端口。非标准的端口数主要有：4 端口，5 端口、10 端口、12 端口、20 端口、22 端口和 32 端口等。固定端口交换机虽然相对来说价格便宜一些，但由于它只能提供有限的端口和固定类型的接口，因此，无论从可连接的用户数量上，还是从可使用的传输介质上来讲都具有一定的局限性，但这种交换机在工作组中应用较多，一般适用于小型网络、桌面交换环境。固定端口交换机因其安装架构又分为桌面式交换机和机架式交换机。与集线器相同，机架式交换机更易于管理，更适用于较大规模的网络，它的结构尺寸要符合 19 英寸国际标准，它是用来与其他交换设备或者是路由器、服务器等集中安装在一个机柜中。而桌面式交换机，由于只能提供少量端口且不能安装于机柜内，所以，通常只用于小型网络。

② 模块化交换机虽然在价格上要贵很多，但拥有更大的灵活性和可扩充性，用户可任意选择不同数量、不同速率和不同接口类型的模块，以适应千变万化的网络需求。而且，

模块化交换机大都有很强的容错能力，支持交换模块的冗余备份，并且往往拥有可热插拔的双电源，以保证交换机的电力供应。在选择交换机时，应按照需要和经费综合考虑选择模块化或固定方式。一般来说，企业级交换机应考虑其扩充性、兼容性和排错性，因此，应当选用模块化交换机；而骨干交换机和工作组交换机则由于任务较为单一，故可采用简单明了的固定式交换机。

（5）根据工作协议层划分第二层交换机、第三层交换机和第四层交换机。我们知道网络设备都是对应工作在 OSI／RM（OSI 参考模型）这一开放模型的一定层次上，工作的层次越高，说明其设备的技术性越高，性能也越好，档次也就越高。交换机也一样，随着交换技术的发展，交换机由原来工作在 OSI／RM 的第二层，发展到现在有可以工作在第四的交换机出现，所以根据工作的协议层交换机可分第二层交换机、第三层交换机和第四层交换机。

① 第二层交换机是对应于 OSI／RM 的第二协议层来定义的，因为它只能工作在 OSI／RM 开放体系模型的第二层——数据链路层。第二层交换机依赖于链路层中的信息（如 MAC 地址）完成不同端口数据间的线速交换，主要功能包括物理编址、错误校验、帧序列以及数据流控制。这是最原始的交换技术产品，目前桌面型交换机一般是属于这类型，因为桌面型的交换机一般来说所承担的工作复杂性不是很强，又处于网络的最基层，所以也就只需要提供最基本的数据链接功能即可。目前第二层交换机应用最为普遍（主要是价格便宜，功能符合中、小企业实际应用需求），一般应用于小型企业或中型以上企业网络的桌面层次。

② 第三层同样是对应于 OSI／RM 开放体系模型的第三层——网络层来定义的，也就是说这类交换机可以工作在网络层，它比第二层交换机更加高档，功能更加强。第三层交换机因为工作于 OSI／RM 模型的网络层，所以它具有路由功能，它是将 IP 地址信息提供给网络路径选择，并实现不同网段间数据的线速交换。当网络规模较大时，可以根据特殊应用需求划分为小面独立的 VLAN 网段，以减小广播所造成的影响。通常这类交换机是采用模块化结构，以适应灵活配置的需要。在大中型网络中，第三层交换机已经成为基本配置设备。

③ 第四层交换机是采用第四层交换技术而开发出来的交换机产品，当然它工作于 OSI／RM 模型的第四层，即传输层，直接面对具体应用。第四层交换机支持的协议是各种各样的，如 HTTP、FTP、Telnet、SSL 等。在第四层交换中为每个供搜寻使用的服务器组设立虚 IP 地址（VIP），每组服务器支持某种应用。在域名服务器（DNS）中存储的每个应用服务器地址是 VIP，而不是真实的服务器地址。当某用户申请应用时，一个带有目标服务器组的 VIP 连接请求（例如一个 TCPSYN 包）发给服务器交换机。服务器交换机在组中选取最好的服务器，将终端地址中的 VIP 用实际服务器的 IP 取代,并将连接请求传给服务器。这样，同一区间所有的包由服务器交换机进行映射，在用户和同一服务器间进行传输。第四层交换技术相对原来的第二层、第三层交换技术具有明显的优点，从操作方面来看，第四层交换是稳固的，因为它将包控制在从源端到宿端的区间中。另一方面，路由器或第三层交换，只针对单一的包进行处理，不清楚上一个包从哪来、也不知道下一个包的情况。它们只是检测包报头中的 TCP 端口数字，根据应用建立优先级队列，路由器根据链路和网络可用的节点决定包的路由；而第四层交换机则是在可用的服务器和性能基础上先确定区间。

(6) 根据是否支持网管功能划分网管型交换机和非网管理型交换机。如果按交换机是否支持网络管理功能，我们可以将交换机又可分为"网管型"和"非网管理型"两大类。

网管型交换机的任务就是使所有的网络资源处于良好的状态。网管型交换机产品提供了基于终端控制口（Console）、基于 Web 页面以及支持 Telnet 远程登录网络等多种网络管理方式。因此网络管理人员可以对该交换机的工作状态、网络运行状况进行本地或远程的实时监控，纵观全局地管理所有交换端口的工作状态和工作模式。网管型交换机支持 SNMP 协议，SNMP 协议由一整套简单的网络通信规范组成，可以完成所有基本的网络管理任务，对网络资源的需求量少，具备一些安全机制。SNMP 协议的工作机制非常简单，主要通过各种不同类型的消息，即 PDU（协议数据单位）实现网络信息的交换。但是网管型交换机相对下面所介绍的非网管型交换机来说要贵很多。

网管型交换机采用嵌入式远程监视（RMON）标准用于跟踪流量和会话，对决定网络中的瓶颈和阻塞点是很有效的。软件代理支持 4 个 RMON 组（统计数字、历史、警报和事件），从而增强了流量管理、监视和分析。统计数字是一般网络流量统计；历史是一定时间间隔内网络流量统计；警报可以在预设的网络参数极限值被超过时进行报警；时间代表管理事件。

还有网管型交换机提供基于策略的服务质量（QoS，Quality of service）。策略是指控制交换机行为的规则，网络管理员利用策略为应用流分配带宽、优先级以及控制网络访问，其重点是满足服务水平协议所需的带宽管理策略及向交换机发布策略的方式。在交换机的每个端口处用来表示端口状态、半双工／全双工和 10 BaseT／100 BaseT 的多功能发光二极管（LED）以及表示系统、冗余电源（RPS）和带宽利用率的交换级状态 LED 形成了全面、方便的可视管理系统。目前大多数部门级以下的交换机多数都是非网管型的，只有企业级及少数部门级的交换机支持网管功能。

10.5.3 交换机选用

交换机作为网络连接的主要设备，本身决定了网络的性能和稳定性。随电子政务网络大小不同，网络的结构也有很大的差别，采用的交换机也必须视具体情况而定，但是为了让电子政务网络能承担起大量的网络数据的传输且能持久稳定安全地运行，必须选用能符合条件的性能优异且价格合适的交换机。特别注意以下几点：

（1）注意选用新技术含量高的产品。考虑到交换机传统性能参数，近年交换机出现了很多新技术，有些技术是很有价值的。

（2）背板带宽、二层或三层交换吞吐率。背板带宽、二层或三层交换吞吐率决定着网络的实际性能，不管交换机功能再多，管理再方便，如果实际吞吐量上不去，网络只会变得拥挤不堪。所以这三个参数是最重要的。背板带宽包括交换机端口之间的交换带宽，端口与交换机内部的数据交换带宽和系统内部的数据交换带宽。二层或三层交换吞吐率表现了二层或三层交换的实际吞吐量，这个吞吐量应该大于等于交换机 $\sum$（端口×端口带宽）。背板带宽的计算方法是"背板带宽 ＝ 端口数×2×端口速率"（全双工工作模式下），例如，一台 24 口百兆交换机，其背板带宽应为 $24 \times 2 \times 100$ MB ＝ 4.8 GB。如果一台交换机的交换能力大于通过以上公式所计算出的带宽，一般情况下该交换机配置有扩展槽，多余的交换能力是为扩展模块所准备的。

（3）VLAN 类型和数量，如果一个交换机支持更多的 VLAN 类型和数量将更加方便地进行网络拓扑的设计与实现。

（4）TRUNKING，目前交换机都支持这个功能，在实际应用中还不太广泛，所以个人认为只要支持此功能即可，并不要求提供最大多少条线路的绑定。

（5）交换机端口数量及类型，不同的应用有不同的需要，应视具体情况而定。

（6）支持网络管理的协议和方法。需要交换机提供更加方便和集中式的管理。

（7）QoS、802.1q 优先级控制、802.1X、802.3X 的支持，这些都是交换机发展的方向，这些功能能提供更好的网络流量控制和用户的管理，应该考虑采购支持这些功能的交换机。

（8）堆叠的支持，当用户量提高后，堆叠就显得非常重要了。一般公司扩展交换机端口的方法为一台主交换机各端口下连接分交换机，这样分交换机与主交换机的最大数据传输速率只有 100 M，极大得影响了交换性能。如果能采用堆叠模式，其以 G 为单位得带宽将发挥出巨大的作用。主要参数有堆叠数量、堆叠方式、堆叠带宽等。

（9）交换机的交换缓存和端口缓存、主存、转发延时等也是相当重要的参数。

（10）对于三层交换机来说，802.1d 生产树也是一个重要的参数，这个功能可以让交换机学习到网络结构，对网络的性能也有很大的帮助。

（11）三层交换机还有一些重要的参数，如启动其他功能时二/三是否保持线速转发、路由表大小、访问控制列表大小、对路由协议的支持情况、对组播协议的支持情况、包过滤方法、机器扩展能力等都是值得考虑的参数，应根据实际情况考察。

10.6 路由器的选购与管理

10.6.1 什么是路由器

所谓"路由"，是指把数据从一个地方传送到另一个地方的行为和动作，而路由器，正是执行这种行为动作的机器，它的英文名称为 Router，是一种连接多个网络或网段的网络设备，它能将不同网络或网段之间的数据信息进行"翻译"，以使它们能够相互"读懂"对方的数据，从而构成一个更大的网络。因此，路由器是一种连接多个网络或网段的网络设备，或者说，路由器（Router）是工作在 OSI 第三层（网络层）上、具有连接不同类型网络的能力并能够选择数据传送路径的网络设备。

路由器的一个作用是连通不同的网络，另一个作用是选择信息传送的线路。选择通畅快捷的近路，能大大提高通信速度，减轻网络系统通信负荷，节约网络系统资源，提高网络系统畅通率，从而让网络系统发挥出更大的效益来。因此，路由器是互联网络的枢纽、"交通警察"。目前路由器已经广泛应用于各行各业，各种不同档次的产品已经成为实现各种骨干网内部连接、骨干网间互联和骨干网与互联网互联互通业务的主力军。

从过滤网络流量的角度来看，路由器的作用与交换机和网桥非常相似。但是与工作在网络物理层，从物理上划分网段的交换机不同，路由器使用专门的软件协议从逻辑上对整个网络进行划分。例如，一台支持 IP 协议的路由器可以把网络划分成多个子网段，只有指向特殊 IP 地址的网络流量才可以通过路由器。对于每一个接收到的数据包，路由器都会重新计算其校验值，并写入新的物理地址。因此，使用路由器转发和过滤数据的速度往往要比只查看数据包物理地址的交换机慢。但是，对于那些结构复杂的网络，使用路由器可以提高网络的整体效率。路由器的另外一个明显优势就是可以自动过滤网络广播。从总体上说，在网络中添加路由器的整个安装过程要比即插即用的交换机复杂很多。

简单的讲，路由器主要有以下几种功能：第一，网络互连，路由器支持各种局域网和广域网接口，主要用于互连局域网和广域网，实现不同网络互相通信；第二，数据处理，提供包括分组过滤、分组转发、优先级、复用、加密、压缩和防火墙等功能；第三，网络管理，路由器提供包括配置管理、性能管理、容错管理和流量控制等功能。

路由器与网桥的差别：路由器在网络层提供连接服务，用路由器连接的网络可以使用在数据链路层和物理层完全不同的协议。由于路由器操作的 OSI 层次比网桥高，所以，路由器提供的服务更为完善。路由器可根据传输费用、转接时延、网络拥塞或信源和终点间的距离来选择最佳路径。路由器的服务通常要由端用户设备明确地请求，它处理的仅仅是由其他端用户设备要求寻址的报文。路由器与网桥的另一个重要差别是，路由器了解整个网络，维持互连网络的拓扑，了解网络的状态，因而可使用最有效的路径发送包。网桥和路由器之间功能上的差别经常很模糊。由于网桥变得越来越复杂，它们现在能处理一些以前由路由器处理的日常杂务，这样使很多路由器失了业。执行路由功能的网桥有时也称为网桥路由器。

10.6.2　路由器分类

路由器产品，按照不同的划分标准有多种类型。常见的分类有以下几种：

（1）按性能档次分为高、中、低档路由器。通常将路由器吞吐量大于 40 Gbps 的路由器称为高档路由器，背吞吐量在 25 Gbps~40 Gbps 之间的路由器称为中档路由器，而将低于 25 Gbps 的看作低档路由器。当然这只是一种宏观上的划分标准，各厂家划分并不完全一致，实际上路由器档次的划分不仅是以吞吐量为依据，有一个综合指标。以市场占有率最大的 Cisco 公司为例，12000 系列为高端路由器，7500 以下系列路由器为中低端路由器。

（2）接结构分为"模块化路由器"和"非模块化路由器"。模块化结构可以灵活地配置路由器，以适应企业不断增加的业务需求，非模块化的就只能提供固定的端口。通常中高端路由器为模块化结构，低端路由器为非模块化结构。

（3）接功能划分，可将路由器分为"骨干级路由器"、"企业级路由器"、"接入级路由器"和"太比特路由器"。

① 骨干级路由器是实现企业级网络互连的关键设备，它数据吞吐量较大，非常重要。对骨干级路由器的基本性能要求是高速度和高可靠性。为了获得高可靠性，网络系统普遍采用诸如热备份、双电源、双数据通路等传统冗余技术，从而使得骨干路由器的可靠性一般不成问题。

② 企业级路由器连接许多终端系统，连接对象较多，但系统相对简单，且数据流量较小，对这类路由器的要求是以尽量便宜的方法实现尽可能多的端点互连，同时还要求能够支持不同的服务质量。

③ 接入级路由器主要应用于连接家庭或 ISP 内的小型企业客户群体。按所处网络位置划分通常把路由器划分为"边界路由器"和"中间节点路由器"。很明显"边界路由器"是

处于网络边缘，用于不同网络路由器的连接；而"中间节点路由器"则处于网络的中间，通常用于连接不同网络，起到一个数据转发的桥梁作用。由于各自所处的网络位置有所不同，其主要性能也就有相应的侧重，如中间节点路由器因此要面对各种各样的网络。依靠的这些中间节点路由器的 MAC 地址记忆功能就可以识别这些网络中的各节点。基于上述原因，选择中间节点路由器时就需要更加注重 MAC 地址记忆功能，也就是要求选择缓存更大，MAC 地址记忆能力较强的路由器。但是边界路由器由于它可能要同时接受来自许多不同网络路由器的数据，所以这就要求这种边界路由器的背板带宽要足够宽，当然这也要由边界路由器所处的网络环境而定。

④ 在未来核心互联网使用的三种主要技术中，光纤和 DWDM 都已经是很成熟的并且是现成的技术。如果没有与现有的光纤技术和 DWDM 技术提供的原始带宽对应的路由器，新的网络基础设施将无法从根本上得到性能的改善，因此开发高性能的骨干交换/路由器（太比特路由器）已经成为一项迫切的要求。

（4）从性能上可分为"线速路由器"以及"非线速路由器"。所谓"线速路由器"就是完全可以按传输介质带宽进行通畅传输，基本上没有间断和延时。通常线速路由器是高端路由器，具有非常高的端口带宽和数据转发能力，能以媒体速率转发数据包；中低端路由器是非线速路由器。但是一些新的宽带接入路由器也有线速转发能力。

10.6.3 路由器的选用

选择路由器和选择电脑是一个道理，首先要看硬件。

（1）硬件是路由器运行的基础，硬件型号好，质量高，路由器不但功能稳定，而且可进行功能的扩展。例如理论上，每台接入路由器能带动 253 台 PC 机共享一个 IP 地址，但实际上每个 IP 地址只能支持 10 至 30 台 PC 机，而且功能不够稳定。一般中上档次的接入路由器可支持 100 台 PC 机，且除了 IP 共享和路由功能外还具有防火墙、时间管理、DMZ 等功能。路由器的硬件包括处理器、内存、闪存、广域网口、局域网口。大容量的内存和闪存为路由器功能的扩展提供了平台。路由器的局域网口分集线器口、交换口和集连口，一般集线器口允许的传输速度为 10 Mbps，宽带路由器的连接速度可达到 100 Mbps，集连口不但传输速度高，而且组网方便。路由器的局域网口分集线器口、交换口和集连口，一般集线器口允许的传输速以 Any-gate 路由器为例，采用 ARM7 的 CPU，具有 1M 的闪存，8M 的内存，4 个交换口，1 个集连口。配备精良的硬件使 Any-gate 能带动 100 台 PC 机快速遨游于网络。

（2）看路由器的安全设置。由于路由器是网络中比较关键的设备，针对网络存在的各种安全隐患，路由器必须具有如下的安全特性：

① 可靠性与线路安全。可靠性要求是针对故障恢复和负载能力而提出来的。对于路由器来说，可靠性主要体现在接口故障和网络流量增大两种情况下，为此，备份是路由器不可或缺的手段之一。当主接口出现故障时，备份接口自动投入工作，保证网络的正常运行。当网络流量增大时，备份接口又可承当负载分担的任务。

② 身份认证。路由器中的身份认证主要包括访问路由器时的身份认证、对端路由器的身份认证和路由信息的身份认证。

③ 访问控制。对于路由器的访问控制，需要进行口令的分级保护。有基于 IP 地址的

访问控制和基于用户的访问控制。

④ 信息隐藏。与对端通信时，不一定需要用真实身份进行通信。通过地址转换，可以做到隐藏网内地址，只以公共地址的方式访问外部网络。除了由内部网络首先发起的连接，网外用户不能通过地址转换直接访问网内资源。

⑤ 数据加密、攻击探测和防范、安全管理。

（3）看配置软件与广展情况。路由器的控制软件是路由器发挥功能的一个关键环节。从软件的安装、参数自动设置，到软件版本的升级都是必不可少的。软件安装、参数设置及调试越方便，用户使用时就越容易掌握，就能更好地应用。随着计算机网络应用的逐渐增加，现有的网络规模有可能不能满足实际需要，会产生扩大网络规模的需求，因此扩展能力是一个网络在设计和建设过程中必须要考虑的。扩展能力的大小主要看路由器支持的扩展槽数目或者扩展端口数目。在我们安装、调试、检修和维护或者扩展计算机网络的过程中，免不了要给网络中增减设备，也就是说可能会要插拔网络部件。那么路由器能否支持带电插拔，是路由器的一个重要的性能指标。

（4）看外型。如果网络已完成楼宇级的综合布线，工程要求网络设备上机式集中管理，应选择 19 英寸宽的机架式路由器，如 Cisco2509、华为 2501（配置同 Cisco2501）。如果没有上述需求，桌面型的路由器如 Intel 的 8100 和 Cisco 的 1600 系列，具有更高的性能价格比。

（5）看协议。由于最初局域网并没先出标准后出产品，所以很多厂商如 Apple 和 IBM 都提出了自己的标准，产生了如 AppleTalk 和 IBM 协议，Novell 公司的网络操作系统运行 IPX/SPX 协议，在连接这些异构网络时需要路由器对这些协议提供支持。Intel 9100 系列和 9200 系列的路由器可提供免费支持，3Com 的系列路由产品也提供较广泛的协议支持。

路由器作为网络设备中的"黑匣子"，工作在后台。用户选择路由器时，多从技术角度来考虑，如可延展性、路由协议互操作性、广域数据服务支持、内部 ATM 支持、SAN 集成能力等。另外，选择路由器还应遵循如下基本原则：即标准化原则、技术简单性原则、环境适应性原则、可管理性原则和容错冗余性原则。对于高端路由器，更多的还应该考虑是否和如何适应骨干网对网络高可靠性、接口高扩展性以及路由查找和数据转发的高性能要求。高可靠性、高扩展性和高性能的"三高"特性是高端路由器区别于中、低端路由器的关键所在。

10.7　中继器和网桥的选购与管理

10.7.1　中继器的概念与选用

中继器（Repeater）工作于 OSI 的物理层，是局域网上所有节点的中心，它的作用是放大信号，补偿信号衰减，支持远距离的通信。

中继器的设计目的是把网络信号放大，以使它们传输得更远。由于传输线路噪声的影响，承载信息的数字信号或模拟信号只能传输有限的距离，中继器的功能是对接收信号进行再生和发送，从而增加信号传输的距离。它是最简单的网络互连设备，连接同一个网络的两个或多个网段。如以太网常常利用中继器扩展总线的电缆长度，标准细缆以太网的每段长度最大 185 米，最多可有 5 段，但增加中继器后，最大网络电缆长度则可提高到 925 米。一般来说，中继器两端的网络部分是网段，而不是子网。

中继器可以连接两局域网的电缆，重新定时并再生电缆上的数字信号，然后发送出去，这些功能是 ISO 模型中第一层——物理层的典型功能。中继器的作用是增加局域网的覆盖区域，例如，以太网标准规定单段信号传输电缆的最大长度为 500 米，但利用中继器连接 4 段电缆后，以太网中信号传输电缆最长可达 2000 米。有些品牌的中继器可以连接不同物理介质的电缆段，如细同轴电缆和光缆。中继器只将任何电缆段上的数据发送到另一段电缆上，并不管数据中是否有错误数据或不适于网段的数据。

现在已经有无线中继器（户外中继产品）。选用户外中继产品要注意以下几点：一般包括一个低噪音前置放大接收器和一个用于传输数据的功率放大器。双向放大器可大大增加户外的操作链接覆盖范围和性能；通过部署具有内置定向天线的系统，能更好地对准期望覆盖的区域，同时又可限制不需要的射频溢出；为户外使用而进行优化的支持 802.11 MAC 层服务的系统可提供更好的总体性能；有适于户外的外壳组件，该系统部件外壳必须能承受更大的气温变化，这样系统就不会由于气候条件恶劣而失灵。

使用中继器能扩展网络的覆盖范围，但要注意两个问题。一是使用中继器，会影响带宽。中继器必须在同一个信道上接收和转发帧，这意味着你的带宽实际上分成了两半。尽管范围比带宽更重要，但是较远距离的客户端的传输速率将会低至 1Mbps。二是无线路径越长，失灵机率越高。一些中继器只有一个全向天线时，而一些接入点（能进入中继器模式）则具有两个天线分集。如果你希望使用较高增益的天线来扩展范围，无论如何要使用多路全向天线而非定向天线。因为在使用分集式天线系统的情况下，每次只能有一个天线工作，因此当传输繁忙时它不会从相反的方向传输，导致干扰和再传输问题。使用多路中继器一般来说效果不好。从理论上讲中继器的使用是无限的，网络也因此可以无限延长。事实上这是不可能的，因为网络标准中都对信号的延迟范围作了具体的规定，中继器只能在此规定范围内进行有效的工作，否则会引起网络故障。以太网络标准中就约定了一个以太网上只允许出现 5 个网段，最多使用 4 个中继器，而且其中只有 3 个网段可以连接网络，2 个网段只有用来扩充不能用来连接网络，从而组成 1 个计算网络。另外，中继器一般提供的是一个 10Mdps 的以太网络。

10.7.2 网桥的概念与选用

网桥（Bridge）像一个聪明的中继器。中继器从一个网络电缆里接收信号，放大它们，将其送入下一个电缆。它们毫无目的的这么做，对它们所转发消息的内容毫不在意。相比较而言，网桥对从关卡上传下来的信息更敏锐一些。

网桥将两个相似的网络连接起来，并对网络数据的流通进行管理。它工作于数据链路层，不但能扩展网络的距离或范围，而且可提高网络的性能、可靠性和安全性。网络 1 和网络 2 通过网桥连接后，网桥接收网络 1 发送的数据包，检查数据包中的地址，如果地址属于网络 1，它就将其放弃，相反，如果是网络 2 的地址，它就继续发送给网络 2。这样可利用网桥隔离信息，将网络划分成多个网段，隔离出安全网段，防止其他网段内的用户非法访问。由于网络的分段，各网段相对独立，一个网段的故障不会影响到另一个网段的运行。

网桥有在不同网段之间再生信号的功能，它可以有效地联接两个 LAN，使本地通信限制在本网段内,并转发相应的信号至另一网段,网桥通常用于联接数量不多的、同一类型的网段。

网桥工作在数据链路层,将两个局域网(LAN)连起来,根据 MAC 地址(物理地址)来转发帧,可以看作一个"低层的路由器"(路由器工作在网络层,根据网络地址如 IP 地址进行转发)。它可以有效地联接两个 LAN,使本地通信限制在本网段内,并转发相应的信号至另一网段,网桥通常用于联接数量不多的、同一类型的网段。

网桥可以是专门硬件设备,也可以由计算机加装的网桥软件来实现,这时计算机上会安装多个网络适配器(网卡)。

网桥的功能是:网桥的功能在延长网络跨度上类似于中继器,然而它能提供智能化连接服务,即根据帧的终点地址处于哪一网段来进行转发和滤除。网桥对站点所处网段的了解是靠"自学习"实现的。

当使用网桥连接两段 LAN 时,网桥对来自网段 1 的 MAC 帧,首先要检查其终点地址。如果该帧是发往网段 1 上某一站的,网桥则不将帧转发到网段 2,而将其滤除;如果该帧是发往网段 2 上某一站的,网桥则将它转发到网段 2。这表明,如果 LAN 1 和 LAN 2 上各有一对用户在本网段上同时进行通信,显然是可以实现的。因为网桥起到了隔离作用。可以看出,网桥在一定条件下具有增加网络带宽的作用。

网桥的存储和转发功能与中继器相比有优点也有缺点,其优点是:使用网桥进行互连克服了物理限制,这意味着构成 LAN 的数据站总数和网段数很容易扩充。网桥纳入存储和转发功能可使其适应于连接使用不同 MAC 协议的两个 LAN。因而构成一个不同 LAN 混连在一起的混合网络环境。网桥的中继功能仅仅依赖于 MAC 帧的地址,因而对高层协议完全透明。网桥将一个较大的 LAN 分成段,有利于改善可靠性、可用性和安全性。网桥的主要缺点是:由于网桥在执行转发前先接收帧并进行缓冲,与中继器相比会引入更多时延。由于网桥不提供流控功能,因此在流量较大时有可能使其过载,从而造成帧的丢失。不过,从总体看,网桥的优点还是多于缺点。

网桥通常有透明网桥和源路由选择网桥两大类:

(1)使用透明网桥,不需要改动硬件和软件,无需设置地址开关,无需装入路由表或参数。只须插入电缆就可以,现有 LAN 的运行完全不受网桥的任何影响。

(2)源路由选择的核心思想是假定每个帧的发送者都知道接收者是否在同一局域网(LAN)上。当发送一帧到另外的网段时,源机器将目的地址的高位设置成 1 作为标记。同时,它还在帧头加进此帧应走的实际路径,这种情况叫源路由选择网桥,

网桥和路由器作为同是连接两个网络间的设备,有相似之处,但本质上是不同的。其中网桥(Bridge)又叫桥接器,它是一种在链路层实现局域网互连的存储转发设备。网桥从一个局域网接收 MAC 帧,拆封、校对、校验之后,按另一个局域网的格式重新组装,发往它的物理层。由于网桥是链路层设备,因此不处理数据链路层以上层次协议所加的报头。而路由器(Router)也称之为路径选择器,是在网络层实现互连的设备。它比网桥更加复杂,也具有更大的灵活性。由于路由器具有更强的不同网间的互连能力,所以其连接对象包括局域网和广域网等多种类型网络。二者的不同主要体现在三个方面:一是网桥是第二层的设备,而路由器是第三层的设备;二是网桥只能连接两个相同的网络,而路由器可以连接不同网络;三是网桥不隔离广播,而路由器可以隔离广播。

10.8 防火墙的选购与管理

10.8.1 防火墙的特征

(1) 内部网络和外部网络之间的所有网络数据流都必须经过防火墙。这是防火墙所处网络位置特性，同时也是一个前提。因为只有当防火墙是内、外部网络之间通信的惟一通道，才可以全面、有效地保护企业网部网络不受侵害。根据美国国家安全局制定的《信息保障技术框架》，防火墙适用于用户网络系统的边界，属于用户网络边界的安全保护设备。所谓网络边界即是采用不同安全策略的两个网络连接处，比如用户网络和互联网之间连接、和其他业务往来单位的网络连接、用户内部网络不同部门之间的连接等。防火墙的目的就是在网络连接之间建立一个安全控制点，通过允许、拒绝或重新定向经过防火墙的数据流，实现对进、出内部网络的服务和访问的审计和控制。

(2) 只有符合安全策略的数据流才能通过防火墙。防火墙最基本的功能是确保网络流量的合法性，并在此前提下将网络的流量快速的从一条链路转发到另外的链路上去。从最早的防火墙模型开始谈起，原始的防火墙是一台"双穴主机"，即具备两个网络接口，同时拥有两个网络层地址。防火墙将网络上的流量通过相应的网络接口接收上来，按照 OSI 协议的七层结构顺序上传，在适当的协议层进行访问规则和安全审查，然后将符合通过条件的报文从相应的网络接口送出，而对于那些不符合通过条件的报文则予以阻断。因此，从这个角度上来说，防火墙是一个类似于桥接或路由器的、多端口的（网络接口≥2）转发设备，它跨接于多个分离的物理网段之间，并在报文转发过程之中完成对报文的审查工作。

(3) 防火墙自身应具有非常强的抗攻击免疫力。这是防火墙之所以能担当企业内部网络安全防护重任的先决条件。防火墙处于网络边缘，它就像一个边界卫士一样，每时每刻都要面对黑客的入侵，这样就要求防火墙自身要具有非常强的抗击入侵本领。它之所以具有这么强的本领防火墙操作系统本身是关键，只有自身具有完整信任关系的操作系统才可以谈论系统的安全性。其次就是防火墙自身具有非常低的服务功能，除了专门的防火墙嵌入系统外，再没有其他应用程序在防火墙上运行。当然这些安全性也只能说是相对的。

10.8.2 防火墙类型

目前市场的防火墙产品非常之多，划分的标准也比较杂。大致分为以下几类：

(1) 从软、硬件形式上分为软件防火墙、硬件防火墙和芯片级防火墙

① 软件防火墙运行于特定的计算机上，它需要客户预先安装好的计算机操作系统的支持，一般来说这台计算机就是整个网络的网关。俗称"个人防火墙"。软件防火墙就像其他的软件产品一样需要先在计算机上安装并做好配置才可以使用。防火墙厂商中做网络版软件防火墙最出名的莫过于 Checkpoint。使用这类防火墙，需要网管对所工作的操作系统平台比较熟悉。

② 硬件防火墙是指"所谓的硬件防火墙"。之所以加上"所谓"二字是针对芯片级防火墙来说的。它们最大的差别在于是否基于专用的硬件平台。目前市场上大多数防火墙都是这种所谓的硬件防火墙，他们都基于 PC 架构，就是说，它们和普通的家庭用的 PC 没有

太大区别。在这些 PC 架构计算机上运行一些经过裁剪和简化的操作系统,最常用的有老版本的 Unix、Linux 和 Free BSD 系统。值得注意的是,由于此类防火墙采用的依然是别人的内核,因此依然会受到 OS(操作系统)本身的安全性影响。传统硬件防火墙一般至少应具备三个端口,分别接内网、外网和 DMZ 区(非军事化区),现在一些新的硬件防火墙往往扩展了端口,常见四端口防火墙一般将第四个端口作为配置口、管理端口。很多防火墙还可以进一步扩展端口数目。

③ 芯片级防火墙基于专门的硬件平台,没有操作系统。专有的 ASIC 芯片促使它们比其他种类的防火墙速度更快,处理能力更强,性能更高。做这类防火墙最出名的厂商有 Net-Screen、FortiNet、Cisco 等。这类防火墙由于是专用 OS(操作系统),因此防火墙本身的漏洞比较少,不过价格相对比较高昂。

(2) 从防火墙技术分为包过滤型和应用代理型两大类

① 包过滤型防火墙工作在 OSI 网络参考模型的网络层和传输层,它根据数据包头源地址、目的地址、端口号和协议类型等标志确定是否允许通过。只有满足过滤条件的数据包才被转发到相应的目的地,其余数据包则被从数据流中丢弃。包过滤方式是一种通用、廉价和有效的安全手段。之所以通用,是因为它不是针对各个具体的网络服务采取特殊的处理方式,适用于所有网络服务;之所以廉价,是因为大多数路由器都提供数据包过滤功能,所以这类防火墙多数是由路由器集成的;之所以有效,是因为它能很大程度上满足绝大多数企业安全要求。在整个防火墙技术的发展过程中,包过滤技术出现了两种不同版本,称为"第一代静态包过滤"和"第二代动态包过滤"。

② 应用代理型防火墙是工作在 OSI 的最高层,即应用层。其特点是完全"阻隔"了网络通信流,通过对每种应用服务编制专门的代理程序,实现监视和控制应用层通信流的作用。在代理型防火墙技术的发展过程中,它也经历了两个不同的版本,即:第一代应用网关型代理防火墙和第二代自适应代理防火墙。

(3) 按防火墙结构分为单一主机防火墙、路由器集成式防火墙和分布式防火墙三种。

① 单一主机防火墙是最为传统的防火墙,独立于其他网络设备,它位于网络边界。这种防火墙其实与一台计算机结构差不多,同样包括 CPU、内存、硬盘等基本组件,当然主板更是不能少,且主板上也有南、北桥芯片。它与一般计算机最主要的区别就是一般防火墙都集成了两个以上的以太网卡,因为它需要连接一个以上的内、外部网络。其中的硬盘就是用来存储防火墙所用的基本程序,如包过滤程序和代理服务器程序等,有的防火墙还把日志记录也记录在此硬盘上。虽然如此,但我们不能说它就与我们平常的 PC 机一样,因为它的工作性质,决定了它要具备非常高的稳定性、实用性,具备非常高的系统吞吐性能。正因如此,看似与 PC 机差不多的配置,价格相差甚远。

② 随着防火墙技术的发展及应用需求的提高,原来作为单一主机的防火墙现在已发生了许多变化。最明显的变化就是现在许多中、高档的路由器中已集成了防火墙功能,还有的防火墙已不再是一个独立的硬件实体,而是由多个软、硬件组成的系统,这种防火墙,俗称"分布式防火墙"。原来单一主机的防火墙由于价格非常昂贵,仅有少数大型企业才能承受得起,为了降低企业网络投资,现在许多中、高档路由器中集成了防火墙功能。如 Cisco IOS 防火墙系列。但这种防火墙通常是较低级的包过滤型。这样企业就不用再同时购买路由器和防火墙,大大降低了网络设备购买成本。

③ 分布式防火墙再也不是只是位于网络边界,而是渗透于网络的每一台主机,对整个

内部网络的主机实施保护。在网络服务器中，通常会安装一个用于防火墙系统管理软件，在服务器及各主机上安装有集成网卡功能的 PCI 防火墙卡，这样一块防火墙卡同时兼有网卡和防火墙的双重功能。这样一个防火墙系统就可以彻底保护内部网络。各主机把任何其他主机发送的通信连接都视为"不可信"的，都需要严格过滤。而不是传统边界防火墙那样，仅对外部网络发出的通信请求"不信任"。

（4）按防火墙的应用部署位置分为边界防火墙、个人防火墙和混合防火墙三大类：

① 边界防火墙是最为传统的那种，它们位于内、外部网络的边界，所起的作用是对内、外部网络实施隔离，保护边界内部网络。这类防火墙一般都是硬件类型的，价格较贵，性能较好。

② 个人防火墙安装于单台主机中，防护的也只是单台主机。这类防火墙应用于广大的个人用户，通常为软件防火墙，价格最便宜，性能也最差。

③ 混合式防火墙可以说就是"分布式防火墙"或者"嵌入式防火墙"，它是一整套防火墙系统，由若干个软、硬件组件组成，分布于内、外部网络边界和内部各主机之间，既对内、外部网络之间通信进行过滤，又对网络内部各主机间的通信进行过滤。它属于最新的防火墙技术之一，性能最好，价格也最贵。

（5）按防火墙性能分为百兆级防火墙和千兆级防火墙两类。因为防火墙通常位于网络边界，所以不可能只是十兆级的。这主要是指防火墙的通道带宽（Bandwidth），或者说是吞吐率。当然通道带宽越宽，性能越高，这样的防火墙因包过滤或应用代理所产生的延时也越小，对整个网络通信性能的影响也就越小。

10.8.3 防火墙选用

目前国内的防火墙几乎被国外的品牌占据了一半的市场，国外品牌的优势主要是在技术和知名度上比国内产品高。而国内防火墙厂商对国内用户了解更加透彻，价格上也更具有优势。防火墙产品中，国外主流厂商为思科（Cisco）、Check Point、Net Screen 等，国内主流厂商为东软、天融信、联想、方正等，它们都提供不同级别的防火墙产品。选用防火墙主要注意以下几点：

（1）理性选购。选购防火墙前，应先认真制定安全政策，也就是要制定一个周密计划。在选购防火墙时首先要考虑的就是安全性和性能是否强大、可否升级等，同时，售后服务的好坏也是值得考虑的因素。必须对防火墙的性能有所了解，哪些性能是网络安全中必备的，哪些是防火墙厂商推出的"概念秀"，购买前一定要分析清楚，避免上当。看清厂商推荐的防火墙是否有国家相关权威部门的认证和销售许可也是相当重要的。这些认证包括公安部和信息产业部的销售许可、国家测评中心的认证等，只有具有国家行业准入资格的产品才是值得信赖的。

（2）注重技术选择。辨别一款防火墙性能的优劣，可以参考国际标准 RFC 2544，主要包括的方面是：网络吞吐量、丢包率、延迟、连接数等，其中吞吐量是重中之重。同时要注重以下因素：

① 在模式选择方面有明确认识。目前防火墙的模式主要有 3 种：Dual-homed、Screened-host 和 Screened-subnet。

- Dual-homed（也叫做 Bastion host）模式最简单，也最不安全。由于结构简单，因此成本低，没有增加网络安全的自我防卫能力，往往是黑客攻击的首选目标，一旦被攻破，整个网络也就暴露，根本谈不上安全。
- Screened-host 模式主要依赖 Screening router 和 Bastion host 两种方式传输，只要有一个存在不足或者出现失败，整个网络就会暴露，也谈不上很安全。
- Screened-subnet 则包含两个 Screening router 和两个 Bastion host，这种结构安全性好，只有当所有安全单元被破坏后，网络才被暴露，但是成本也很昂贵。

② 安装和配置适用。如果防火墙安装和配置比较麻烦，会给用户带来不便，增加工作的难度。目前在市场上，有些防火墙只能在透明方式下或者网关方式下工作，而另外一些防火墙则可以在混合方式下工作。一般能工作于混合方式的防火墙更具方便性。

③ 有较强的扩展性。选购防火墙时还得考虑其可扩展性。好的防火墙的功能应该能够适应网络规模和安全策略的变化。如果选购的防火墙具有随意伸缩的模块化解决方案，包括从最基本的包过滤器到带加密功能的 VPN 型包过滤器，直至一个独立的应用网关，这样才能让用户真正被保护起来。目前的防火墙一般标配 3 个网络接口，分别用于连接外部网、内部网和 SSN。用户在购买防火墙时必须弄清楚是否可以增加网络接口，因为有些防火墙无法扩展。

④ 注意兼容性。防火墙的加入不能影响已有业务工作的开展，如视频会议、IP 电话等，防火墙产品不应该与这些产品、服务产生冲突。

（3）市场混乱，看清品牌。目前在整个硬件防火墙市场中还是品牌机占主导地位。就全球而言，销售量排名第一的是 Net Screen。而在国内的防火墙产品中主要品牌有如下几种：联想、瑞星、天融信、天网安等。不过，现今防火墙市场鱼龙混杂，很多不知名的小厂商生产出的防火墙打着"硬件"、"高性能"的幌子蒙骗消费者，所以购买前一定要谨慎选择。

（4）注意安全测试。防火墙一旦选购回来后，最好立刻进行安全测试。这对于验证防火墙的安全性能是很有必要的，也直接验证了某些奸商话语的可靠性，当然今后防火墙的维护中也要进行不定期的测试。总得说来，在以下三种情况下应该对购买的防火墙进行测试：安装之后，测试工作是否正常；在网络发生大的变更后，测试其性能；周期性地对防火墙进行测试，以确保其继续正常工作。在地方政务网站中，由于一般网络环境变化不大，情况相对比较稳定，往往会忽略对防火墙的周期性测试这其实是很危险的。

（5）注意未来发展。未来的防火墙也不应再是单纯的软件或者硬件防火墙，它应该是架构在硬软之间的一套复杂的安全系统。这类防火墙其实就是将通常意义上的软件防火墙安装在一个标准工业化的服务器上，通过软、硬结合得到一个完整的防火墙安全解决方案。它最大的特点就是具有软件防火墙与硬件防火墙的双重优点。因此采购的时候应考虑到产品与另外的防火墙体系（硬件/软件）整合的前景。

10.9 其他网络设备的选购与管理

10.9.1 Modem

Modem（调制解调器）是 Modulator / Demodulator（调制器/解调器）的缩写。它是

在发送端通过调制将数字信号转换为模拟信号，而在接收端通过解调再将模拟信号转换为数字信号的一种装置。

计算机内的信息是由"0"和"1"组成数字信号，而在电话线上传递的却只能是模拟电信号。于是，当两台计算机要通过电话线进行数据传输时（比如我们拨号上网），就需要一个设备负责数模的转换。这个数模转换器就是 Modem。计算机在发送数据时，先由 Modem 把数字信号转换为相应的模拟信号，这个过程称为"调制"。经过调制的信号通过电话载波传送到另一台计算机之前，也要经由接收方的 Modem 负责把模拟信号还原为计算机能识别的数字信号，这个过程称为"解调"。正是通过这样一个"调制"与"解调"的数模转换过程，从而实现了两台计算机之间的远程通讯。

最常见的 Modem 就是通过电话线拨号方式上网的调制解调器。这种上网方式对 ISP 和上网者而言初期投资比较少，无需改造线路，安装也比较简单，因此早期上网基本都采用这种方式。随着宽带网络的流行，更多的高速 Modem（也称之为基 Modem）会越来越多的进入人们的生活。

按硬件安装方式分为内置式 Modem、外置式 Modem、PCMCIA Modem 三种：

（1）内置式 Modem。内置式 Modem 和普通的计算机插卡一样，通常也被称为传真卡（FAX 卡）内置 Modem 通常有两个接口，一个标明"Line"的字样，用来接电话线；另一个标明"Phone"的字样，用来接电话机。

（2）外置式 Modem。外置式 Modem 通常有串口 Modem 和 USB 接口 Modem 之分。串口 Modem，多为 25 针的 RS 232 接口，用来和计算机的 RS232 口（串口）相连。标有"Line"的接口接电话线，标有"Phone"的接电话机。不同的 MODEM 外形不同，但这些接口都是类似的。除此之外，外置 Modem 通常带有一个变压器，为其提供直流电源。USB 接口 Modem 只需将其接在主机的 USB 接口就可以，支持即插即用，这比内置 Modem 和外置式 Modem 在安装上都具有优越性。

（3）PCMCIA Modem。PCMCIA 卡式 Modem 是笔记本电脑专用产品。功能同普通 Modem 相同。

按技术（芯片功能）分，则可以分为硬 Modem、软 Modem、半软 Modem、AMR 几种：

（1）硬 Modem。Modem 在核心结构上主要由负责 Modem 指令控制的处理器及负责 Modem 底层算法的数据泵组成，而硬 Modem 指的就是把这两部分都做在了卡上，这样做的好处是 Modem 不需要占用系统资源，缺点是成本提高了，价格自然也就贵了。所有老式 ISA 接口的 Modem 以及接串口的外置 Modem 都是硬 Modem（USB 的不是）。

（2）软 Modem。所谓软 Modem 就是指把处理器和数据泵都省掉了，通过软件控制交给 CPU 来完成，这样做的好处是减少了 Modem 电路板上的电子元件，从而大大降低成本。不过这样一来 CPU 的负担就加重了，一些主频比较低的 CPU 可能会导致连接速度降低，一般 300 MHZ 以上的 CPU 不会有问题。

（3）半软 Modem。这是一种介乎于以上两种 Modem 之间的半软 Modem，之所以称它为"半软"是因为这种 Modem 没有处理器却具备数据泵，底层算法仍然由 Modem 来完成，而指令控制就交给 CPU 了，这样一来成本与软 Modem 相比增加得不太多，也能少占用一些 CPU 资源，是一种折中的解决办法。

（4）AMR。现在出的主板有很多都带有一个"AMR"接口，这个接口可以用来接 AMR

软猫及软声卡。这种 AMR 软 Modem 比软 Modem 还"软",之所以这么说是因为它比软猫的连接速度还低,CPU 占用率还高,当然价格也更低了。不过这种 Modem 需要与主板配合才能良好地工作,而且 AMRModem 与主板最好是同一厂家的产品,否则会严重影响连接速度。

根据调制信号的类型主要有基带 Modem 和频带 Modem 两类:

(1)基带 Modem。基带 Modem 又称为短程调制解调器,是在相对短的距离内,如楼宇、校园内部或市内,连接计算机,网桥,路由器和其他数字通讯设备的装置。基带传输是一种重要的数据传输方式,基作用是形成适当的波形,使数据信号在带宽受限的传输停产上通过时,不会由于波形迭起而产生码间干扰。

(2)频带 Modem。频带 Modem 是利用给定线路中的频带(如一个或多个电话所占用的频带)进行数据传输,它的应用范围要比基带广泛得多,传输距离也较基带要长。我们家庭日常所用的 56K Modem 就是频带 Modem。

10.9.2 综合布线设备

在综合布线设备中,除了最为主要的传输介质,如双绞线和光纤线缆等以外,还有很多的布线设备在使用。常用的有 RJ-5 插头、信息插座、配线架、光纤连接器、剥线钳、打线钳、网线钳、网线模块等。

光纤的完整名称叫做光导纤维,文名是 Optic Fiber,也有叫 Optical Fiber 的,是用纯石英以特别的工艺拉成细丝,光纤的直径比头发丝还要细,,可以在很短的时间内传递巨大数量的信息。光纤的特点有:传输速度快,距离远,内容多,并且不受电磁干扰,不怕雷电击,很难在外部窃听,不导电,在设备之间没有接地的麻烦等。

常用的光端机一端是接光传输系统(一般是 SDH 光同步数字传输网),另一端(用户端)出来的是 2M 接口。另外光端机还有 PDH(准同步数字系列)的。光端机要比光纤收发器复杂得多,除光电的耦合还有复用—解复用、影射—解影射等信号的编码过程。

光纤连接器是光纤与光纤之间进行可拆卸(活动)连接的器件,它是把光纤的两个端面精密对接起来,以使发射光纤输出的光能量能最大限度地耦合到接收光纤中去,并使由于其介入光链路而对系统造成的影响减到最小,这是光纤连接器的基本要求。在一定程度上,光纤连接器也影响了光传输系统的可靠性和各项性能。

光纤连接器按传输媒介的不同可分为常见的硅基光纤的单模、多模连接器,还有其他如以塑胶等为传输媒介的光纤连接器;按连接头结构形式可分为:FC、SC、ST、LC、D4、DIN、MU、MT 等等各种形式。其中,ST 连接器通常用于布线设备端,如光纤配线架、光纤模块等;而 SC 和 MT 连接器通常用于网络设备端。按光纤端面形状分有 FC、PC(包括 SPC 或 UPC)和 APC;按光纤芯数划分还有单芯和多芯(如 MT-RJ)之分。光纤连接器应用广泛,品种繁多。在实际应用过程中,我们一般按照光纤连接器结构的不同来加以区分。光纤收发器一端是接光传输系统,另一端(用户端)出来的是 10/100 M 以太网接口。光纤收发器都是实现光电信号转换作用的。光纤收发器的主要原理是通过光电耦合来实现的,对信号的编码格式没有什么变化。

目前国外和国内生产光纤收发器的厂商很多,产品线也极为丰富。为了保证与其他厂家的网卡、中继器、集线器和交换机等网络设备的完全兼容,光纤收发器产品必须严格符合 10Base-T、100Base-TX、100Base-FX、IEEE802.3 和 IEEE802.3u 等以太网标准，除此之外，在 EMC 防电磁辐射方面应符合 FCC Part15 标准。目前由于国内各大运营商正在大力建设小区网、校园网和企业网，因此光纤收发器产品的用量也在不断提高，以更好地满足接入网建设的需要。

10.9.3 UPS

UPS（Uninterruptible Power Supply，不间断电源）可以保障计算机系统在停电之后继续工作一段时间以使用户能够紧急存盘，使您不致因停电而影响工作或丢失数据。它在计算机系统和网络应用中，主要起到两个作用：一是应急使用，防止突然断电而影响正常工作，给计算机造成损害；二是消除市电上的电涌、瞬间高电压、瞬间低电压、电线噪声和频率偏移等"电源污染"，改善电源质量，为计算机系统提供高质量的电源。

从基本应用原理上讲，UPS 是一种含有储能装置，以逆变器为主要元件，稳压稳频输出的电源保护设备。主要由整流器、蓄电池、逆变器和静态开关等几部分组成。

（1）整流器：整流器是一个整流装置，简单的说就是将交流（AC）转化为直流（DC）的装置。它有两个主要功能：

① 将交流电（AC）变成直流电（DC），经滤波后供给负载，或者供给逆变器。

② 给蓄电池提供充电电压。因此，它同时又起到一个充电器的作用。

（2）蓄电池：蓄电池是 UPS 用来作为储存电能的装置，它由若干个电池串联而成，其容量大小决定了其维持放电（供电）的时间。其主要功能是：

① 当市电正常时，将电能转换成化学能储存在电池内部。

② 当市电故障时，将化学能转换成电能提供给逆变器或负载。

（3）逆变器：通俗的讲，逆变器是一种将直流电（DC）转化为交流电（AC）的装置。它由逆变桥、控制逻辑和滤波电路组成。

（4）静态开关：静态开关又称静止开关，它是一种无触点开关，是用两个可控硅（SCR）反向并联组成的一种交流开关，其闭合和断开由逻辑控制器控制。分为转换型和并机型两种。转换型开关主要用于两路电源供电的系统，其作用是实现从一路到另一路的自动切换；并机型开关主要用于并联逆变器与市电或多台逆变器。

目前，主流的 UPS 厂商有 APC、山特等，都提供各种级别的 UPS 以满足不同用户群的需要。

第 11 章 电子政务建设的制度

11.1 电子政务建设的政治制度

11.1.1 政治对电子政务的推动

电子政务实现中最大的问题不是技术问题，而是政治问题。电子政务要达到的是一个政治目标，而不是技术目标。电子政务实现过程中的最困难之处不是技术上的困难，而在于克服各种各样的社会阻力，协调各种利益集团的利益冲突，以及人力、物力和财力等资源的保证。因此，没有领导人的政治决心和有力支持，电子政务是不可能实现的。这种政治支持首先表现为各级领导对相关通讯技术和信息技术的重视与应用。政府高级官员们并没有必要学会如何编写 Java 语言，但他们应该对技术有一个基本的了解，应该知道这些学科的一些基本知识。其次，是在政府内部建立一个拥有决策权和有权动用资金的领导小组，它可以把政府各部门的主要行政官员集中在一起，共同为电子政务制定行动方案和技术标准，并提供有力的政治支持和资金保障。新加坡电子政务的牵头工作就交给了财政部和负责制定 IT 电信政策的信息通讯发展局，这两个部门在新加坡都是举足轻重、财大气粗。总之，建设电子政务是十分复杂的过程，牵涉各方面的利益，面临巨大阻力，这不是能由一个政府部门单独完成的。政府的支持尤其是高层领导的支持，对政府电子化进程能够起到关键性的推动作用。

电子政务把政府技术和政府管理结合在一起。我国 1999 年开始建设电子政务以来，主要依赖于政府和 IT 企业的推动，这并不是一个很好体制。事实上，建设与发展电子政务应该依靠四个方面的力量：

(1) 政府。政府作为电子政务的主要建设者和主要使用者，对推动电子政务的建设至关重要，无可置疑政府是推动电子政务的主体。

(2) 政治体系。无疑政府是政治体系中的重要一环，但就当代政治国家而言，政府不是政治的全部，政党、利益集团、非政府组织、国际组织、市民社会都成为政治体系的重要组成部分。就我国现阶段的电子政务建设与发展而言，这些政治力量所起到的作用是不够的，尤其未能发挥利益集团、非政府组织、国际组织、市民社会对于电子政务建设与发展的应有作用。以市民社会为例，目前在电子政务发展方面的社会广泛支持的程度是欠缺的，就是说，中国电子政务发展的社会政治基础是不够的。众所周知，电子政务实际上是一个政府全面的变更，一种政府管理改进的形式，是一种新的方式和手段，在这个意义上，如果缺乏足够的社会政治支持的话，这个电子政务是很难有实质性的推进的。同样，要把推动中国电子政务建设的使命更多的分配到一些社会成员、社会组织身上，而不仅仅是政府和 IT 企业的参与。也就是说，在电子政务的建设过程中增加多个主体，尤其增加那些有一定的社会公信度的非政府组织是十分有意义的。

（3）IT业对电子政务的推动。IT业是发展与建设电子政务的直接收益人，至少从经济利益角度看是这样的。不过，我国IT业对于我国电子政务的推动仍然是一种无组织的行动，这极大地削弱了IT业在电子政务建设与发展中应该起到的作用。好在前不久，全国电子政务软件主要开发商成立了一个全国性的协会，相信这将是整合IT业推动电子政务建设与发展的重要开始。

（4）网络社会对于电子政务的建设与发展也是非常重要的。目前全世界已有186个国家和地区的数亿人使用互联网，并且它还在呈现快速发展的态势，其主机数和联入网络数大约每10个月翻一番。自20世纪90年代以来，原来只为军事、科研、教育等服务的互联网，开始向各行各业、社会公众提供多样化服务，从而引起整个社会生产与生活方式的变化。在经济领域，它突出了知识、信息的价值，有利于广泛、迅速地传递商贸信息，沟通顾客和生产厂家，及时生产出满足顾客需求的产品；在政治领域，它用来在政府与民众之间进行信息沟通，充分发扬公民的民主权利，提高政府机构的办公效率，提高其科学管理及决策的水平；在军事领域，它可以使军事指挥系统全面迅速地掌握敌情，加强全局的协调、控制和快速反应能力；在科教文卫领域，方便人们查询、利用各种信息资源，进行科研合作、远程教学、医疗会诊；在生活领域，可以实现电子购物、虚拟旅游、交互式娱乐；电子广告、电子商场、电子银行、电子报刊、电子教室、电子图书馆、电子论坛、电子会议、电子购物、电子游戏，以及远程医疗、远程点播等网络应用皆出现了爆炸性的增长。这期间，人们的社会交往、活动方式也出现了引人注目的改变：现实社会中人与人之间交往的主要形式是面对面的直接交往，交往、活动的范围受到物理时间和空间的限制；而以互联网为基础，人们之间的交往以间接交往的形式为主，以符号化为其特征，交往、活动并不受物理时空的限制，也就是说，网络交往、活动在广度和深度上，都是现实社会所无法比拟的。总之，互联网正以极快的速度，把社会各部门、各行业以及各国、各地区联成一个整体，形成了所谓的"网络社会"或"虚拟社会"。现实社会生活将在很大程度上依赖网络，甚至可以说离开互联网，现实社会生活有可能陷入瘫痪状态。网络社会与现实社会有着极大的不同，如何利用网络社会，既是发展与建设电子政务的出发点，也是电子政务建设过程中的重要环节。事实上，发展和建设电子政务从本质上看就是为了适应网络社会的到来。

11.1.2 网络政治与电子政务

1. 网络政治直接推动电子政府的诞生

（1）网络政治体系直接的物化

政治体系是一种输入、转换、输出的政治机构系统。民意经政治渠道输入政府体系，政府根据民意进行决策的转换，施行行政的输出，再通过收集反馈意见，再调整决策输出。它是一个动态的有机政治体系。网络时代的政治体系相比传统的政治模式更是一个前所未有、充分活跃的有机体。

网络时代下的政治体系的直接物化就是形成电子政府。电子政府将代替传统政府政治体系，系统程序式管理取代政府实体性管理。电子政府通过网络双向交流以汲取民意，让社会各阶层将政治要求输入网络政治体系。行政部门内部，政府各部门之间，中央与地方之间通过互联网，建立了完备和有序的网络管理体系。政府利用网络提供政府信息，决策迅速传达千家万户，居民足不出户即可了解几乎所有的公开信息。网络的快捷也使公众信息反馈和政府对问题的回应速度大大加快。网络还使民众与高层政府官员的直接对话变得经常和方便，公民和政府实现了没有中间环节的直接沟通，有利于化解矛盾，密切关系。

（2）网络集团与组织的影响

网络政治对传统政党产生巨大冲击。首先是网络的多元价值观影响党员坚定的政治信仰，从而减弱党组织的凝聚力。其次，互联网对原有的政党组织形式发起挑战。传统政党都实行与行政区划相一致的地域性组织结构。互联网络真正实现了"天涯若比邻"，党务活动从此不再受时间和空间的限制，自然也突破了从中央到地方的级别限制。政党的组织活动和方式也将发生变革。

在网络上，人们之间同样可以形成某种"集团"甚至"组织"，但在形态上发生了重大变化，与原来现实世界的群体组织形式相比，网络上的组织可以说是"虚拟"的，称之为"虚拟共同体"。他们是由一群志趣相同的人在网上组成的。与传统的社团相比，网络虚拟社团组织起来更方便，范围几乎不受限制，它把人的交往空间扩展到整个地球。有的社区与真实生活中的社区具有几乎一模一样的复杂结构，既有社会等级，也有官僚制度。正在兴起的非政府组织通过互联网联络、组织、宣传，已经熟练地掌握了在网络时代与政府既斗争又合作的艺术。这些社团能在短时间内形成暴风骤雨般的力量，掀起政坛的轩然大波。如1999年西雅图世界贸易组织会议期间，各种非政府组织就是靠互联网进行串联，遂形成会场外的巨大声势。这种非政府力量的扩张已对政治体系产生重大影响。

（3）网络政治文化的推波助澜

互联网打破了政府对信息的垄断，加速了各种文化的传播、吸收和交融。网上世界是一个言论信仰自由的花花世界，各种类型文化、意识形态、价值观念、生活准则、道德规范，均可在网上找到立足之地，并自由流动和传播。网络政治文化，思想意识的传播发生了由单向到交互的质变，网民可以在网上随心所欲地"冲浪"，自由地传播思想，看自己想看的东西，就任何问题发表意见，由于利益表达和聚合更加自由，兴趣爱好相投的人们在全球范围内进行思想交流，就自己的利益组成"电子政党"或"电子院外集团"来影响政治。

没有一个社会能够容忍完全的自由，国家为了维持政权，也在网上寻找新的手段和方法来保持对思想文化的控制。网络霸权主义也不失时机地抓住这一有利工具和机会，通过互联网，加速向世界传播他们的价值观、道德观，进行文化入侵。

网络强化个人自由主义和全球化观念，使东西方文化充分交融，它既是个人自由充分表达的场所，也是政府加强意识控制、国际争夺的地方。它还是各种反社会、反政府信息和可能破坏社会稳定的虚假及恶意信息的存在地。可以说，网络在形成方便快捷生活方式的同时，也给社会各方面利用网络进行文化和意识形态的争夺提供了一个巨大的场所。政治活动信息，政治意识灌输，政治宣传发动已远远超过传统舆论的作用和影响。各种思想文化在网上交汇与争夺，是网络政治的一大特色。

（4）网络政治民主的自然形成

决定人政治地位的是政治权利和政治权力。政治权利是人对社会的汲取，是一种权益获得。政治权力是个人对社会的影响，政治权力平等了，才能实现政治权利的平等，也就是人的平等。社会越不发达，政治权力越集中在少数人手里。网络改变了每一个人的政治能力，它赋予每一个人以近乎平等的政治权力即网络权力，每个人在网络上的权力是平等的，权力的平等实现了权利的平等。根据托夫勒的观点，工业社会后，非群体化社会开始增多，动员多数人变得越来越困难，民主将越来越难以实现。而网络政治却能解决这一问题，因为：网络在民主参与、直接性、公开性等方面不仅达到了现代政治所要求的最高程度，而且网络民主的新形式也将取代传统的政治民主。它有这些特点：

① 网络民主的直接性。在网络政治中，任何人不再需要由别人来代表自己，他可以直接发表自己的意见，并对政府的议案进行投票。公民直接参政议政是网络政治的一个最突出的表现。

② 网络民主的平等性。平等在政治上表现为：一是人人都有参政议政的权利；二是这种权利在人与人之间没有差别。网络对政治平等的促进作用是显而易见的。在网上，只要符合法律允许的参政条件，你的意见与政治家的意见一样亲切可见。比尔·盖茨认为信息高速公路的优点之一是"虚拟平等"，远比现实世界中的平等容易实现。在虚拟世界里，每一个人的平等政治权利都得到了保障。

③ 网络民主的快捷性。政治事件的发生、你的意见、政治家的态度以及政府决策和相关表决结果，这一系列与政治有关的活动和内容，在网络上是以光速传播的，政治活动变得非常迅速。未来民主的新特点在互联网和电子投票的进一步发展下，将全面改变代议制民主政治形式。但网络政治可能产生真正的民主，也可能带来独裁。网络上充分表达的自由已经接近于绝对自由，绝对的权力可能被滥用，从而危害民主制度下个人的权利。如政府限制网络民主，采取控制言论、限制意见发表等手段则又可能退回到专制、独裁。

（5）网络决策的必然趋势

网络化的国家政策或政府决策是一种更能真正体现民众意志的价值分配。在传统社会中，国家政策与政府决策是单向的。在网络时代，媒体的转化和舆论工具向个人手中的转移一定程度上改变了国家、政府和民众的关系，人们可以在网上真正自由地评议政府政策，迫使政府将集中于手中的权力向社会成员回归，全民分权制成为现实，国家政策、政府决策更多要考虑民众的意见。网络进入千家万户，让每一个人对政府行为与决策进行监督和评价，使之不偏离大众的意志，任何忽略、甚至违背民意的政治都不能继续。新的国家政治是全体民意的综合，公意的形成和行使通过互联网的双向沟通将更加畅通；行政的决策出自全体人民之手，而不是政府官僚之手，每一个人都参与了政治决策的全过程。同时在全社会范围内广泛征集意见，也使决策更加科学、合理。

（6）网络国际政治的发展

网络时代信息的无国界传播使传统的国界概念和国家主权观念受到冲击，传统的国家疆界被——打破。在网络时代，信息的传播是不分民族、种族和国家的。不同国籍、肤色的人利用计算机方便地相互交往，可以完成许多过去需要"跨国界"才能实现的行动。

政治活动、政治斗争将更多地跨越国界、地域，各国在政治上相互渗透、相互依赖、相互影响。借助全球网络系统，一些在网络技术上领先一步的国家，可以向别国大肆散布和传播他们的政治价值观，甚至诋毁和损害他国形象，干涉别国内政。在本国可以对他国进行侵略、颠覆、讹诈、威慑、施压、封锁、制裁、人权干涉等，对他国的国家安全、经济利益、政治利益构成严重威胁。而且这些斗争是借助网络技术手段以无地域、无国界、无人员伤亡的方式进行的，真正是"无硝烟的战争"。政治活动、政治斗争将在全球范围内不分远近24小时不间断地进行。网络政治学中的国家疆界及主权将是一个新的概念。在全球网络斗争更趋复杂的情况下,网络的同一性也在加强,各种组织能够跨越传统国家界限,建立起许多共同体,这些共同体都是由全球网络支持的,而不是以共同的生活区域、种族和血缘等为物质基础,国家难以对它们进行全面有效的控制。不同社会制度的国家相互依存,国家政治与国际政治逐渐溶为一体。未来的国家会变成什么样子,现在还很难猜测,可以肯定的是,它将不会是现在的样子。

2. 电子政务是推动网络政治发展的主体

随着信息技术和互联网的发展,形成了网络空间及网络社会,出现了虚拟空间的政治现象——虚拟政治;网络社会和虚拟政治必然对现实政治生活中的国家主权、政治体制、政府管理、政治文化等方面产生重大的影响;这种影响又是相互的,现实政治中的政府权力、政府运行必然反作用于网络社会,从而产生新的国家治理范式。充当这种新的治理范式的一条主要官方途径就是——电子政务。

从广义的政治概念考虑,电子政务也就是用数字化手段处理政治事务。在主流政治学视野下,"政治"所标榜的两个基本价值是公正和效率。如何实现这样的价值?这是久而未决的问题。事实上,在现实社会中,制度与技术,一直是人们力求解决这一问题的主导工具。电子政务的实现,将把政治置于网络社会和网络政治的监督之中,这两个政治基本价值就有可能更容易实现。

11.1.3 我国政治制度与电子政务发展

中国的电子政务建设显然不同于西方发达国家,这不仅因为中国的现代化进程落后于西方发达国家,而且还因为中国有与西方发达国家不相同的政治制度和经济制度。因此,我们必须摆脱电子政务知识信息系统工程的错误的技术观念,充分认识中国电子政务的特殊性,才能有效地、科学的设计好中国电子政务的评测体系,更好地推动中国电子政务的发展。

中国电子政务建设必须注意发挥我们自身制度的优越性,体现政府官员和共产党干部是人民公仆的本质,注重民主制度建设,致力于建设一个廉洁、民主、高效和现代化的政府。

11.2 电子政务建设的技术制度

在这里,所谓技术制度就是实施工程、开展工作的标准。电子政务建设的技术制度也就是电子政务建设的标准化。

11.2.1 我国电子政务建设技术制度的背景

中国共产党十五届五中全会提出:"大力推进国民经济和社会信息化,是覆盖现代化建设全局的战略举措。以信息化带动工业化,发挥后发优势,实现社会生产力的跨越式发展"。2001年8月,中共中央、国务院决定重新组建国家信息化领导小组,以进一步加强对推进我国信息化建设和维护国家信息安全工作的领导。

以电子政务为核心的政府信息化则是推动我国国民经济信息化的关键。电子政务是各有关部门和地方各级政府利用信息和网络通信技术，加强政府的管理，实现政务公开、提高效率、科学决策、改进和完善服务职能的重要手段，是一项系统工程。政府行政管理信息网络化是一场深刻革命。政府信息化建设要与政府职能转变相结合，提高办事效率和管理水平，促进政务公开和廉政建设，特别要针对群众最关心的问题应用信息技术，增强为民办事的透明度和公正性。

我国电子政务启动迅速，但总体还处于初级阶段，建立和健全标准化体系对于电子政务建设是必要和必须的。我国电子政务建设目前缺乏统一规划和相应组织机构，其发展目标和相应的发展规划没有明确的提出和制定。条块分割的管理体制与电子政务的统一性、开放性、交互性和规模经济等自然特性严重冲突。我国大大小小政府机构数以万计。如此巨大的电子政务建设规模，如果采用个体经济的办法由部门各自开发自己的系统，不仅将浪费大量的资源和时间，搞重复建设，更由于缺乏标准化和规范化，各级系统势必难以兼容，信息资源难以共享。因此，必须制定统一的标准，以避免各自为政、重复建设。

电子政务建设必须有标准化的支持，标准化是电子政务建设的基础性工作，它将各个业务环节有机地连接起来，并为彼此间的协同工作提供技术准则。通过标准化的协调和优化功能，保证电子政务建设少走弯路，提高效率，确保系统的安全可靠。统一标准是互连互通、信息共享、业务协同的基础。电子政务系统是一个内含多种应用系统的集成体系。各类应用系统彼此作用，相互链接，形成了一个有机的数据、信息流处理体系。由于各类应用系统在应用范围、构建方式、系统结构、数据资源等方面存在一定的差异，对整个电子政务系统平稳、高效的运行存在较大的影响。因此，电子政务的整体应用能够成就多大规模，关键是看电子政务的标准化体系建设。

电子政务在我国经过近 3 年的发展，政府已建网站 3000 多个，目前已有 70%以上的地市级政府在网上建立了办事窗口。由于大多数政府网站没能发挥互连网的快速，容量大及互动的特点，从而导致政务网站内容缺乏及时性，应用缺乏交互性，电子政务度低。目前还有很多政府网站信息量少、实用性差、缺乏交互性、更新不及时，大多数的政府网站都以内容简介、部门设置、政策法规等为主，电子政务在提高政府工作效率、转变政府职能方面的作用得不到很好的体现。因此，必须以统一的标准来实现政府网络的有效利用。

11.2.2 我国电子政务建设技术制度的机构

2002 年，国家标准化管理委员会和国务院信息化工作办公室共同组建了国家电子政务标准化总体组，负责电子政务标准化工作的总体协调，以及电子政务所涉及的重要标准研究和制定专项的组织和推进工作。

为贯彻落实国家信息化领导小组推进国家信息化工作的五项方针和统一标准的具体要求，进一步推动我国电子政务顺利发展，国家标准化管理委员会和国务院信息化工作办公室批准成立电子政务标准总体组。

总体组的主要工作是积极研究跟进国内外与电子政务有关的标准的发展动态，及时调整工作思路及方向，与国内各政府部门、技术专家及开发商一起研究制定中国电子政务标准，推动我国电子政务健康、有序的建设。

总体组是由国家标准化管理委员会和国务院信息化工作办公室共同领导的技术专家组织。聘请专家若干名,设组长 1 名,副组长 2 名。总体组的组织管理工作由组长、副组长负责。总体组职责如下:

（1）制定总体组的组织章程和规章制度;

（2）研究并提出电子政务标准化总体框架和标准体系,提出有关电子政务方面的标准研究项目建议;

（3）评审并落实标准研究项目的承担单位,监督项目的执行情况;

（4）负责标准研究项目成果的技术评审;

（5）为相关主管部门、应用部门或地方提供标准化方面的咨询和建议。

总体组下设秘书组和项目工作小组。秘书组是总体组的办事机构,负责总体组日常事务以及"电子政务标准化网站"(www.egs.org.cn)的日常维护工作。项目工作小组是临时组建的项目研究专家小组,设召集人 1 名,成员若干名,负责项目的研究开发工作。项目工作小组的召集人一般由项目第一承担单位的人员担任。

11.2.3 我国电子政务建设技术制度建设过程

（1）2002 年 1 月 7 日—1 月 9 日电子政务标准组工作组总体组第一次会议。初步形成了《电子政务标准体系框架》(讨论稿);就 2002 年工作任务、重点研究项目及组织和经费保障条件等问题进行了深入讨论,提出了有关意见和建议;对与电子政务相关的标准需求进行调查,并形成汇总表。

（2）2002 年 1 月 28 日电子政务标准第一次工作组会议。进一步讨论《电子政务标准体系框架》;根据需求调查汇总表讨论急需和需要制定的标准项目。

（3）2002 年 2 月 2 日电子政务标准工作组会议。根据现有标准和国内需求,重点讨论确定了中国电子政务急需或需要及可延缓制定的标准项目。

（4）2002 年 3 月 18 日电子政务标准总体组会议。审议《国家电子政务标准体系框架（V0.9 版）》、讨论《电子政务标准化指南（第一册）编写提纲》、讨论《国家电子政务标准研究项目管理办法（试行版）》（草案）、研究、确定近期工作重点。（5）2002 年 3 月 18 日—3 月 20 日电子政务标准总体组秘书组会议。针对总体组专家所提建议、意见修订《国家电子政务标准体系框架》、《电子政务标准化指南（第一册）编写提纲》、《国家电子政务标准研究项目管理办法（试行版）》。

（6）2002 年 3 月 25 日电子政务总体组工作会议。进一步确定《国家电子政务标准体系框架》、《电子政务标准化指南（第一册）编写提纲》、《国家电子政务标准研究项目管理办法（试行版）》、确定首批电子政务词汇标准（词汇名称）。

（7）2002 年 3 月 28 日电子政务术语工作组会议。针对上次会议所定词条进行定义及标准制定工作。

（8）2002 年电子政务网站建设。建设电子政务标准化信息网包括新闻、现有标准查询、留言板、论坛、相关技术知识、公布电子政务项目管理办法等栏目。

（9）2002 年 5 月《国家电子政务标准化指南》（第一版）正式出版发行。该册仅为第一部分：主要是国家电子政务标准化工作的体系框架及总体组的工作方法、工作制度等内容。

(10) 2002年5月24日电子政务标准化总体组会议。《指南》编写必须注重实用性和指导性，应采取认真、严谨、科学、负责的态度，有重点、有侧重、根据专家业务专长，就《指南》其余5个部分进行了分组、由总体组统一确定编写格式、实际实施阶段。

(11) 2002年6月28日电子政务标准化总体组召开"电子政务标准化研究与标准制定项目说明会"。将《电子政务标准化指南》（第一版）和首次启动的标准研究项目对全社会公开进行了说明

(12) 2002年7月31日电子政务标准化总体组全体工作会议。讨论并原则通过了《电子政务标准化研究项目工作组工作制度（草案）》，讨论并明确了进行首批启动的电子政务标准化研究项目的整体工作思路、审批程序、项目管理协调员的工作职责、项目召集单位等问题，讨论并基本确定了《指南》第二至第六部分编写内容、编写大纲。

(13) 202年8月8日电子政务标准化总体组秘书处召开首批6个标准项目启动会。以项目工作组为单位针对标准项目的目标、计划及组织形式等问题进行了讨论。

(14) 2002年9月信息化常用术语及解释（第一辑）网络基础设施部分正式出版。该书收录了与网络设施部分相关的常用术语

(15) 2002年10月电子政务标准化总体组组织已启动标准和《指南》召集人召开会议。召集人向总体组汇报项目的进展情况及下一步的工作计划，针对各工作组之间和与各政府部门之间的协调问题向总体组提出了各自的希望和建议。

(16) 2002年12月30日电子政务标准化总体组工作会议。《标准化指南》和首批启动的标准的项目召集人向总体组专家介绍了每个项目的组织形式、计划进展、编制过程及成果等方面的内容

(17) 2003年3月27日至28日国务院信息化工作办公室、国家标准化管理委员会和信息产业部在京共同组织召开"全国电子政务标准化研讨会"。电子政务标准化总体组组长怀进鹏教授向与会代表全面介绍了我国电子政务标准化的整体思路、工作现状及发展趋势，海关总署杨国勋司长、上海市信息化工作办公室贺寿昌副主任及江西省信息化工作办公室金锋副主任分别结合各自信息化建设中的实际经验向大会作了主题报告，总体组各项目工作组依次就标准项目的指定背景、适用范围、技术内容和应用方式等进行了全面介绍，各方代表围绕着所关心的问题与工作组代表进行了深入的研究和探讨，并提出了对一些标准的要求。

11.2.4 我国电子政务建设技术制度的框架

总体组组织专家进行了大量的调研和认证工作，提出了我国电子政务首批26个标准研究项目；主持研究制定了《电子政务标准体系》和《电子政务标准化指南》。

《电子政务标准体系》包括以下六大部分：

(1) 电子政务总体标准。可分为电子政务总体框架、电子政务术语、电子政务中文信息化处理和其他电子政务综合标准。

(2) 电子政务应用业务标准。可分为电子政务基础数据、电子政务业务流程，其中电子政务基础数据又包含电子政务数据元和电子政务代码等标准。

(3) 电子政务应用支撑标准。包括为各种电子政务应用提供支撑和服务的标准，主要有电子政务信息交换平台、电子公文交换、电子记录管理、日志管理和数据库等标准。

（4）信息安全标准。包括为电子政务提供安全服务所需的各类标准，主要有电子政务信息安全基础标准、电子政务物理安全标准、电子政务物理环境和保障、电子政务信息安全产品、电子政务系统与网络标准、电子政务应用与工程标准和电子政务管理标准。其中电子政务信息安全基础标准又包含电子政务信息安全技术体系结构、电子政务信息安全框架、电子政务信息安全模型、电子政务安全技术、电子政务加密技术、电子政务签名技术、电子政务完整性机制、电子政务鉴别机制、电子政务抗抵赖机制、电子政务 PKI 技术规范和电子政务 KMI 技术规范。

（5）电子政务网络基础设施标准。包括为电子政务提供基础通信平台的标准，主要有基础通信平台工程建设、网络互联互通等标准。

（6）电子政务管理标准。包括为确保电子政务工程建设质量所需的有关标准，主要有电子政务工程验收和信息化工程监理、电子政务软件工程、电子政务系统测试和评估，以及电子政务信息资源评价体等工程建设管理方面的标准。

以上标准的具体内容可到电子政务标准数据库（http://www.egs.org.cn/standard/struct.html）查阅。

11.3 电子政务建设的政府制度

11.3.1 政府管理制度

政府再造是以技术理性为主要基础，引进"竞争的市场机制"以及"有效的变迁策略"，转变政府职能，精简组织机构，重构业务流程，从而促成传统政府的整体转型。电子政务是通过在网上建立政府网站而构建的虚拟政府，实质是把工业化模型的大政府，即集中管理、分层结构、在物理经济中运行——通过互联网转变为新型的管理体系。可见，电子政务本身就需要政府再造来支撑。政府再造是一项系统工程，它包括重新设计和定位政府职能、重组政府部门，再造其运作流程，创新并整合其服务等诸多方面。从政府职能的科学配置来看，核心是要按照市场经济和电子政务的要求，以及我国加入 WTO 面临的客观环境，重新定位政府的角色，减少政府不必要的干预。

为此，首先，要树立"科学管理、优质服务"的职能意识，由管制型政府转向服务型政府。其次，在行政体系内部要合理界定和划分政府各部门的职责权限，加强服务的有效性。从政府组织机构的整合来看，要应用信息技术改变传统的、层级化的政府组织架构。减少政府机构的管理层次，使组织扁平化，并增加控制幅度，多控制渠道并存。减少中层管理人员，形成更少层级制度的精益组织，从而建立网络型政府。从行政流程的重组来看，要对计划经济体制时期形成的传统行政流程进行大刀阔斧的改造，建立一个无缝隙的政府，即在任何时间、任何地点得到服务的政府。信息系统提供了将各职能部门联系起来的平台，成立为某一特定目标服务，基于流程的工作团队，打破职能层次体制的界限，直接为客户或公众服务。政府组织从强调功能型组织向强调流程型组织过渡。重新设计工作流程，确立顾客与消费者导向的政府。

11.3.2 电子政务人员培养制度

建立电子政务，首先是政府行政人员的意识或理念的"电子化"。行政人员应转变观念。长期以来，与文件打交道是我国政府部门的主要工作之一，这就培养和造就了一大批业务精干，具有好文笔、好书法的行政人员。政府机关浩繁庞杂的各种文件，均是通过大量公务员及层层领导的手工撰写而完成，再由打字员打印、校稿，最后签发、存档。一周工作五、六天，周末假日关门，几十年如一日，这种传统政务方式使不少行政人员自觉不自觉地滋长了程度不一的衙门作风。而这种作风与具有平民化本质的现代信息网络社会格格不入。为此，行政人员应转变观念，主动接受电子政务的洗礼，为我国政府迈入无纸化办公的全新时代做好准备。另外，"官本位"及政府"全能统制"的行政观在我国根深蒂固。

实践证明，政府应该"掌舵"而非"划桨"。同时，信息技术的应用，要求政府行为透明度高，更加规范，公共权力的行使和运用受到限制和监督，这些都要求行政人员更新观念，树立全新的竞争、民主，以及以民众为中心的理念。政府职能由统制变为服务，形成民本位的行政观。电子政务的运用对政府行政人员的知识和技能提出了更高的要求。我们可以把互联网看作一条通道，通过这个容量超大的通道，将会有大量的信息涌向政府。如果行政人员没有一定的知识存量、不具备处理问题的综合能力，电子政务就不可能实施。近年来，我国在加强行政人员的知识培训，提高行政人员的管理能力和水平方面进行了一系列卓有成效的工作，包括行政人员的计算机知识等方面的提高。但从整体上看，仍然不能适应政府信息化发展的需要，从公务员的文化知识来看，经过1998年的机构改革，国务院近1.7万名公务员虽然有65%以上的人具有大学本科学历，但在地方政府，则相对较低，近500万公务员拥有本科学历的只占10%，即使一些学历较高的公务员计算机操作方面的技能仍较欠缺。据国家行政学院对司局长培训班的一项调查，大体有20%的行政人员对计算机操作几乎处于空白的状态，这说明在推进政府信息化的过程中，提高公务员的整体素质，特别是计算机应用方面的能力，将是一项艰巨的任务。

因此，应充分利用政府上网的契机，要求行政人员不断更新知识与改善自己的知识结构体系，利用正规学校教育、在职培训、请专家讲座等各种途径，宣传普及信息基础知识，适应环境的变化，提高综合应用能力，熟练掌握先进的技术手段，努力使之成为"集成型行政人才"，以顺利登上电子政务的工作平台。

11.3.3 基础环境建设制度

（1）要建设政府信息网络和完善社会信息基础设施。信息基础设施和公众获取政府信息与服务的多样化渠道是"电子政务"建设的基石。电子政务是政府内部各个部门、各级政府之间和政府与公民的互动过程，它必须建立在良好的电脑、网络等基础之上。政府要优先建设骨干网络作为电子政务的主要信道，这样其一可以扩大政府网络的宽带，其二还可以整合网络和信息资源，节省各机关网络通信费用，并加速各机关上网。为建设电子政务，必须积极推动"整合型入口网站"的建设，"整合型入口网站"是民众与政府之间单一沟通的桥梁，是政府服务民众的网络"单一窗口"。电子政务一方面要建设各种渠道的"单一窗口"，方便民众从各种渠道都可以获取全部的政府服务；另一方面政府应当积极在各种场所建造多种信息渠道设施，方便民众在各种场合随时都能"接近政府"。

（2）建立和发展公用电子资料库。信息和资讯数据库是电子政务的基础。新技术带来的最显著的特征并不是信息量的绝对增加，而是信息传递和利用的极大改善。据国外学者研究，80%以上的重要信息资源掌握在政府手中。政府对拥有的庞大的信息如果不使之数字化，那么电子政务所倡导的网络化行政就会失去实质意义。建立和发展公用电子资料库是充分利用政府信息的重要手段，是政府信息化最基本的工作之一。政府信息化的一个重要目的就是共同利用政府所拥有的信息资源，为公民提供最好的行政服务，向公民公开政府信息，使政府掌握的大量信息发挥其应有的作用。如何利用新技术使已有的资讯数据实现有效共享，并转变为知识和财富，同时开发新的资讯数据库，成为建立电子政务的一个关键点。

（3）电子社区也是电子政务建设中非常重要的一环。电子或数字化社区是电子政务时代的新概念。世界上一些信息化程度较高的国家如美国、新加坡等正在积极建设电子社区，这对促进本国电子政务和信息社会的发展意义非凡。我国一些信息化程度较高的地区如上海、北京等地已经开始建设电子社区。电子社区是整个信息系统工程中的一部分，如何寻求政府与私人的合作，以及如何把社区建设纳入到"电子政务"的总体规划中来，还需要做大量的研究和探讨。

11.3.4 电子政务运行安全制度

政府信息不仅是国家资产，而且是需要精心管理的重要资源。信息安全在一定程度上是电子政务的生命所在，应多方面对之进行保护。

（1）从技术上确保电子政务的安全

① 应运用加密、鉴别方式。加密是对数据进行编码，保证信息不会被侵入者阅读，而鉴别则可防止信息被变更或修改。

② 运用口令原则，这是进行访问控制的简单而有效的方法。只要口令保密，非授权用户就无法使用该帐户。

③ 防火墙必不可少。这是一种抵制外来非法入侵的装置，通常处于政府内部网与互联网之间，限制互联网用户对内部网的访问以及管理内部用户访问外界的权限。一道防火墙在一定范围内为安全可信的内部网络和被认为是不那么可信的外部网络之间提供了一个封锁工具。此外，应采取措施对病毒进行防范，杀毒软件的经常使用，也是必要的。

（2）从管理上增进电子政务的安全

① 电子政务的安全行政管理，就是指在政府内部，以行政命令或行政规章制度为手段，以人为对象的政府信息系统安全管理活动。安全行政管理一般分为两个层次：一是领导层。安全工作需要由一个主管领导负责，安全组织不能隶属于信息系统运行和应用部门，需要保持它相应的独立性。二是业务管理层。它负责具体的工作开展。从行政管理的角度看，日常安全管理工作有如下内容：协助领导制定安全管理的目标、制度及其细则，制定系统信息保护策略和安全应急计划，做好系统安全规划和协调，进行系统的安全风险和威胁分析并制定采取的对策措施等。

② 电子政务的运行安全管理，即通过对系统运行状况的监测，及时发现不安全的运行因素，并能及时报警采取某些技术措施以改变不安全状态或减少不安全的范围和影响。最

后，从法制上保障电子政务的安全，制定完善电子政务安全方面的立法，同时加大执法力度，严格执法，对破坏信息安全的重大事件进行调查与处理。

11.3.5 信息普及制度

不同社会经济层面和地理区域中的个人、家庭、企业，对享有信息和通讯技术的机会程度以及对之参与广泛活动的互联网的使用程度有很大差异，从而产生数字鸿沟。这一问题，无论在发达国家还是发展中国家都普遍存在，在中国则更为明显。政府必须高度重视信息化社会的公平与平等问题，努力缩小信息利用不均而出现的"信息富人"和"信息穷人"之间的差距，尽快普及全民的信息网络化知识，使得每一个人都具有获得政府电子服务的权利，尤其是那些非常关键的服务，例如教育、社会保障、福利、政治选举等。

为解决数字鸿沟问题，政府应对"信息穷人"采取积极有效的措施，如加大公共设施的投资力度，加强对公众进行电脑使用的培训，使普通公民能够自由上网。尤其是对下岗职工，实行了下岗职工再培训计划，使许多下岗职工得到接触电脑、学习先进技术的机会。再如，为推进我国西部大开发的进程，系统的计算机教育培训也理应在那里全面发展，以使边远山区的孩子们有机会接触信息时代的先进科学和技术。政府只有利用信息技术，将数字鸿沟填成一条布满"数字机遇"的大道，所有美好的前景才能真正变为现实，使信息应用普及社会每个阶层和每个地理区域，惠顾信息弱势群体，缩小信息差距。

11.4 电子政务建设的法律制度

11.4.1 概论

电子政务作为一种新的政府运行方式，涉及诸多部门，以前的法律制度是为了适应信息时代之前的社会环境而制定的，它并不适合政府电子化的要求。在新的环境下，需要制定相应的法律制度来规范、引导，配合政府电子化的进度，以制度保障政府快速有效地处理信息反馈和提供服务，提高效率，从而促进政府和公民网上互动。因此，必须以为公众提供更快更好的服务为宗旨，法律先行，实行法治，依法保证电子政务的发展。

美国有《政府信息公开法》、《个人隐私法权保护法》、《美国联邦信息资源管理法》等，德国有《信息和通讯服务规范法》，俄罗斯有《联邦信息、信息化和信息保护法》，英国有《政府信息公开法》等。这些法律对政府信息化发展起着非常重要的规范和保障作用，对我国电子政务建设有极其重要的借鉴意义。我国虽然也相继出台了《互联网信息服务管理办法》、《互联网站从事登载新闻业务管理暂行规定》、《互联网电子公告服务管理规定》等法律、法规和部门规章，但还不完善，有些领域存在法律"真空"。

事实上，涉及政府信息化的立法范围十分广泛。它包括政府信息公开方面的法律制度，政府信息保护方面的法律制度，政府信息存储管理与内部信息传递方面的法律制度，政府信息获取方面的法律制度。除此之外，还包括公众访问政府的电子渠道运用、电子身份卡、数字签名、消费者保护、电子交易、网上税收、电子隔离等有关的政策规范。

今后，电子政务的立法重点在以下几个方面：

(1) 制定网络法，对网络中计算机硬件与软件的保护、对利用网络传播有害信息的处罚等做出相应规定，规范人们的网络行为，以保证信息网络的安全运行和网络信息的充分合理利用。

(2) 尽快建立并逐步完善电子公文法律制度，确定电子公文的法律效力，规定电子公文发送与接收的规则。

(3) 进一步完善知识产权法，尤其是要对电子政务专用软件、电子公文、政府数据库产品、政府网站或域名的知识产权保护做出更加具体而合理的法律规定。

(4) 制定专门的电子政务信息安全法，对电子政务中的信息安全行为及保障措施、破坏电子政务信息安全的处罚等做出规定，使我国电子政务的运作有一个良好的政策规范和制度环境，使电子政务战略或计划实施的每一个阶段，都有一个明确的政策先导。

11.4.2 电子政务法律制度建设的基本原则

作为行政法的一个独立领域，电子政务法除了需要遵循依法行政原则、诚信原则、比例原则、公民基本权利保护原则、平等原则之外，还需要遵循以下3个特殊原则：

(1) 政府中立原则。这是指国家在有关电子政务的立法、执法和司法中保持超然的中立地位，避免因管制过度而限制现代信息技术在公共行政中的发展和应用，不得因电子政务的推行损害民族文化的多样性。在多元化的现代国家，政府的角色由传统的公共利益代表者逐步转向不同利益冲突的协调者，因此，政府的中立性已经成为有关国家职能、机构和活动方式设计的制度性原则。对电子政务法而言，政府的中立性主要表现在技术和文化两个方面：

① 技术的中立性是指：鉴于现代信息技术日新月异的发展速度，国家的立法和执法应当保持适度放任，容忍现代信息技术在处于不同发展水平的国家、地区、民族中采取不同的应用范围和方式；除非出现破坏人类基本价值的情形，否则不得限制。

② 文化的中立性是指国家不得因现代信息技术的普适性而忽视民族文化的多样性，相反，现代信息技术只是不同民族之间进行文化交流的一个平台，在这个平台上，不同的民族文化具有同样的地位，政府在应用现代信息技术过程中应当予以同样的尊重，为此，应当允许现代信息技术应用范围和方式的多样性。

政府的中立性是电子政务得以发展的保障，反过来，电子政务的发展也将促使政府的"心胸"越来越宽广、"眼界"越来越开阔。

(2) 透明度原则。这是指用现代信息技术武装起来的政府应当越来越透明，政府的技术化水平越是上升，其透明度就应当越高。这里需要注意的是，现代信息技术在公共行政中的应用应当并非一定会使政府变得透明，政府滥用现代信息技术的可能性客观上存在。防止技术滥用的主要办法是进行目的控制和过程控制。目的控制表现在确立效率、民主、公正等法治目标的支配地位，电子政务只是实现这些目标的手段，其本身不是目的，因此只能在法治的框架之内发展。过程控制的主要措施是政府公开和公民信息权，即政府应用现代信息技术进行管理的过程应当处于关系人和公众的监督之下，政府应当采取信息发布、BBS公示牌、关系人参与等方式确保公民的知情权。

(3) 弹性化原则。这是指电子政务应当使政府管理具有更强的适应性和回应力，体现不同地方、行业的特色，满足公民日益增长的个性化需求，实现无缝隙的公共服务。弹性化的关键是在明确有形政府和电子政府区别的基础上确立两者之间的协调互补关系，根据不同的公务需要确定采取的组织形式，增强公共组织灵活调整的弹性。为此，必须对政府进行扁平化、社区化的改造。扁平化是指借助信息技术将传统的上级、下级、公民之间金字塔式的权力支配关系改造为处于同一个平面的信息交流与合作关系，将传统的单向信息传递模式改造为分散的多方向的信息传递模式。社区化是指借助信息技术建立政府机构内部机构、非政府组织、公民之间的互动式信息交流社区。

11.4.3 电子政务法的体系[①]

电子政务法是专门调整现代信息技术在公共行政中应用的范围、条件、方式、地位和效力等事项的法律规范的总称，是行政法体系中一个相对独立的部门。那么，电子政务法的具体表现形式有哪些？如何对这些表现形式进行归类整理使之形成一个有机的法律体系？

从国外的情况来看，电子政务立法有统一立法与单行法相结合的模式和分散模式。美国属于前者。美国于2002年12月17日通过了《电子政府法》[②]，与其他单行法（例如《政府纸张消除法》）配套。

《电子政府法》的主要内容有：

（1）白宫管理和预算办公室（OBM）下设立一个电子政府信息办公室，由政府首席信息官（CIO）负责电子政府的资源协调和预算问题。

（2）设立一个由各个行政部门首席信息官组成的委员会，负责政府各部门的合作和信息资源共享。

（3）在财政部设立电子政府专项基金，保障电子政府建设经费的拨付。

（4）联邦信息安全法，该法是电子政府法的组成部分。

大多数国家和地区的电子政务立法都采取了分散的模式，即分散在有关计算机系统、数据保护、信息安全、行政程序、标准化、电子签章法等的单行法律之中。

例如法国内阁于2001年6月13日颁布了《信息社会法草案》，其中有关电子政务规定的要点是公民有权获得数字化信息，政府应当确保公民在线交流自由[③]。

德国的电子政务法则分散在《数据保护法》、《联邦行政程序法》、《电子签章法》之中。

我国目前的电子政务立法模式属于后者，有关的法律规范分散在：

（1）计算机法，主要是有关计算机系统安全和保密的法律法规，例如《计算机系统保密管理暂行规定》、《计算机系统安全保护条例》。

（2）互联网法，例如《计算机信息网络国际互联网管理暂行规定》对国际互联网的接入、安全、设施经营以及主管部门等事项作了规定。

（3）信息法，主要是有关政府信息化的行政法规和规章，例如《北京市政务与公共服务信息化工程建设管理办法》（2000年12月19日）对政府信息化工程的主管机构、信息

[①] 本节主要参考：高家伟. 论电子政务法. 中国法学，2003.465-70.
[②] 美众议院通过《电子政府法》，信息网络化发展动态，2002.24；美国总统布什签署《2002年电子政府法》，信息网络化发展动态，2002.26。
[③] 王大海、黄迎风. 电子政府与法国行政法. 中国公务员，2002.10.

化标准、安全保障、监督等问题作了简要的规定。

（4）政务公开法，例如财政部 2000 年 9 月《政府采购信息公告管理办法》第 4 条。

（5）计算机软件保护法，例如《计算机软件保护条例》。

电子政务法与计算机法、互联网法、信息法、政府公开法之间存在交叉关系，但不是它们之间的简单拼凑和叠加，而是一个独立法律领域，有自己特殊的内在规律和体系。

分散立法模式的缺陷主要是没有统一的原则和标准，各自为政和规范冲突现象严重，电子政务的特性不能突出，实施效果差。在这种情况下，作为相对独立行政法律部门的电子政务法只是崭露头角，完整的体系不可能形成。

为了消除分散立法的弊端，我国应当制定统一的《电子政务法》，然后逐步制定或者修订配套的单行法或者实施细则。学界应当对现行实施法进行批判和整理，按照电子政务的特殊性建立相应的电子政务法学科。按照我们的认识，电子政务法是行政法的一个分支部门，性质上属于特别行政法的范畴。

按照学界公认的一般行政法与部门行政法分类方法，电子政务法也可以分为一般和部门两个层面。

一般电子政务法由下列部分组成：

（1）电子政府法。这是电子政务的组织法，主要调整两个事项：一是电子政府的主管部门及其职权职责，二是电子政府的设置及其法律地位。从实践来看，我国电子政务的主管部门是国家信息化领导小组及其下设的分管办公室，以及地方各级人民政府设立的信息化办公室，负责电子政务的规划和标准制定、政务信息收集和整理、各行政部门的信息资源共享协调、信息工程软件采购审批以及实施评估等事项。我国应当借鉴美国和韩国的经验，在各级人民政府及其工作部门设置首席信息官（CIO）[①]，将各级人民政府信息办改为首席信息官委员会，以确保电子政务建设的专业化和电子政务法实施的统一化。电子政府是与有形政府并行的一种特殊行政组织形式，两者之间的关系需要由法律做出明确规定。目前我国这方面的立法还是空白。统一的电子政务法必须明确电子政府的适用范围及其效果归属，即哪些事务可以由虚拟化的电子行政机构处理，哪些事务只能由有形的行政机关处理；电子行政机构按照自动程序做出的处理在何种条件下具有与有形行政机关相同的效力，并且其效果归属于有形行政机关。

（2）电子政务技术法。主要规范现代信息技术在公共行政中应用产生的技术性法律问题，按照内容可以分为：

① 电子政务数据法，主要规范行政机关收集和处理数据的范围、程序和手段，以及政府数据保密和公开的范围、条件、程序等问题。

② 电子政务标准法，主要调整电子政务信息技术标准的制定、执行等事项。

③ 电子政务安全法，主要调整有关政府信息网络系统安全保护的事项。

④ 电子政务签章法，主要调整电子签名或者签章的认证、使用、效力、加密等事项。

（3）电子政务基金法。这是电子政务的财政法，主要调整电子政务财政资金的来源、预算、使用及其监督等事项。我国这方面的现行法主要是有关政府信息化软件采购的行政规章。美国《电子政府法》规定在财政部下设立电子政府专项基金实行集中统一管理的做

---

① 美国总统布什签署《2002 年电子政府法》，信息网络化发展动态，2002.26；韩国将设立国家首席信息官，信息网络化发展动态，2003.2.

法值得借鉴。

（4）电子行政行为法。电子行政行为法，简称电子行政法。它主要调整电子行政行为的合法要件和效力，确立电子行政行为的特殊法律规则，包括：

① 新电子行政行为的适用范围、种类、法律效力以及与书面、口头等行政行为方式之间的并列、替代或者衔接关系等事项。行政决定、行政合同、行政指导等均可以采取自动化或者电子方式，但有适用范围的限制。

② 电子行政行为的方式。具体包括公民提出申请的电子表格、电子行政行为文本格式的制定、电子文件送达的方式和时间等事项。

（5）电子政务监督法。主要调整三类事项：

① 有关监督行政机关实施电子政务的事项，例如软件采购中的法律监督、电子政务实施效果的调查和评价。

② 信息技术在行政复议和行政诉讼中的应用事项，例如网络复议、网上作证等。

③ 公民的信息权和隐私权等受到侵害时的复议、诉讼等救济事项。部门电子政务法是有关行政行业部门电子政务实践的法律规范，目前初见端倪的是电子税务法、电子警察法、电子海关法，其他行业的电子政务法还在酝酿之中。

关于电子政务的立法体系，国内还没有形成统一的意见。除上述的立法体系之外，我国其他学者还提出了许多意见。如陈飚先生提出应该对应电子政务业务范围建立电子政务法律体系。

11.4.4 我国电子政务立法现状

20世纪80年代末，国家相继制订了一些有关信息化的法律法规。然而这些法律法规往往限于对网站、域名的管理及与传统信息安全立法衔接的安全规范。

总体看来，我国信息化立法有以下几个特点：已有立法的调整范围只覆盖了信息化建设部分领域；立法用传统的调整方式来调整信息化关系，相关立法条文不直接、不贴切；立法效力层次较低，真正意义上的"法律"还没有，基本为部门规章。

因此，我国信息化立法的任务繁重而迫切。国务院信息化工作办公室自2001年8月成立起，即致力于电子政务建设的规划与政策法规制订。2002年7月，国家信息化领导小组通过了《电子政务指导意见》，目前已完成《政务信息公开条例（草案）》和《电子签章条例（草案）》的起草和征求意见工作。

2003年8月27日，十届全国人大常委会第四次会议表决通过了行政许可法，这一法律将于2004年7月1日起施行。《中华人民共和国行政许可法》第三十三条规定，"{行政机关应当建立和完善有关制度，推行电子政务，在行政机关的网站上公布行政许可事项，方便申请人采取数据电文等方式提出行政许可申请；应当与其他行政机关共享有关行政许可信息，提高办事效率。"此外，第二十九条规定，"行政许可申请可以通过信函、电报、电传、传真、电子数据交换和电子邮件等方式提出。"从开始起草到审议通过，前后历经7年的《行政许可法》终于审议通过。欢欣鼓舞的人们普遍认为，这是"政治文明建设的一件大事"。实际上，这也是电子政务建设的一件大事：例如，在一定程度上，第二十九条和第三十三条的规定正是从法律的高度对电子政务的认可和推进。

《电子签名法》的立法进程大致情况是：2002年，国务院信息办委托有关单位起草了

《中华人民共和国电子签章条例》，最初的定位是行政法规。因为立法程序是比较复杂的，而当时各方面对尽快出台有关法律法规的呼声比较高，因此计划先制定一部行政法规，并争取列入下一届人大（十届人大）的立法规划，在条例颁布并执行两三年后提交人大立法。但是2002年10月国务院信息办将《条例》提交国务院法制办审查后，国务院法制办还是认为应上升到法律。在对条例内容进行了较大幅度的修改后，形成了《中华人民共和国电子签名法（草案）》，于2004年3月25日经国务院常务会议讨论并原则通过，于2004年4月2日向十届人大常委会第八次会议提请审议。虽然在该法的立法进程中一直充满了争议，但总的说来审议进展还算比较顺利。2004年8月28日十届全国人大常委会第十一次会议通过了电子签名法，并首次赋予电子签名与文本签名具有同等法律效力，并明确电子认证服务市场准入制度，保障电子交易安全。

我国省一级的地方电子政务立法发展不平衡，在一些信息化程度比较高的省市或地区，电子政务立法超前于国家层面的立法，而一些信息化落后的地区，却基本上还没有电子政务立法的动向。总体来看，东部发达省市或地区都已经制定和出台了一些的电子政务的法律法规。

以"政务信息公开"为例，我国东部一些省市相继出台了"政务信息公开"的条例，如广东2003年5月公布了《广东省电子政务建设实施意见》、6月公布了《广东省电子政务信息安全管理暂行办法》，广州市政府从2003年1月1日起正式实施《广州市政府信息公开规定》，上海在2004年1月20日也公布了《上海市政府信息公开规定》，杭州市也在2004年6月公布了《杭州市政府信息公开规定》并将于2004年10月1日正式实施等。

当然西部个别省市也有一些政策与规定出台，如重庆市2004年5月公布了《重庆市政务信息公开暂行办法》并自2004年7月正式实施。

第 12 章 中央电子政务建设与管理

12.1 中央政府概论

12.1.1 政府与中央政府

政府是国家行政机关,是国家机构的重要组成部分,是阶级专政的重要工具之一。各国政府的组织形式和名称有所不同,但都与其政权性质相适应。按照管辖范围不同,有中央政府和地方政府之分。中央政府为最高国家行政机关,统一领导地方各级政府的工作。地方政府在中央政府的统一领导下,管理所辖行政区域内的行政工作。

我国的中央人民政府是中华人民共和国国务院,它是最高国家权力机关的执行机构。政府是金字塔型的行政组织结构,塔顶是国务院,而中间层次是各省、自治区,起着上传下达,充当信息驿站的作用;这是计划经济体制下,对政府组织结构的理解。而在市场经济体制下,政府把过去承揽的大部分社会事务交还给社会。政府便可以集中精力抓宏观的、长远的、重要的事情了。在政府职能的转变过程中,电子政务使电子政府增加了信息发布、管理、服务、沟通等功能的互联网上的迁移。电子政府使政府部门办公自动化、网络化、电子化,全面信息共享的机关职能由虚拟走向务实,实现政府机关间及政府与社会各界之间的沟通。我国的电子政府仍然是人民政府,依据人民的需求,提供个性的服务选择。

中国现行的行政区划,基本上是省、县、乡三级建制:全国分为省、自治区、直辖市;省、自治区分为自治州、县、自治县、市;县、自治县分为乡、民族乡、镇。直辖市和较大的市分为区、县;自治州分为县、自治县、市。自治区、自治州、自治县都是民族自治地方。按照宪法的规定,国家在必要的时候可设立特别行政区。特别行政区是直辖于中央政府的地方行政区域。目前,全国共划分为 23 个省、5 个自治区、4 个直辖市、2 个特别行政区。

我国以现行行政区划为单位,分别设立省(自治区、直辖市)、县(市)、乡(镇)各级人民代表大会(县级以上的人民代表大会设有常务委员会)和人民政府。

地方各级人民代表大会都是地方国家权力机关,享有决定本行政区域内各种重大事情的权力。省、自治区、直辖市一级人民代表大会,还有权制定地方性法规。地方各级人民政府是地方各级国家行政机关,对本级人民代表大会和它的常务委员会以及上一级国家行政机关负责并报告工作,受国务院统一领导,管理本行政区域内的各项行政工作。

12.1.2 我国国家机构概论

中华人民共和国的国家机构包括:执政党机关——中国共产党中央委员会;国家权力机关——全国人民代表大会和地方各级人民代表大会;国家主席;国家行政机关——国务

院和地方各级人民政府；国家军事领导机关——中央军事委员会；国家审判机关——最高人民法院、地方各级人民法院和专门人民法院；国家检察机关——最高人民检察院、地方各级人民检察院和专门人民检察院；社会团体机关——各社会团体中央委员会。

（1）中国共产党是当代中国的执政党。中国共产党设有中央组织和地方各级组织。中共中央，即中国共产党中央委员会。在中央委员会全体会议闭会期间，党的中央政治局、中央政治局常委会代行其职权。政治局和政治局常委会均由中央委员会全体会议选举产生。中国共产党的中央组织有：

① 党的全国代表大会：全党的最高领导权力机关，每5年举行一次，由中央委员会负责召集。其职权是：听取和审查中央委员会及中央纪律检查委员会的报告；讨论并决定党的重大问题；修改党的章程；选举中央委员会及中央纪律检查委员会。

② 中央委员会：由党的全国代表大会选举产生，在代表大会闭幕期间执行全国代表大会的决议，领导党的全部工作，对外代表中国共产党，每届任期5年。

③ 中央政治局、中央政治局常务委员会和中央委员会总书记：由中央委员会全体会议选举产生，中央政治局和它的常务委员会在中央委员会全体会议闭会期间，行使中央委员会的职权。中央书记处是中央政治局及其常务委员会的办事机构。中央委员会总书记负责召集中央政治局会议和政治局常委会会议，并主持中央书记处的工作。中央军事委员会组成人员由中央委员会决定。

④ 此外，中国共产党在中央一级还设有中央办公厅、中央组织部、中央宣传部、中央对外联络部、中央统战部、中央政策研究室等部门。

（2）全国人民代表大会是最高国家权力机关，由各省、自治区、直辖市、特别行政区和军队选出的代表组成。它行使国家立法权，决定国家政治生活中的重大问题。主要职权是：修改宪法，监督宪法的实施，制定和修改刑事、民事、国家机构和其他的基本法律；审查和批准国民经济和社会发展计划和计划执行情况的报告，以及国家的预算和预算执行情况的报告；批准省、自治区和直辖市的建置，决定特别行政区的设立及其制度；决定战争和和平问题；选举、决定最高国家机关领导人员，即选举全国人民代表大会常务委员会组成人员，选举国家主席、副主席，决定国务院总理和其他组成人员的人选，选举中央军事委员会主席和决定其他组成人员的人选，选举最高人民法院院长，选举最高人民检察院检察长。全国人民代表大会有权罢免上述人员。全国人民代表大会每届任期五年，每年举行一次会议。在全国人民代表大会闭会期间，由它的常设机关常务委员会行使国家最高权力。全国人民代表大会常务委员会由委员长、副委员长、秘书长和委员组成。

（3）中华人民共和国国家主席是一个独立的国家机关，其本身不独立决定任何国家事务，而是根据全国人民代表大会及其常务委员会的决定行使职权。因此，中华人民共和国主席不是指掌握国家权力的个人，不是个人权力的体现，而是中华人民共和国国家政权机构的重要组成部分。中华人民共和国主席与全国人民代表大会常务委员会结合，行使国家元首的职权。国家主席根据全国人民代表大会或者它的常务委员会的决定，公布法律，任免国务院组成人员，发布命令；代表国家进行国事活动，接受外国使节，派遣和召回驻外全权代表，批准和废除同外国缔结的条约和重要协定。

（4）国务院，即中央人民政府，是最高国家权力机关的执行机关，最高国家行政机关，对全国人民代表大会及其常务委员会负责并报告工作。国务院有权在它的职权范围内规定行政措施，制定行政法规，发布决定和命令。国务院由总理、副总理、国务委员、秘书长和各部部长、各委员会主任、中国人民银行行长、审计署审计长组成。

（5）中华人民共和国中央军事委员会是最高国家军事机关，负责领导全国武装力量。中央军事委员会由主席、副主席若干人、委员若干人组成。中央军事委员会实行主席负责制。中央军事委员会每届任期五年，可以连选连任。中央军事委员会是国家的军事领导机关，统率全国的武装力量。中国的武装力量由中国人民解放军、中国人民武装警察部队和民兵组成。人民解放军是国家的常备军；武装警察部队担负国家赋予的安全保卫任务，维护社会秩序；民兵是不脱离生产的群众武装。中央军事委员会由主席、副主席和委员组成。

（6）最高人民法院是国家最高审判机关，独立行使审判权，同时也是地方各级人民法院和专门人民法院审判工作的最高监督机关。最高人民法院对全国人民代表大会及其常务委员会负责并报告工作，最高人民法院院长、副院长的任命及最高人民法院审判委员会委员的任命均由全国人民代表大会决定。人民法院是国家的审判机关。国家设立最高人民法院，各省、自治区、直辖市设有高级人民法院，以下为中级人民法院和基层人民法院。最高人民法院是中国的最高审判机关，对全国人民代表大会和它的常务委员会负责，并监督地方各级人民法院和军事法院等专门人民法院的审判工作。人民法院审理案件，除涉及国家机密、个人隐私和未成年人犯罪案件外，一律公开进行。被告人有权获得辩护，可以自己进行辩护，也可以委托律师或者近亲属、监护人辩护。

（7）中华人民共和国人民检察院是国家的法律监督机关。国家设立最高人民检察院、地方各级人民检察院和军事检察院等专门人民检察院。我国的人民检察院分为四级，即基层、中级、高级和最高人民检察院。最高人民检察院是国家最高检察机关，代表国家独立行使检察权，其工作直接对全国人大常委会负责。其主要任务是领导地方各级人民检察院和专门人民检察院依法履行法律监督职能，保证国家法律的统一和正确实施。人民检察院是国家的法律监督机关。它的设置同人民法院相对应。人民检察院是通过行使检察权来完成自己的任务的。它对于危害国家安全案、危害公共安全案、破坏经济秩序案、侵犯公民人身权利民主权利案和其他重大犯罪案件，行使检察权；对于公安机关侦查的案件进行审查，决定是否逮捕、起诉或者免于起诉；对于刑事案件提起公诉、支持公诉；对于公安机关、人民法院和监狱、看守所、劳动改造机关的活动是否合法，实行监督。同人民法院独立行使审判权一样，人民检察院依照法律独立行使检察权，不受行政机关、社会团体和个人的干涉；而对于任何公民，在适用法律上都是一律平等的。

（8）人民政协机关是中国共产党领导的爱国统一战线组织，也是各民主党派、各人民团体、社会各界的参政议政机构。政协第九届全国委员会机构设置：政协全国委员会各专门委员会——提案委员会、经济委员会、人口资源环境委员会、教科文卫体委员会、社会和法制委员会、民族和宗教委员会、文史资料委员会、港澳台侨委员会、外事委员会；政协全国委员会办公厅。全国委员会每届任期5年，每年举行一次全体会议。全国委员会设主席1人、副主席若干人，秘书长1人，并设立常务委员会主持会务。常务委员会由全国委员会主席、副主席、秘书长和常务委员组成，其候选人由参加政协全国委员会的各党派、团体、各民族和各界人士协商提名，经全国委员会全体会议选举产生。全国委员会主席主持常务委员会的工作，副主席、秘书长协助主席工作。主席、副主席、秘书长组成主席会议，处理常务委员会的重要日常工作。全国委员会设副秘书长若干人，协助秘书长进行工作。全国委员会设办公厅，在秘书长领导下进行工作；根据工作需要设若干专门委员会及其他工作机构。专门委员会是在常务委员会和主席会议领导下，组织委员进行经常性活动的工作机构。各专门委员会设主任1人，副主任、委员若干人。

（9）社会团体是当代中国政治生活的重要组成部分。中国目前的社会团体都带有准官方性质。《社会团体登记管理条例》规定，成立社会团体必须提交业务主管部门的批准文件。业务主管部门是指县级以上各级人民政府有关部门及其授权的组织。社会团体实际上附属在业务主管部门之下。中国有全国性社会团体近2000个。其中使用行政编制或事业编制，由国家财政拨款的社会团体约200个。在这近200个团体中，中华全国总工会、中国共产主义青年团、中华妇女联合会的政治地位特殊，社会影响广泛。还有16个社会团体的政治地位虽然不及上述三个社会团体，但也比较特殊。它们分别是：中国文学艺术界联合会、中国科学技术协会、中华全国归国华侨联合会、中国作家协会、中国法学会、中国人民对外友好协会、中国国际贸易促进会、中国残疾人联合会、宋庆龄基金会、中华全国新闻工作者协会、中华全国台湾同胞联谊会、黄埔军校同学会、中国人民外交学会、中国红十字总会、中国职工思想政治工作研究会、欧美同学会。以上19个社会团体的主要任务、机构编制和领导职数由中央机构编制管理部门直接确定，它们虽然是非政府性的组织，但在很大程度上行使着部分政府职能。

12.1.3 中国中央行政机关机构设置

中华人民共和国国家行政机关包括中央行政机关和地方各级行政机关。中央行政机关即中央人民政府——国务院。地方行政机关即地方各级人民政府，包括四级：省级人民政府，地市级人民政府，县级人民政府和乡级人民政府。

国务院是最高国家权力机关的执行机关，是最高国家行政机关。现行宪法赋予了国务院广泛的职权，包括：根据宪法和法律，规定行政措施，制定行政法规，发布决定和命令；向全国人民代表大会或者全国人民代表大会常务委员会提出议案；规定各部和各委员会的任务和职责，统一领导各部和各委员会的工作，并且领导不属于各部和各委员会的全国性的行政工作；统一领导全国地方各级国家行政机关的工作，规定中央和省、自治区、直辖市的国家行政机关的职权的具体划分；编制和执行国民经济和社会发展计划和国家预算；领导和管理经济工作和城乡建设；领导和管理教育、科学、文化、卫生、体育和计划生育工作；领导和管理民政、公安、司法行政和监察等工作；管理对外事务，同外国缔结条约和协定；领导和管理国防建设事业；领导和管理民族事务，保障少数民族的平等权利和民族自治地方的自治权利；保护华侨的正当权利和利益，保护归侨和侨眷的合法的权利和利益；改变或者撤消各部、各委员会发布的不适当的命令、指示和规章；改变或者撤消地方各级国家行政机关的不适当的决定和命令；批准省、自治区、直辖市的区域划分，批准自治州、县、自治县、市的建置和区域划分；决定省、自治区、直辖市的范围内部分地区的戒严；审定行政机构的编制，依照法律规定任免、培训、考核和奖惩行政人员；行使全国人民代表大会和全国人民代表大会常务委员会授予的其他职权。

1998年以来国务院组织机构进行了较大的改革，国务院组成部门共包括：国务院办公厅和28个部、委员会、行、署，1个国务院直属特设机构、18个直属机构，8个办事机构，此外还包括一些直属事业单位。

12.2 中央政府门户网站建设

12.2.1 中央政府门户网站建设的重要意义

把电子政府或电子政务纯粹理解为政府门户网站建设,是不正确的,但电子政务必须以门户网站为支撑才能真正实现,却是正确的。因此,建好政府门户网站是电子政务发展的初级阶段的核心工作和首要工作。连一个政府门户网站都不存在的话,很难想象这个政府部门能够提供什么样的电子政务。因为:电子政务在很大程度上就是网站的服务,或者说通过门户网站来为企业和公众提供服务。电子政务的效果好坏,并不是体现在内部政府人员的工作效率提高多少上,而是以对外服务能力的提高多少为标志。因为政府内部电子政务的实施好坏最终是以外部的效果表现来评价的。相对于流程改造,以及政府部门职能的转变和重组来看,建立门户网站具有"投资少,见效快,影响力大,阻力少"等优点,是电子政务建设最好的切入点。

同时,建设好中央政府门户网站,对于我国电子政务的建设和发展具有极为重要的意义:

(1)中央政府门户网站的建设,对各地和各部门的政府门户网站具有极为重要的示范和推动作用。我们知道,自从美国联邦政府推出了"First Government"政府门户网站后,对美国整个国家的电子政务得到很大的推进,而且还对国际上的电子政务产生了很大的推动作用。我国目前的情况是中央号召各地各部门实施电子政务,建设门户网站,但是自己的门户网站却不能及时推出,使各地各部门许多政府网站的建设处于一种盲目的探索甚至应付和观望中。

(2)中央政府的网站建设,为地方政府在门户网站建设上存在的各种难题和矛盾提供了解决的参考尺度。例如目前的信息保密深度,信息整合,网上办公服务提供程度,网上监督,政府网上采购,甚至信箱的设计规范,部门之间的功能整合等。我们最近通过调查发现全国各个地级市在网站的信息和功能上都呈现无序性和差异性,深感示范的重要性。

(3)对地方政府电子政务的发展起引导和改进作用。现在许多地方政府敢于在电子政务方面进行投资,但是对投在什么方面,如何保证效益,如何分步投资,以及如何从整体上进行规划和发展等等,存在一些盲目性。而中央政府网站的推出,为它们在投资方向、数额和运营上都会起到重要的参考作用,免去了很多政府部门在这方面不必要的争论。

(4)中央政府门户网站的推出,对我国整体的电子政务发展是一种极为重要的信心支持,可以在很大程度上消除国内外人士和机构对我国电子政务建设的将信将疑和观望的态度。

12.2.2 中央政府门户网站的建设原则

(1)与国际接轨。到底怎样才能建好中央政府门户网站?目前也已经有了一些较好的建议。首先,电子政务是一种国际性趋势,是信息技术在全球范围内改造政府的运动,因此在建设中央政府门户网站时要与国际接轨。与国际接轨,主要体现在面向世界、面向未来、适应技术进步三个方面。

① 面向世界就是网站要在一些通用功能、栏目设计和服务上符合国际通用的准则，并且能够让那些想了解中国和中央政府的人们能够方便地了解到可以了解的内容。这就要尽可能提供多语种的、即时的信息，为中国公民和世界人们提供他们可能感兴趣的内容，如法律、文化等。

② 面向未来就是内容框架、栏目结构和服务功能上要具有开放性和灵活调整能力，根据机构职能、外部需求和改革的变化，不断地适应未来的需要。

③ 适应技术进步就是根据网络技术的发展和国家信息化的进步，不断推出并完善新的服务。例如增加视频信息、音信息，适合于移动方式接收的信息，以及各种智能数据库的开发使用等。

（2）中国特色。要有真正的中国特色，符合国情，符合当前的实际情况，符合当前的发展阶段，符合当前的需要。一个政府网站，从最简单的角度来看，就如同政府的一张名片，因此中国的国情且特色也必然和必须在政府网站上体现出来。目前，由于多种原因，我国政府还不能很快、很完善地提供各种服务，但是政府已经有大量的信息可以通过网站提供，并且可以通过网络与公众进行沟通交流，并监督政府工作人员的工作。也就是说，通过网络实现政务公开，接受公众的监督和接受他们的各种意见和建议，可能成为现阶段网站本身的特色，而不能期望所有政府部门都可以很快实现网上办公。

（3）有组织有管理。搞好电子政务，要从规划、制度、组织和经费方面予以保障，这需要有一个强有力的协调性机构。电子政务是一项系统工程，更是一种新的行政方式，从开始就需要从规划、制度建设和组织上予以保障，否则就很容易变成"半拉子"工程，或者即使把网站建成了，也只是个花架子。在这方面，既需要积极借鉴国外的经验，吸取地方政府目前在这方面的经验与教训，又需要结合中央政府的实际情况加以研究。

也应看到中央政府门户网站的实施，还有许多问题和困难需要在发展中逐步解决，有些难题可能在现阶段还难以解决，可以把它们留在后面，例如党政分开还是一体问题，是否设立专门的职能部门管理和运营，以及该职能部门的主要功能等。

另外，要在建设上、技术开发上和研究上切实采用招标制，保证一流的公司和技术与人才参与项目建设。现在很多 IT 公司都盯住电子政务的业务，各个公司之间的竞争也非常激烈，因此一定要通过规范的机制，选用最好的（最合适的）公司和机构参与建设，不能因为某些公司名气和关系搞乱这个市场。

同时，中央政府门户网站是一项全新的创新工程，许多地方还存在不确定性，需要进一步探讨，因此要通过各种方式（特别是网络方式）与人们高度互动，切实听取各方意见，特别是来自不同层面的意见，切实把群众的智慧吸纳进来。例如，可以通过专门的网上信箱来收集意见，甚至允许在门户网站开辟论坛来让人们参与讨论，把这个门户网站建设成我国电子政务的优质示范工程。

12.2.3　中央国家机关门户网站运行情况

2002 年，由政府上网工程各发起单位倡议发起，信息产业部信息化推进司、国家经贸委经济信息中心主办，中国电信数据通信局、政府上网工程服务中心承办，依据国家政府信息化指标体系，组织开展政府上网工程"政府网上应用调查"活动。

本次调查活动的结论主要包括以下几点：

（1）通过对国家部委政府信息化建设和政府网站的情况进行调查和分析，可以看出，政府上网工程实施三年来，全国政府部门建立的网站已突破一万个，三年净增十倍，网上办公、网上审批已逐步开展。中央国家机关已建成门户网站 90 多个，基本实现了中央国家机关在网上集体亮相。初步形成政府职能网上展现，建网、用网初见成效。到 2003 年，几乎所有的部委都有了自己的站点。经过几年的发展，一些较早建立网站的部委，已经将网站建设得非常成熟，历经几次改版，无论是从主页设计还是所具有的信息服务功能，都比较出色。

（2）从调查结果来看，国家部委的信息化建设在整个政府上网工程中起到了示范和带头作用，部委机构的政府上网工程实施效果比较突出，取得了不少成绩。体现在首先是思想上对信息化建设和政府上网给以了高度重视，基本上都是部长直接主抓的领导工程；其次从实际工作中大力推进，包括配备了专门的技术人员、管理人员以及专项资金支持，使得这一进程大大加快。第三是对政府网站的宣传和功能开发都做了大量工作，尤其是扎实的推进了电子政务的开展，包括建立数据库，将历史沉积的众多文本信息电子化，并提供查询搜索功能，而电子公文以及内部工作的电子邮递也在积极开展，为下一步的更深入的信息化建设奠定基础。第四是各单位高度重视信息安全问题，采取了有效的安全防范措施。

（3）广泛应用宽带技术。在调查中发现，近半数的受访部委建立的网站是采用专线接入的方式的。可以看出，政府上网工程还是投入了很大的力气，花费了不少代价，再加上电信部门的密切配合，保证了政府网站的硬件资源，奠定了发展的基础。

（4）多种技术开发、维护形式并存。从被调查部委建立网站的开发方式来看，自主开发和联合开发均占有相当大比例。从实际情况来看，一些媒体所报道的政府网站迟迟没有得到更新的情形并没有出现于部委网站，无论是新闻还是通知、公告等，部委网站发布的信息都比较及时。

（5）在调查中，发现政府网站建设中存在一些问题，表现在：政府领导的观念需要进一步转变，政府长期以来的管理思维和管理方法与网络的思维和管理方法之间存在着巨大的反差；政务信息的及时性和政府网站内容的丰富性还有待加强；网站建设上存在设计理念不够成熟、服务性不足，缺乏互动的内容和形式；网络安全保障尚存在隐患。

12.3　政府上网工程建设与管理

12.3.1　什么是政府上网工程

政府上网是指各级各地政府部门利用互联网等计算机通信技术，在互联网上建立正式站点，推动我国政府办公自动化与政府网上便民服务，在网络上实现政府在政治、经济、社会、生活等诸多领域中的管理和服务职能。

政府上网工程是中国电信、国家经贸委信息中心联合全国人大、全国政协、最高人民法院、最高人民检察院和国务院各组成部委办局的信息主管部门共同发起，得到各地方政府的积极响应，在统一规划、协调下，组织各级各地政府的信息部门、电信部门和科研机构、IT 企业等力量，旨在安全有序、高效经济地推动政府上网的跨世纪的系统工程。

12.3.2 政府上网工程的启动

（1）1998年4月，青岛市在互联网上建立了我国第一个严格意义上的政府网站"青岛政府信息公众网"。这标志着中国电子政务工程迈出了可喜的一步。

（2）1998年10月18日，中国电信策划出台"政府上网工程实施方案"，并提出实施政府上网工程优惠政策和其他配套措施，与政府上网相关话题第一次引起社会各界的广泛关注。

（3）1998年12月，海关总署与信息产业部联合开发建设国家口岸专网，利用中国电信宽带数据网，仅用三个月时间就建成运行了全国海关外汇报关单联网核查系统，全国每一个县所有外汇局和银行，不论当地是否有海关机构，都能在本地169网上很方便地验核所有海关报关单底帐，有效及时遏制走私、骗汇、骗税势头，保护国内经济的发展和经济安全。海关专网的应用显示了政府上网具有的巨大的经济效益和社会效益，推动行业部门上网工程的发展。

（4）1999年1月22日，由中国电信和国家经济贸易委员会经济信息中心牵头，联合四十多家部委（办、局）信息主管部门在京共同召开"政府上网工程启动大会"，倡议发起了"政府上网工程"。会议同时开通全国31个省、自治区、直辖市电视电话会议分会场，各地政府领导和相关部门负责人收看了会议实况。同日，政府上网工程主网站www.gov.cn正式开通试运行，成为我国政府上网的导航中心和服务中心。通过"政府上网工程"的全面实施，揭开了1999年"政府上网年"的第一幕，得到各级政府部门的积极响应。

（5）1999年01月23日，湖南省召开"政府上网工程"启动电视电话会议。这是我国省级政府启动政府上网工程的开始。

（6）1999年04月，全国人民代表大会、国务院办公厅、全国政治协商会议、国防科学技术工业委员会、中国国际贸易促进委员会、国务院发展研究中心、国家林业局、国家测绘局、国家海洋局等单位加入政府上网工程发起单位行列，政府上网工程发起单位达57家。这标志政府上网工程的全面启动。政府上网工程的全面启动直接推动了中央和地方政府信息化进程，各省市政府机构上网的积极性普遍高涨。随后不久，广东、河南、山东、海南、河北、黑龙江、陕西、宁夏、内蒙古自治区等地政府先后召开了全省（区）范围的政府上网工作会议，成立了专门机构，拨付专项资金用于支持该项工作，将政府上网工程作为今年政府的一项重要工作加以落实。

（7）1999年05月，政府上网工程首批50个省级和地市级人民政府试点工作开始实施，以进一步推进省级和地市级人民政府上网工作，包括政府网站在规划、应用开发、设计制作、信息内容的筛选和加工、安全保密、培训、运营和宣传推广等方面的模式和规划，推广优秀政府网站的经验和便民服务的网上应用。

（8）1999年6月，为更好的为各级各地政府上网提供服务支持，政府上网工程秘书处设立综合性服务机构——政府上网工程服务中心，全面规划、协调各级各地政府之间及国家有关部门之间关于政府上网工作的组织落实，动员、组织社会各界力量为政府上网工程提供各种支持，建设运营政府上网工程主站点www.gov.cn。

（9）2001年08月，国家信息化工作领导小组成立，国务院总理亲自任领导小组组长，国家副主席胡锦涛、副总理李岚清、吴邦国、中共中央宣传部部长丁关根均在该领导小组重担任副组长。

12.3.3 政府上网的意义

有利于树立中国各级政府在多媒体网上的形象，组织和规范各级政府的网站建设，提高政府工作的透明度，降低办公费用，提高办事效率；有利于勤政、廉政建设，同时大幅提高政府工作人员的信息化水平。政府上网后，可以在网上公布政府部门的名称、职能、机构组成、工作章程以及各种资料、文档等，并公开政府部门的各项活动，增加了办事执法的透明度，为公众与政府交流提供方便，同时也接受公众的民主监督，提高公众的参政议政意识。与此同时，由于互联网是跨国界的，我国政府上网将能够让世界更好地了解中国，加强与世界各国的交流，从而树立起面向 21 世纪的良好形象。

将各级政府站点建设成为便民服务的"窗口"，帮助人们实现足不出户完成与政府各部门的办事程序，为实现政府部门之间、政府与社会各界之间的资讯互通及政府内部办公自动化，最终构建电子政府打下坚实基础。

信息网络正在成长为"第四媒体"，将成为人们获得信息和实现社会各多种功能的主要载体，因而抓住时机实施"政府上网工程"，可以改变我国信息化建设领域长期以来在硬件、软件和信息服务业投资上的严重比例失调的状况，极大的丰富网上的中文信息资源。

政府上网工程通过政府对信息产业界主要力量引导和组织，促使政府在短时期内上网，实现政府信息资源的市场价值，引导和形成新的消费热点和经济增长点，从而带动相关产业群落的发展，营造有利于我国信息产业发展的"生态环境"，加速我国信息产业和国民经济信息化的发展。

"政府上网"将带来政府办公模式与观念上的一次革命。那种为了办成一件事而要到处盖上几十个公章的现象将不复存在，如深圳已经实现了网上交税。在政府内部，各部门之间也可以通过互联网联系，各级领导可以在网上向各部门做出各项批示与指导，从而既提高了办事效率，又节省了政府开支。

"政府上网"将为我国信息产业的健康发展创造一个良好的生态环境，同时对促进我国政治、经济和文化的发展产生深远地影响。目前全国各个部委的信息资源占全社会信息资源总额的比例达百分之八十，这些信息资源对公众来说是很有用处的，如国家教委可以把全国各大专院校的情况传到网上，供全国考生查询与选择等。反过来，政府上网带来丰富的信息资源又会促进更多的百姓上网。

12.3.4 政府上网工程的主要内容

"政府上网工程"是电信总局和相关部委信息主管部门策划发动和统一规划部署，各省、自治区、直辖市电信管理局作为主要支持落实单位，联合信息产业界的各方面力量（ISP/ICP、软硬件厂商、新闻媒体），推动我国各级政府各部门在 163/169 网上建立正式站点并提供信息共享和便民服务的应用项目，以构建我国的"电子政府"。

在"政府上网工程"实施中，针对政府信息资源的开发利用出台"三免"的优惠政策"，即在规定期限内"减免中央及省市级政府部门网络通信费、组织 ISP／ICP 免费制作政府机构部分主页信息、组织 ISP/ICP 免费对各级领导和相关人员进行上网基本知识和技能的培训"。

随着政府上网工程的深入，争取信息产业部会同相关部委出台特殊政策以保障该工程的落实：如对于政府信息资源开发项目提供资金、机制上的政策倾斜，对于信息服务商减免税收和奖励，工程实施情况列入各级政府政绩考核等等。同时，开拓多渠道、多途径的投资来源，以股份制、合作、代理等多种方式运营政府站点，实现以"信息源养信息源"的良性循环。

政府上网工程的范畴主要包括：协助各部委将自身信息发布到163／169网上提供信息共享和重点提供便民服务应用项目；协助各部委租用电信基础网络组建内部办公网；协助各部委自身通过163／169获取信息。

12.3.5 政府上网工程的实施

1. 总体设想

通过启动"政府上网工程"及相关的一系列工程，实现我国迈入"网络社会"的"三部曲"：

（1）实施"政府上网工程"，在公众信息网上建立各级政府部门正式站点，提供政府信息资源共享和应用项目。

（2）政府站点与政府的办公自动化网联通，与政府各部门的职能紧密结合。政府站点演变为便民服务的窗口，实现人们足不出户完成与政府部门的办事程序，构建"电子政府"。

（3）利用政府职能启动行业用户上网工程，如"企业上网工程"、"家庭上网工程"等，实现各行各业、千家万户联入网络，通过网络既实现信息共享，又实现多种社会功能，形成"网络社会"。

2. 实施目标

（1）先期上网的单位在调通线路之前，就根据协议，先将政府的主页制作上网，并对主页栏目进行设计，录入部分信息来启动这一单位上网工程。由于是主要采用"政府主机"托管到"电信港湾"的方式，一开始就可以在政府主机建立数据库对信息进行库化；实现前台的全文检索甚至跨数据库的全文检索、后台的统计等管理功能。同时大力宣传，为下一步运作造出社会影响。

（2）第二步再联通专线，由政府机关组织信息源与ISP／ICP将信息制作，通过网络更新信息上网，有应用系统的再通过专线访问其应用系统。此时可考虑设置电子信箱，进行和社会之间的通信，然后可设计一些交互式信息系统，如页面意见提交等方式。

（3）第三步进行大规模信息录入。

（4）第四步与合作部委协商启动其行业用户上网工程，可采取其用户以会员制的方式参与，以收取一定的会员费的方式，同时深入研究该单位可供挖掘和能增值的信息资源和应用项目，提供交互式的手段。在此期间始终配合新闻宣传，进行跟踪报道，不断炒热站点，同时也给站点自身的完善提供外部的期望和压力。

（5）第五步和政府的办公自动化相联。

3. 配套措施

（1）联合 ICP、ISP 免费制作部委部分主页和信息，合作建设和经营政府站点，免费培训政府领导和工作人员上网的技能。

（2）联合软硬件厂商免费或优惠为政府上网工程提供一批服务器、路由器、防火墙、数据库等软硬件，合作开发应用系统。

（3）联合新闻界、学术界、经济界和信息产业界，大力宣传政府上网工程，加强"电子政府"的课题研究。

4. 政府上网工程最新效果

到 2004 年底，政府上网工程启动六年，政府公众网站的总体水平提升很快。全国政府部门建立的网站总数量突破 2 万个，网上办公、网上审批已逐步开展，很好地推动了我国电子政务建设工作。目前，中央国家机关已建成门户网站 90 多个，基本实现了中央国家机关在网上的集体亮相。中国各级地方政府已经普遍设立了公众网站。政府信息化已经深入到我国的广大基层地区，政府上网工程对推动和促进中央国家机关信息化建设发挥了积极的作用。

2004 年，政府网站更加注重联系群众，树立电子政务为民服务的精神，老百姓是电子政务的重要主角，电子政务建设得好不好，百姓说了算。北京、上海、厦门等门户网站开展网上的评议政府活动，政府网站办得好不好，由市民做评判。只有这样，政府网站的建设才能不流于形式，受到市民真正欢迎。

尽管以政府公开为指标的网站内容服务建设取得一定成效，但以网上办公、公众反馈、网上监督等为指标的网站功能建设仍处较差水平。而功能缺失和交互性差直接制约着政府便民服务的水平。目前我国政府公众网站的总体水平仍旧很低。2004 年，政府网站成为公众最为诟病的焦点。

根据 2004 年有关调查，首次评估的国家部委公众网站不尽如人意，总体水平赶不上地方城市。在满分为 10 分的评估中，2004 年部委网站的总体平均分只有 5.4 分，只比 2003 年 36 个省会城市及计划单列市的平均分高 0.1 分，远低于这些城市今年 6.3 分的平均分。而在"十二金工程"的牵头部门中，仅有国家税务总局、民政局、农业部、审计署进入部委政府网站前 10 位，大半在部委中排在靠后的位置。同时，省级政府公众网站有很多不规范，重要一点就是域名不统一，有使用全拼的，有使用首字母缩写，还有用非".GOV"的……。"贫富不均"的局面也比较明显，地方城市政府公众网络水平与当地经济发展水平和开放程度的正相关性进一步加强，华东、华南较好，西部相对落后。

在 2004 年，很多媒体对政府网站作了严厉批评，政府网站一度被形容为"垃圾场"、"作秀坊"、"首页秀"、"打盹"、"唤醒工程"、"老黄历"等。翻开 2004 年各地报纸，西安、郑州、成都、石家庄、太原、武汉、济南和长沙等数个省会城市均因为政府网站问题被点名批评。这些政府网站普遍存在的问题主要表现在以下方面：

（1）内容陈旧，更新速度慢。

（2）内容重复，缺少独家资料。

（3）运行不正常，经常"找不到"。

（4）内容单一，没有吸引力。

12.4 金字工程建设与管理

按照"十五"期间全国电子政务建设指导意见，将进一步加快建设政务平台，整合信息资源，统一平台，统一标准。从 2003 年起电子政务建设工作将主要围绕"两网一站四库十二金"重点展开。"一站"，是政府门户网站；"两网"，是指政务内网和政务外网；"四库"，即建立人口、法人单位、空间地理和自然资源、宏观经济等四个基础数据库；"十二金"，则是要重点推进办公业务资源系统等十二个业务系统。这 12 个重点业务系统又可以分为三类，一类是对加强监管、提高效率和推进公共服务起到核心作用的办公业务资源系统、宏观经济管理系统建设；第二类是增强政府收入能力、保证公共支出合理性的金税、金关、金财、金融监管（含金卡）、金审等 5 个业务系统建设；第三类是保障社会秩序、为国民经济和社会发展打下坚实基础的金盾、社会保障、金农、金水、金质等 5 个业务系统建设。

"两网一站四库十二金"覆盖了我国电子政务急需建设的各个方面，涉及信息资源开发、信息基础设施建设与整合、信息技术应用等领域。特点各异，又相互渗透和交融，将初步构成我国电子政务建设的基本框架。

事实上，贯穿全国的电子政务信息平台系统工程，随着社会经济发展的需要，还会出现一些新的金字工程。到 2005 年初，金字工程已经发展到 16 个：金宏工程、金保工程、金质工程、金税工程、金财工程、金贸工程、金关工程、金审工程、金卡工程、金农工程、金水工程、金盾工程、金桥工程、金旅工程、金智工程和金卫工程。

（1）"金宏工程"，即宏观经济管理信息系统，它是我国电子政务一期重点工程中的十二大业务系统之一，由国家发展和改革委员会牵头，财政部、商务部、中国人民银行、国有资产监督管理委员会、海关总署、国家统计局和国家外汇管理局共同承担。上述部门领导组成项目协调领导小组，下设办公室，日常工作由项目协调领导小组办公室负责。

（2）"金保工程"是政府电子政务工程建设的重要组成部分，是全国劳动保障信息系统的总称，可以用"一二三四"来加以概括，即一个工程，二大系统，三层结构，四大功能。即在全国范围内建立一个统一、高效、简便、实用的劳动和社会保障信息系统，包括社会保险和劳动力市场两大主要系统，由市、省、中央三层数据分布和网络管理结构组成，具备业务经办、公共服务、基金监管、决策支持四大功能。

（3）"金质工程"是国家电子政务建设的重要组成部分，是我国电子政务建设的 12 重点应用系统之一。通过电子政务系统的建设，促进各级质检机关向管理服务型转变，提高质量监督检验检疫执法的透明度，形成全国统一的质检大网络，促进质检系统执法电子化、信息化，为生产企业和外经贸企业带来更大的方便与效益，加大打击假冒伪劣的力度，更有效地规范市场经济秩序，促进社会主义市场经济的发展。

（4）"金税工程"由一个网络，四个软件系统组成。即覆盖全国国税系统的，区县局、地市局、省局到总局的四级广域网络；四个软件系统分别为：防伪税控开票系统、防伪税控认证系统、计算机稽核系统、发票协查系统。

（5）"金财工程"即政府财政管理信息系统，简称 GFMIS。它是在总结我国财政信息化工作实践，借鉴其他国家财政信息化管理先进理念和成功经验的基础上，提出的与我国建立公共财政体制框架目标相适应的一套先进信息管理系统，是我国正在实施的电子政务战略工程建设的重要组成部分。

（6）"金贸工程"的主要任务是在流通领域推行电子贸易，是继"金桥"、"金卡"、"金关"、"金税"等工程之后的促进流通电子化的工程。

（7）"金关工程"的核心有两块，一是海关内部的通关系统；二是外部口岸电子执法系统。金关工程包括四个应用系统：配额许可证管理系统、进出口统计系统、出口退税系统、出口收汇和进口付汇核销系统。

（8）"金审工程"是审计信息化建设项目的简称，属于国家确定加快建设的六个业务系统工程建设项目之一，是国家电子政务一期工程的重要组成部分。2002 年 4 月，国家计委批准审计署提出的可能性建设报告，金审工程成为按照国家基本建设程序批复的第一个国家电子政务建设项目。

（9）"金卡工程"广义是金融电子化工程，狭义上是电子货币工程。它是我国的一项跨系统、跨地区、跨世纪的社会系统工程。它以计算机、通信等现代科技为基础，以银行卡等为介质，通过计算机网络系统，以电子信息转帐形式实现货币流通。它的实现必将加速我国金融现代化步伐，从而提高社会运作效率，方便人民工作生活。

（10）"金农工程"是 1994 年 12 月在"国家经济信息化联席会议"第三次会议上提出的，目的是加速和推进农业和农村信息化，建立"农业综合管理和服务信息系统"。

（11）"金水工程"是从"九五"期间开始实施的、覆盖水利信息化全局性的重大工程，"十五"期间要加快建设步伐，今后一定时期内还要继续向纵深发展。

（12）"金盾工程"实质上就是公安通信网络与计算机信息系统建设工程。它是利用现代化信息通信技术，增强公安机关快速反应、协同作战的能力；提高公安机关的工作效率和侦察破案水平，适应新形式下社会治安的动态管理。目的是实现以全国犯罪信息中心（CCIC）为核心，以各项公安业务应用为基础的信息共享和综合利用，为各项公安工作提供强有力的信息支持。

（13）"金桥工程"是以建设我国重要的信息化基础设施为目的的跨世纪重大工程。1996 年 8 月，金桥工程被正式批准列为国家的 107 个重点工程项目之一，是最早的三金工程项目之一。

（14）"金旅工程"是国家信息网络系统重要组成部分，是旅游部门参与国家旅游业信息化建设的重要基石。金旅工程是覆盖全国旅游部门的国家—省—市—企业四级的计算机网络系统，建成后，将为提高旅游行业整体管理水平、运行效率、改进业务流程、重组行业资源等方面提供强有力的技术支持；同时，全面发展旅游电子商务，与国际接轨，为世界旅游电子商务市场提供服务。"金旅工程"可概括为"三网一库"，即内部办公网、管理业务网、公众商务网和公用数据库。

（15）"金智工程"是与教育科研有关的网络工程，其主体部分是"中国教育和科研计算机网示范工程"（即 CERNET），1994 年 12 月由国家计委正式批复立项实施。CERNET 由教育部主持，清华大学、北京大学、上海交通大学等 10 所高校承担建设任务，包括全国主干网、地区网和校园网三级网络层次结构，网络中心设在清华大学。金智工程的最终目的，是实现世界范围内的资源共享、科学计算、学术交流和科技合作。

（16）"金卫工程"是在卫生部直接领导下的，在全国医疗系统颇引人注目的一项全国性工程。它不仅将信息科学、计算机技术和通信集成应用等技术集成于医疗卫生领域，而且优化了医疗保健服务，在医疗卫生信息网络 MIN（Medical Information Network）基础之上，建立了全国性远程医疗信息传输系统，实现了医疗机构计算机网络化。

第 13 章 地方电子政务建设与管理

13.1 地方政府概论

13.1.1 什么是地方政府

地方政府是一个相对的概念，但就其定义而言，人们并没有达成共识，其主要原因就在于"地方政府"相对应的社会、政治、历史、文化等诸多因素过于繁杂。现列举几种，供讨论。

《布莱克维尔政治学百科全书》对"地方政府"的定义是："权力或管辖被限定在国家的一部分地区的一种政治机构。它具有如下特点：长期的历史发展，在一国政治结构中处于隶属地位，具有地方参与权、税收权和诸多职责。"

《国际社会百科全书》则说，地方政府是在全国政府或地区政府的一小块领土上，拥有决定和管理有限范围公共政策的一种公共组织。在金字塔式的政府结构中，地方政府处于最低层，顶端是全国政府，中间政府（州，地区，省）占据中间一层。

《新时代百科全书》说：地方政府包括城市政府以外的地方行政单位和州（省）。因此，地方政府包括除全国政府以外的所有层次的政府。

《美利坚百科全书》的解释是：地方政府，在单一制国家里是中央政府的分支机构，在联邦制国家里则是联邦成员政府的分支机构。因此，联邦国家的成员政府（如美国的州）不属于地方政府的范围。

《拉鲁斯百科全书》说：地方政府——领土行政单位，既适用于单一制国家的地方行政单位，也适用于联邦制国家内拥有主权的州。

《辞海》[①]的解释是：地方政府是中央政府的对称。设置在地方各级行政区域内负责行政工作的国家机关。各国地方政府有不同组织形式和名称。我国地方各级人民政府是国务院统一领导下的国家行政机关。

《中外政治制度大辞典》把地方政府分为广义和狭义两种解释。广义的地方政府是与中央政府的对称。从这个意义上讲，除中央政府以外的各级政府都称为地方政府。狭义的地方政府则是直接治理一个地域及其居民的一级政府，即基层政府。与之相对应的则是在中央政府与地方政府之间的中间政府，也有称这为区域政府。

总体而论，我们赞成这样的定义：地方政府是指由中央政府依法设置的，治理国家部分地域或管理部分地域某些社会事务的政府。地方政府通常由地方权力（决议或立法）机关和地方权力执行机关（行政机关）组成，不包括设置在本地域内的地方军事机关和地方司法机关。

---

① 辞海编辑委员会，辞海，上海辞书出版社，1999.1503.

13.1.2 地方政府的特点

（1）地域性与局部性。一个地方政府总是有相对固定的治理地域，同时由于地域的因素也就具有较大的局部性。

（2）行政性。也就是说地方政府不具有国家的所有外部特征。从当今世界各国实践表明，地方政府和国家不同，只适宜设置行政机关，并非同时拥有立法、行政、司法三种机构。并且，只有当地方享有自治权时，地方立法机关才有其必然性和必要性。因此，地方政府主要职责在于地方事务的管理。

（3）权力的非主权性。地方政府的权力是不包括主权的，这也是地方政府的主要特征。

（4）广泛的价值性。地方政府是国家管理的具体与细化。地域广大的国家，为地方政府的存在提供了很好的根据。地方政府就像在中央和居民之间设立的中介性机构，对于中央对全国事务的管理大有益处。同时，由于中央政府只在管理全国范围内、具有普遍性事务方面保持有效性，地方政府对比中央政府而言，在灵活性方面具有优越性。

地方政府是民主政治体制的突出特征。民主是以确立国家、地区或群体的权力归属为前提的，其实质是由谁来决策的问题。在关涉地方的事务上，地方政府在很大程度上使地方居民可以表达自己的要求和愿望，实现了地方公民实质性的参与。

地方政府有助于增进人们对自由政治制度的理解。法律上的公民一般由三层内涵：国家的主人，国家机关，和受国家法律管辖的客体。在现实层面上，人们更多地感受第三层意义上公民的涵义。因此，地方政府的存在，恰恰能在一定程度上满足公民的第一层涵义。

由此，地方政府是实现国家政治统治的基石、实现民主政治的基础、沟通联络中央政府与民众的渠道、推进社会发展进步的力量。

13.1.3 地方政府的类型

根据不同划分标准，可以把地方政府分为不同类型：

（1）根据地方政府在行政体制中所居位置，地方政府可以分为基层地方政府、高层地方政府和中间层地方政府三类。在我国乡镇级（含街道办事处）人民政府属于基层地方政府，常常简称"基层政府"。省、直辖市、自治区人民政府以及副省级省辖市属于高层地方政府，地区级市、地区行政公署、县（市、区）级人民政府属于中间层地方政府。通常将高层地方政府和中间层地方政府都称之为地方政府。

（2）根据地方政府在行政中的功能，可将地方政府分为一般型地方政府和特殊型地方政府。在我国，香港、澳门、台湾、地方人民政府的派出机关以及一些经济开发区、经济矿区属于特殊地方政府，除此之外都属于一般地方政府。

（3）根据地方政府在政治体制中的地位不同，可以将地方政府分为行政体地方政府、自治体地方政府和民主集中体地方政府。

① 行政体地方政府的基本特征是：地方政府是中央和上级政府的下级行政机关，不存在代表当地公民利益和意愿的代议机关。行政体地方政府实质上是集政治统治权，行政管理权于一身的实体。

② 自治体地方政府的基本特征是：国家对纯属地方的事务，不由自己任命行政长官来

管理，而由当地公民选举产生的自治体地方政府来管理。

③ 民主集中制地方政府的基本特征是：地方存在有当地居民选举（直接的或间接的）产生的，代表当地居民意愿的代议机构，并由代议机构（通常称为权力机关）选出执行机关和行政机关，与此同时，地方行政机关是中央和上级行政机关在当地的代表，是它们的下级机关。在各级权力机关之间不存在上下隶属关系，只存在法律监督和指导关系。行政机关为权力机关的执行机关，在接受上级行政机关领导的同时，又对产生它的地方权力机关负责，并接受其领导。

13.1.4 我国地方行政区域的结构和框架

（1）地方政府名称的前后变化

1954年宪法规定：地方各级人民政府称为"人民委员会"。1975年、1978年宪法规定：地方各级人民政府称为"革命委员会"。1982年宪法规定：地方各级人民政府称为"人民政府"。

我国地方制度是以宪法和宪法性法律规定的，即地方政府的存在是宪法的授权。宪法规定，我国目前有三类地方：普通行政区、自治地方、特别行政区。在行政区域划分上，我国目前实行的基本是宪法规定的省（自治区、直辖市）—县—乡三级制。

（2）省制（直辖市）

省（直辖市）是我国地方一级最高行政机关，我国目前有23个省，4个直辖市。1954年宪法规定省政府的最高行政长官为省长。

省的组织和职权：1982年宪法规定，省设人民代表大会及其常委会、人民政府。省人民代表大会是省国家权力机关。省人民政府是省人民代表大会的执行机关，省政府下设省职能部门。

直辖市的组织和职权：直辖市相当于省级，受国务院直接管辖。中央直辖市是人口比较集中，在政治、经济、文化等方面具有特别重要地位的大城市。直辖市在机构设置上辖区和县。

（3）市制（省辖市、自治州）

实际上，我国在省和县之间还有一级，就是省直辖市（地级市）和自治州，即通常所谓的"地区级建制"。我国省辖市可分为三类：省、自治区人民政府所在地的市；国务院批准的较大的市；一般省辖市。

改革开放以来，我国省辖市的职权发生了很大改变。管辖范围扩大，市地合并，辖县的市增加了领导县的职能；增加了立法权，市可制定地方性法规和规章；经济权力可与省齐，计划单列的大城市在经济管理方面享有省一级的职权。享有特殊经济权利，经济特区和开放城市在经济方面可以执行特殊政策。市（省辖市、自治州）设人民代表大会和人民政府。市人民代表大会是城市的国家权力机关。人民代表大会设常务委员会，由其履行人民代表大会闭会期间的职能。市人民政府是本市国家权力机关的执行机关，是本市的国家行政机关。

市辖区。区是城市基层组织，市辖区是一级行政单位和地方政权。根据法律规定，区设人民代表大会及其常务委员会，设置区人民政府。区人民政府是本区人民代表大会的执行机关。区在城市社会生活中起着非常重要的作用，它是市政权的支柱和基础。

（4）县制（自治县、县级市）

县（县级市）的组织机构和职权：县（县级市）设有县（市）人民代表大会和人民政府。县（市）人民代表大会代表由当地居民直接选举产生。自治县的人民代表大会可以制定自治条例和单行条例。县人民政府不能制定规章。

（5）乡制（民族乡、镇）

乡是我国最基层的一级组织。1982年宪法重新恢复1954年宪法的规定。

乡的组织机构：一是乡（民族乡、镇）人民代表大会，一是乡（民族乡、镇）人民政府。乡人民代表大会的组成、任期。乡（民族乡、镇）的人民代表大会在闭会期间不设常委会。其主席职能是在闭会期间联系本级人民代表大会的代表，组织代表开展活动，反映群众对本级政府的批评和意见。乡人民政府的组成及其职权。乡、民族乡、镇的人民政府是本级人民代表大会的执行机关，是我国基层国家政权机关，从属国家行政系统，同时也是我国基层自主组织的执行机关。

（6）地方人民政府的派出机关

地方人民政府的派出机关不是一级政府组织，但在实际上履行着一级人民政府的职能，在一定区域内对所有的行政事务享有组织权和管理权。

行政公署简称"行署"、"专员公署"，它们是我国省、自治区人民政府的派出机关，在法律上不是一级政府。行政公署的性质。行政公署所辖地域又称为"地区"、"专区"。根据我国地方层级划分，地区和专区不是"实级"，而是"虚级"。所以，在该地方区域不设人民代表大会。行政公署工作人员由上级政府任命。其职责"代表省、自治区的人民政府督促、检查、指导所属乡、市、自治县人民政府的工作，并办理上级人民政府主管部门交办的事项。"

区公所的任务：代表县、自治县的人民政府督促、检查、指导所属乡镇的工作，并办理上级人民政府主管部门交办的事项。

城市街道办事处是市、市辖区人民政府的派出机关。其任务是：办理市、市辖区人民政府有关居民工作的交办事项；指导居民委员会的工作；反映居民的意见和要求。

（7）村民和居民自治组织

根据《村民委员会组织法》和《居民委员会组织法》的规定，城市和农村按居民居住的地区设立的村民委员会和居民委员会是村民、居民自我管理、自我教育、自我服务的基层群众性自治组织。

自治组织不属于国家行政系统，而是依据法律创立的自治单位。自治组织不是基层人民政府或者它的派出机关的下级单位，与基层人民政府没有隶属关系。基层自治组织可在宪法和法律规定的范围内，自主开展活动，独立地行使民主权利，决定本居住地的自治事务。基层人民政府对自治组织可予以指导、支持和帮助，但不能以行政命令的方式对其自治范围的事务直接指挥和管辖。村民委员会和居民委员会有义务遵守国家宪法和法律，接受基层人民政府指导、协助基层人民政府开展有关工作。

村民委员会和居民委员会的组织：根据《村民委员会组织法》和《居民委员会组织法》的规定其组成、产生、任期、议事程序、活动方式、内部结构和经费来源等问题。组成由主任、副主任和委员会组成，人员限定在3至7人。产生可以是直接选举和间接选举，任期3年。

目前，全国共有 34 个省级行政单位，包括 4 个直辖市，23 个省，5 个自治区，2 个特别行政区。

乡镇是中国最低一级的行政权力机构。乡镇内机构林立、机构内人满为患的状况给农民造成了很大负担。从 1998 年开始，中国开展了乡镇撤并、精简机构工作。截至 2003 年底，全国已有 25 个省份基本完成乡镇撤并，乡镇总数由撤并前的 46400 多个减少到 39000 多个，5 年中共撤并了 7400 多个乡镇。

随着基层组织的精简，城镇化脚步进一步加快。2003 年全国共有村委会 65.8 万个，比上年减少 2.3 万个，减少 3.4%；居委会（社区居委会）7.8 万个，比上年减少 0.7 万个，减少 8.2%；乡 1.8 万个，比上年减少 4.9%；镇 2.0 万个，比上年减少 2.7%；街道 0.6 万个，比上年增加 4.2%。

13.2　地方电子政务建设总体思路

根据我们前面的分析研究可以看出：目前我国电子政务处于初级阶段，还存在许多问题，其主要特征表现在"正在起步，开始重视，问题不少，前景看好"。而且地区之间的差异也较为明显。目前来看，地级市电子政务的激励机制主要来自上级的压力和政府自身追求经济效益的动机，还缺乏有效的、来自内部或来自本地区的压力和激励机制。因此，形成有效的、内生的激励制度，是建设和运营电子政务的关键。要建立逐步完善的机制，用制度解决当前的问题和将来出现的问题，逐渐从信息上网转到功能服务，一直过渡到整合的电子政务。关于目前的政策建议，我们认为，电子政务目前应该着眼于制度建设，通过一系列的政策举措，形成上下合力共建电子政务的局面。根据 2002 年国务院关于发展电子政务的精神，我们认为在发展地方电子政务方面应该注重以下几点。

13.2.1　目标明确而适用

要设计切实可行的、符合当地需求的、能够逐渐达到的目标，在设计地方电子政务目标上，要切实避免追求过高的、过长的目标，例如整个地方的数字化和 10 年以上的目标，很可能这些目标过高、过长而难以实现，甚至投资过多，造成财政巨大负担；但同时也要防止没有目标，甚至很多地方简单照搬其他兄弟城市目标，结果也会造成电子政务建设和应用的动力不足。

13.2.2　正确把握需求与应用的关系

地方电子政务的建设要切实贯彻中央的"需求为主导，应用为目的，追求实效"的方针。但是在其中需要注意避免两个倾向，一是对需求的认识，很多人容易把电子政务理解成是政府的事，电子政务的需求就是政府的需求，政府的需求主要表现在政府工作人员的需求上。结果在电子政务的建设中，例如项目设计、功能需求分析和目标设计上常常是以政府工作人员的需求为中心，通常是办公自动化等，而忽视或者轻视了对外服务的功能。电子政务的需求应该主要是来自公众和企业对政府的需求，例如公众要求政府办事效率高、信息透明，众多部门能够联合办公等。另一个是关于应用为目的，就是要求地方电子政务在项目设计和发展时要对项目进行清晰地分析，要切实摆脱形象工程的思路，追求项目的整体社会效益，处理好建与用的关系。例如在地方电子政务中，网站建设，就需要摆在一个特别突出的位置，这是因为，首先公众和企业对政府的需求多是需要通过网站来实现，其次是政府网站能够很好地实现应用的目的。另外在追求实效方面，要防止目前许多地方只建不用，或者建而少用，缺乏有效的宣传渠道来促进电子政务的功能发挥。

13.2.3 讲求建设策略

在发展地方电子政务上，我们建议的总策略为：正职工程、渐进式和寻求好的突破口。正职工程就是要求在电子政务建设中需要正职真正负起责任来，而绝不是仅仅挂名而已。由于电子政务是一项涉及多方面的利益，而且需要高度协调的系统工程，因此历来的信息化工程都证明，正职在其中发挥关键的作用。这里不能简单地理解正职，或者市长工程：正职除了在电子政务中予以支持外，自己本身需要对电子政务具有一定的深度理解，以及懂得如何将本地情况与电子政务相结合。如果正职对电子政务知之甚少的话，正职发挥的作用也会相应打折扣。渐进式就是要把电子政务看作一个逐渐成长和发展的事物，不一定在初期就追求大而全的工程，可以先发展一些最容易发展和见效快的项目，逐渐消化电子政务实施中的阻碍因素。寻求好突破口就是要选择好项目。

由此地方电子政务的建设策略可以概括为——结合实际、适度超前；需求主导、突出重点；建用结合、服务为主。

（1）结合实际就是一定要在中央政府和当地省政府对当地的电子政务发展总体要求情况下，结合当地的经济、政治、文化和产业的实际情况，以及当前政府的信息化水平和工作重点，设计自己的电子政务发展目标和实施策略。例如东部沿海某个地级市与西部偏远地区的某个地级市，在设计电子政务的目标和建设思路上就可能有较大的差别，东部地区沿海城市主要是外向型经济，其电子政务的重要功能就是改善政府对企业特别是进出口企业的服务，而西部地区主要是农业经济，则电子政务主要是为农民服务，可能更多的是为农业加工型企业提供科技和市场信息服务，帮助农民发展。

（2）适度超前就是说不仅要在功能和服务上紧扣当地当前的实际情况，而且在功能和服务上还要适度超前。例如在西部地级市，如果当地农民很少用电脑，是否就不在网上宣传农业科研政策和信息呢？其实不是。电子政务本身就要有带动作用，只有适度超前，才能带动，而且只有政府本身具有通过网络服务农民的能力，才能带动农民以及农村相关人员（例如农民学生和农业技术人员）上网。

（3）需求主导、突出重点，其主要要求就是电子政务建设必须紧密结合政府职能转变和管理体制改革，根据政府业务的需要，结合人民群众的需求，突出重点，稳步推进，讲究实效，坚持经济效益和社会效益相统一。这是国家信息化领导小组对我国电子政务发展的基本指导思想，特别是对于地方政府，更需要强调。因为多数地级市政府财政并不宽裕，信息基础设施并不先进，如果在电子政务建设初期就追求"大而全"的项目，结果可能陷入困境，成为许多胡子工程或者形象工程，不仅没有体现效益，反而影响了发展电子政务的信心和士气。

（4）建用结合、服务为主就是指在发展电子政务过程中要处理好建与用的关系，要始终把握好建的目的是为了用,用好的前提是必须建好,坚持分步建设,逐渐使用,边建边用,以建带用,以用促建。而对于地级市政府来说,服务基层,服务群众和服务企业的机会更多,有许多政策、法规,许多审批项目是直接针对群众和企业的,因此在实施过程中应强调以服务为主。只有这样,才能充分发挥电子政务的优势,促进政府职能转变,才能促进当地经济和社会的发展。

13.2.4 注重"第三方专业服务"

"第三方专业服务"是指不从事产品销售和系统集成的企业开展的独立于产品厂商的 IT 专业服务。第三方 IT 专业服务的主要业务包括项目规划、方案设计、工程监理、人员培训和运行维护等。

"第三方专业服务"对于电子政务信息系统的建设是十分重要的,因为一方面这可以大大避免项目建设承包方为了自身销售产品的经济利益而进行不正当商业行为,另一方面,高度的专业分工也必将使得专业技术服务水准大为提高,这样能够充分保障项目建设规划设计水平和工程施工质量,并安全可靠地达到项目建设的预期目标。

"第三方专业服务"主要包括以下几个方面:

(1) 电子政务的项目规划服务

项目规划是电子政务系统建设最基础的工作环节,是确定项目建设的总体目标、总体策略、总体计划的重要工作。项目规划服务单位对建设单位的现有业务系统和基础设施进行全面系统分析和评测,并帮助客户研究和明确电子政务信息系统建设的需求,同时,针对客户的应用状况和发展目标,准确评估项目建设的实施周期、成本预算和可能产生的经济效益和社会效益,全面分析可能存在的技术风险和投资风险,制定出切实可行的项目建设的总体计划。

电子政务信息系统建设的项目规划工作主要包括进行项目前期调研、编制项目立项报告、编制项目建议书、编制可行性研究报告、编制项目总体规划报告等。项目规划工作一般是由建设单位与聘请的专业咨询公司一起进行。项目规划工作完成后,开始项目实施工作,项目实施工作包括方案设计、工程施工、工程监理、工程验收等。

(2) 电子政务的方案设计服务

电子政务的方案设计是指设计单位对客户的实际情况和未来发展等进行严格缜密的考查、调研和分析,为客户的信息系统建设项目进行完善、科学、合理、安全的方案设计,提交相应的技术报告和设计方案。

与国内其他行业一样,电子政务的信息系统建设也需要专业水平的设计单位承担系统的设计任务。电子政务的信息系统的设计单位必须是第三方设计单位,只有这样才能真正做到客观、公正地进行方案设计,才能避免受产品厂商和集成商的误导。许多信息系统的建设,早在方案设计的环节就已经出了大问题,走错了方向,这样,后面的工程施工做的再好,也无法使项目建设达到应有的水平,进而浪费了大量的人力和资金,这些教训必须认真吸取。

事实上,信息系统的建设项目比起其他行业的建设项目来讲,所采用的产品更新换代的速度更快,项目建设的复杂性更高,项目建设的隐蔽性更大,因此,聘请专业水准的、独立的第三方设计服务就显得更为重要。

国内目前还没有关于信息系统建设的设计方面的法规，也没有信息系统设计方面的人员和单位的资格认证，许多客户也尚没有建立起聘请第三方专业设计单位承担设计任务的意识，这是我国目前信息产业领域急需解决的行业管理问题，否则，信息系统建设的大量浪费现象就不可能从根本上消失。

（3）电子政务的工程监理服务

电子政务信息系统的工程监理服务是指建设单位委托第三方工程监理单位，组织经过严格培训认证和大量实际锻炼的监理工程师，对工程承包单位的工程施工过程进行全过程或部分的监理，保证工程在质量、进度和成本等各方面达到项目建设的计划目标。

目前，信息系统工程监理的重要性正在被社会各界广泛认识，政府有关部门也非常重视信息系统建设的工程监理工作。信息产业部正在研究制定关于信息系统工程监理的法规，北京市作为信息产业部进行信息系统工程监理的试点城市，已经于2002年9月颁发了相应的地方法规，规定所有政府全部或部分资助的信息系统建设项目，项目投资金额超过人民币200万元的，必须实行工程监理制度。同时，信息产业部指定了6家国内单位进行监理工作试点工作，北京市也于2002年10月颁发了国内第一批信息系统工程监理的单位资格证书，有包括清华万博公司、中国国际咨询公司在内的7家国内企业获得了该资格证书。

（4）电子政务的人员培训服务

人员培训是电子政务建设中极其重要的问题。电子政务系统建设得再好，没有合格的管理人员、运行人员和使用人员，也无法达到电子政务的目标，这一点是毋庸置疑的。

电子政务的人员培训对象包括三种，一是管理人员，即政府机构中负责电子政务信息系统建设的决策人员和高级管理人员；二是技术人员，即是政府机构中负责电子政务系统建设、运行和维护的IT技术人员；三是使用人员，即政府机构中所有使用电子政务信息系统的各级工作人员及政府服务对象的相关人员。

政府机构的管理人员需要培训的内容主要包括电子政务的政策策略、电子政务的法律法规、电子政务的发展动向、电子政务的建设与管理等；政府机构的技术人员需要培训的内容主要包括电子政务的平台建设、电子政务的应用开发、电子政务信息系统建设的项目管理、电子政务信息系统的运行维护、电子政务的信息安全管理等；政府机构的使用人员需要培训的内容主要包括电子政务的知识和概念、计算机的知识和使用、办公软件的使用、各种电子政务应用软件的使用等等。

13.2.5 克服软件建设弊端

在地方电子政务建设的初级阶段，软件建设是一个重点。而由于管理经验和认识不足，往往出现诸多偏差。主要表现在以下几个方面，而这几个方面必须注意克服：

（1）指导思想和工作思路存在偏差。对于软件公司自身存在的问题，我曾经做过如下评价：论技术一个比一个先进，论功能一个比一个多，论美工一个比一个好，论深层次功能一个比一个浅。造成如此结果并不完全是厂商的错，我们的政府用户也有责任，若能对以下六大问题给予解决，相信能够对国产软件厂商的良性发展给予帮助。我国党政机关在电子政务软件建设方面的模式是：先进行周密的方案设计，然后经过招标、上报领导审批等程序，最后根据已批方案实施软件开发。这要求开发者不仅要在短时间内掌握本行业和其他相关行业的全部工作特点和流程，而且要设计出一套全新的工作方式，并且要求各级领导在电子政务方面十分精通,这在实际工作中是很难做到的,这是由于没有把握电子政务的定位而造成的。我们必须认识到此项工作是一项综合协调、综合服务的管理行为,只有同步做好各方面工作,电子政务的优势才能充分发挥。

(2) 忽视非技术性因素。计算机软件技术人员很难完全掌握政府所有部门的工作内容,因此全新工作模式的再创造也就无从谈起。同时,一种新的工作方式的变革必然要经过用户的反复试验、修改与完善,不可能由软件技术人员在机房中凭设计图表、编程算法一次确定。信息技术的快速发展使很多用户产生了一种错误的思维定理:如果信息系统建设不成功,多半的原因是没有采用最新的技术。然而遗憾的是,我们不断地看到采用了最新的技术却也难以成功的案例。如果我们采用的软件技术能满足业务需求,系统建设能为业务需求服务,电子政务软件建设的实施将水到渠成。

(3) "成功经验"照搬。有些用户通过招标引进了商业公司开发的通用办公处理软件,想在本单位直接推广应用,但在实际工作中,每个部委的业务都有各自的特点,他们的 OA 业务也存在着差异,尤其是 OA 业务与行业业务的衔接完全不一样,在其他单位实施成功的 OA 软件,并不一定适合本单位的实际需求。要想真正投入应用,就必须根据本单位实际情况进行二次开发,而这又涉及经费投入、软件源程序版权等等问题。

(4) 招标导向有偏差。首先,目前电子政务建设有盲目强调招标的倾向,好像只要采取招标,什么都是最科学、公正的。这一结果导致本来需要投入很多经费才能开发的应用软件,通过各商业公司间的恶性竞争,使得成本降得很低。而商业软件公司没有一家是慈善机构,最终羊毛还是出在羊身上。其次,现在电子政务软件评标的主要依据是看"谁写得好",于是许多软件公司主要精力不是放在研发软件方面,而是放在"写标书"方面,以"入围"、"抢单子"为最终目标。最后,根据业内人员的共识,认为目前我国电子政务领域评标工作多数都是走形式,招标结果事先已有安排。常见手法有:评标公司如想让谁中标,就将其长处的分值定高,反之定低;由事先选中的公司参与编写招标文件与制定打分标准;有些招标公司为一次通过而请甲方推荐合适评委。

(5) 领导集体决策有弊端。现在,大型电子政务软件建设项目都是经过层层领导审批、集体决策做出的。如果之后的项目不成功,当事者就会以"领导集体决策"作为挡箭牌,逃脱责任。要想改变这种现状,国家应该制定电子政务软件建设的"项目责任人"制度,而国家投资的项目更应如此。电子政务项目的评估应该增加一项——投资后的成效,如果投资后没有成效,应该追究直接责任人的责任。

(6) 追求大而全或过分倚重外包。目前,电子政务软件建设出现两种极端现象:一种是缺少专业分工,所有项目基本都是自建、自用、自我服务。不愿意花钱购买专业化的咨询服务、软件开发服务、信息服务,从而造成信息化建设效率低下。另一种现象是将软件研发全部外包,不注重培养自己的研发队伍。这种笼统"外包"的做法对电子政务建设的破坏作用很大,如果本单位没有软件建设的人才和能力,不要轻易上项目,尽管商业单位可以通过全部外包的方法帮助用户实现,但是本单位也无法将整个项目接受、消化进而投入应用。

13.3 省级电子政务建设与管理

13.3.1 我国省级政府网站建设现状

我国各省、市、自治区的门户网站基本上代表了本地区的电子政务发展程度，它反映了一个地区的经济、社会发展水平，并且省级政府网站在中央与地方之间起着承上启下的作用，其网站的建设对于我国电子政务的整体发展有着重要的意义。

1. 我国省级政府的门户网站设置

西藏自治区只有"中国西藏信息中心（http://www.tibetinfor.com/）"，而没有建立统一的政府门户网站。山东省政府门户网站（http://www.shandong.gov.cn/）网页不能打开，也许是没有建设统一的门户网站，也许存在改版。另外，虽然"中国山东"（http://www.sd-china.com/）网站，提供较全面的省级机关和单位以及各地市县网站的联结，但"中国山东"看起来不是一个政府门户网站。宁夏回族自治区政府网站以及台湾省政府找不到相应的网络联结。

除此之外，其他省、自治区、直辖市政府的门户网站都运行正常、能够在10秒之内登陆浏览，但称呼不统一，大致情况如下。

（1）称呼"信息网"的有：
新疆维吾尔自治区人民政府公众信息网——http://www.xinjiang.gov.cn/
青海省人民政府公共信息网——http://www.qhinfo.com/
四川省人民政府公众信息网——http://www.sc.gov.cn/
重庆市政府公众信息网——http://www.cq.gov.cn/
陕西省政府公众信息网——http://www.shanxi.gov.cn/
湖南公众信息网——http://www.hunan.gov.cn/

（2）称呼"门户网站"的有：
云南省电子政务门户网站——http://www.yn.gov.cn/
首都之窗（北京市政府门户网站）——http://www.beijing.gov.cn/
浙江省人民政府门户网站——http://www.zhejiang.gov.cn/
安徽省人民政府网站——http://www.ah.gov.cn/
甘肃省人民政府网站——http://www.gansu.gov.cn/
天津政务网——http://www.tj.gov.cn/

（3）称呼"中国××"的有：
中国内蒙古——http://www.nmg.gov.cn/
中国黑龙江——http://www.hlj.gov.cn/
中国辽宁——http://www.ln.gov.cn/
中国河北——http://www.hebei.gov.cn
中国江苏——http://www.jiangsu.gov.cn/
中国上海——http://www.shanghai.gov.cn/

中国广西——http://www.gxzf.gov.cn/
中国福建——http://www.fujian.gov.cn
（4）直接称呼政府的有：
贵州省人民政府——http://www.gzgov.gov.cn/
山西省人民政府——http://www.shanxigov.cn
吉林省人民政府——http://www.jl.gov.cn/
河南省人民政府——http://www.henan.gov.cn/
湖北省人民政府——http://www1.cnhubei.gov.cn/
江西省人民政府——http://www.jiangxi.gov.cn/
广东省人民政府——http://www.gd.gov.cn/
海南省人民政府——http://www.hainan.gov.cn/
中华人民共和国香港特别行政区政府——http://www.info.gov.hk/
中华人民共和国澳门特别行政区政府——http://www.macau.gov.mo/

2. 我国省级政府的门户网站运行情况①

2005年2月28日18时至19时，我们对所有省级政府的门户网站（不包括港澳台）进行了在线访问与调查，基本如下表。

表13-1　省级网站运行情况调查表

	访问量	更新度	栏目数	繁体	英语	民族语	办事	互动	检索	导航	邮件	数据库
北京	未知	每日	26	有	有	无	有	有	有	有	有	有
天津	未知	不定	18	有	无	无	有	有	有	有	无	有
河北	未知	每日	22	无	无	无	有	有	有	有	有	有
山西	未知	每日	24	无	无	无	有	有	有	有	有	有
内蒙	315089	每日	13	无	有	有	有	有	有	有	有	有
辽宁	1688286	每日	13	无	有	无	有	有	有	无	有	有
吉林	未知	每日	14	有	有	无	有	有	有	有	有	有
黑龙江	未知	每日	12	无	无	无	有	有	有	有	无	有
上海	未知	每日	17	有	有	无	有	有	有	有	有	有
江苏	未知	每日	12	有	有	无	有	有	有	有	有	有
浙江	未知	每日	12	有	有	无	有	有	有	有	有	无
安徽	未知	每日	19	无	无	无	有	有	有	有	有	有
福建	未知	每日	18	无	无	无	有	有	有	有	有	有
江西	未知	每日	12	有	无	无	有	有	有	有	有	有

---

① 该部分和后一部分都主要参考：刘焕成、燕惠兰，我国省级政府网站建设现状分析[J]，情报科学，2004.2.147～153.

（续表）

	访问量	更新度	栏目数	繁体	英语	民族语	办事	互动	检索	导航	邮件	数据库
山东												
河南	未知	每日	15	无	无	无	无	有	有	有	无	有
湖北	未知	每日	15	无	无	无	有	有	有	有	有	有
湖南	未知	每日	12	无	无	无	有	有	有	有	有	有
广东	4498351	不定	13	无	无	无	无	无	有	有	有	有
广西	52008	不定	11	无	无	无	有	有	有	有	有	有
海南	1578126	每日	22	无	无	无	有	有	有	有	有	有
重庆	未知	每日	16	有	有	无	有	有	有	有	有	有
四川	未知	每日	15	有	有	无	有	有	有	有	有	有
贵州	1002505	每日	20	有	有	无	有	有	有	有	有	有
云南	未知	每日	17	无	无	无	有	有	有	有	有	有
陕西	未知	每日	18	无	无	无	无	无	有	有	无	有
西藏												
青海	未知	每日	11	无	无	无	无	无	有	有	有	有
甘肃	未知	每日	12	无	有	无	无	无	有	有	无	有
新疆	未知	每日	20	有	有	有	有	有	有	有	有	有
宁夏												

总体而论，对比于刘焕成、燕惠兰两位老师2003年4月8日的相应调查[①]，各省级政府网站的情况变化不大。

下面的分析，我们引用的资料时间截止于2005年3月。网站都是在建设与发展中，一些新数据的增加和变化，也许没有在我们的统计之列，因此遗漏是必然的，但我们的分析至少反映了同期的我国省级政府门户网站的情况。

（1）网站的访问量。访问量是一个政府网站利用效果和社会效益的主要指标，同时又是政府网站改进的主要依据，而省级政府网站管理者大都忽略了这个问题，只有6个政府网站有统计数据，比2004年的调查（指刘焕成、燕惠兰二老师2003年4月8日的相应调查，下同）还少了6个。访问量居前的三个地方是：广东，4498351人（2004年的调查是1848711人）；辽宁1688286人（2004年调查时没有设置访问统计）；海南，1578126人（2004年的调查是526783人）。如果广东、海南网站从2004年4月以来，没有改版的话，那么这两个网站的日访问量分别为：3800人和1500人。可见，从门户网站的角度看这样的访问量是不高的，远远比不上一些商业网站。这说明：一是人们利用省级政府网站的积极性不够；二是网站的信息量还不能满足公众需要；三是网站的知名度不高。

（2）网站的更新频率。绝大多数开通的省级政府网站都能每天更新信息，更新的信息主要集中在政务新闻、政务动态、地方新闻、国内外新闻等方面。天津每天更新天气信息，而政务信息则是几天更新一次，广东是每周更新多次，不是每天更新，"中国广西"中更新

[①] 刘焕成、燕惠兰，我国省级政府网站建设现状分析[J]，情报科学，2004.2.147～153.

有些滞后，更新较慢，倒是原来的政府门户网站（后改为：广西壮族自治区政府网经济版，http://www.gxi.gov.cn/）更新速度还快一些，能做到每周更新几次。但很多网站的更新内容没有与该省政务相关的实质性内容，大多是其他网站的嫁接内容，少有网站的专题报道和首发内容，而且仍然存在大量十分陈旧的信息没有更新或删除。

（3）网站语种版本。网站的语言直接影响着政府网站的使用人群和范围，在开通的28个网站中，具有繁体版的网站10个，占35%，具有英语版的网站11个，占39%；具有民族语言版本的网站只有内蒙古和新疆。因此，各政府网站三分之一以上都已经开通了英语版本，但这些英语版本都不是与汉语的简体版本同步，大多是省市情况的介绍、招商引资等；繁体版本也与英语版本的情况类似；民族语言版本大体上与汉语简体版本同步。外语版本的开通体现了政府面向世界的意识，而繁体、民族语言版本的开通则体现政府全面服务的意识，从某个角度看，繁体、民族语言版本对于一个政府网站而言，应该说比外语版本更为重要，遗憾的是我国政府网站的建设者对此还没有足够的重视。

（4）网上办事。在28个网站中，只有4个网站没有办事指南，但真正能够实现网上办事（提供完全的网站办事功能）的网站却不多，具体有只有北京、天津、河北、吉林、上海、青海、重庆、四川、福建9个网站，况且这9个网站的办事功能水平参差不齐。北京市首都之窗网站不但能实现各种表格的下载，还实现了面向个人、企业的多项业务在线办理，并可以查询办事的状态。中国上海网站开通了个人、企业、投资者、旅游者、救助服务等服务专项频道，对个人开通了水务报修服务、上海市高校学生贷款申请等在线办理业务，对企业开通了企业登记并联审批、网络版企业证照审验申请等在线办理业务，并可以在线查询处理状态。天津市网上办公开通了多项业务，如地税远程电子申报纳税、住房公积金个人贷款网上申请等。四川可以网上办理软件企业认证申报、计算机信息系统集成资质认证申报。吉林省网站可以实现办事的网上查询、政府网上采购。青海、重庆网站实现了办事表格的下载。福建只有人事表格下载。河北可以在线办理设立外商独资企业项目、软件企业认证、高等学校教师资格认定三项业务，还有咨询投诉、网上查询等功能，并实现了部分政府部门表格的下载。这说明北京、上海、天津三个直辖市的电子政务在全国处于领先地位，大部分省级网站必须加快电子政务建设步伐。

（5）互动程度。网站的互动程度标志着网站与公众的沟通能力，大部分网站都设置了这个功能，但运行情况并不理想，且完全具备双向互动功能的网站也只有部分网站，如北京、上海、福建、广西、贵州、青海、甘肃、新疆等。北京市电子政务在线平台有在线交流栏目，读者在栏目中发表意见或建议，有关职能部门给予解答。中国上海网站的工商服务咨询网上对话、上海技术交易在线问答等都能与读者及时在线对话沟通。福建网站的留言报很有特色，网站能对读者的任何问题给予及时解答。广西网站有访客留言栏目，不足之处是只对部分留言给予及时解答。贵州网站的人民来信栏目可以看到来信的内容和处理的进程，网上举报中心可以看到举报的内容和回复的结果。青海网站有独到之处，设有聊天室，读者在高原论坛和青海发展栏目中实现双向交流，电子政务栏目中的在线交流也能实现互动，可是回复的不及时。甘肃的省长信箱栏目，读者可以看到来信内容及处理结果。新疆的主席信箱中，读者可以看到处理结果。天津、内蒙、湖南、重庆等网站只有读者信箱栏目，但看不到回复结果。

（6）电子邮件。电子邮件服务是政府网站为读者提供个性化服务的基础，有8个网站不提供电子邮箱服务，但只有上海、海南、贵州、青海等部分网站面向社会公众提供邮箱服务，其余只向政府工作人员提供信箱服务。上海通过个人信箱向社会公众提供个性化的网站服务。由此不难看出，网站停留在向一般大众提供信息服务阶段，网站的个性化服务意识极为薄弱。

（7）检索功能。大部分政府网站都具备本网站的信息查询功能，只有甘肃、辽宁、海南没有。一般都有关键字查询，北京有关键字和分类查询功能，河南有关键字查询和索引查询功能。其他一些网站除有关键字查询功能外，还支持比较复杂的检索，福建法规数据库按关键词（标题、内容、单位）、分类、时间的组合检索；天津法规库检索按时间、名称、法规类型、时效、正文关键字进行组合，结果按时间排序；重庆网站高级检索按关键字、时间、摘要、标题组合；吉林还可以搜索省内的信息；湖南网站有站外简单检索，法律法规库实现了时效、日期、分类码、分类名、文号、关键词组合检索；陕西网站法规库实现了名称、文号、日期、正文、分类组合；广东网站文件库有发文单位、文号、标题、主题词、时间组合；江西网站高级检索支持 and/or、全文、标题、文号、作者、时间组合。网站检索功能强弱是网站信息利用是否方便的重要标志，由上述可以看出，目前大部分省、市、自治区网站都比较重视网站信息的检索，读者可以很快查找到想要的信息。

（8）导航功能。政府网站的导航功能是体现一个网站是否实用的标准之一，这些网站的链接基本是集中在国家部委网站、各省市自治区网站、本地区政府部门、地市（州、盟）区县四大类，这主要是省级政府网站的性质所决定。除此之外，一些网站还链接了相关方面的如新闻、企业、搜索引擎、本地的商业网站、高校等网站。如上海网站链接了重要城市、图书馆、医疗、交通等各种为居民服务的资源；福建链接了新闻媒体、省内重要网站、企业、图书馆、重要门户网站等；广西链接了法律、企业、世界 500 强企业、投资、娱乐、摄影学校等；河北还链接了科技、文化、体育、文物网站；湖南链接了经济网站、本省企业，还有网络门户搜索；陕西网站的链接非常方便，类型比较多，有港台网站、国外中文网站、国外英文网站、中文报刊、新闻、医疗、经济、文化教育、政府与政治、科学技术、公司、搜索引擎等。云南、海南、青海的链接非常少，只限于本省机构、地市网站。不过，在网站链接中，几乎都忽视了国外网站，只有广西、陕西链接了国外网站，这对于读者利用国外信息十分不便，所以加强国外网站的链接是政府网站建设的不容忽视的重要内容。

（9）数据库功能。除了浙江政府网站没有数据库功能外，其他的网站都有一定的数据库功能，并且大都以本站的信息为主建设数据库。与此同时，一些网站还能共享站外的数据库资源，如，上海、北京能很方便地查询各个政府部门的信息；福建网站可以查询律师、学校等数据库；贵州可以查询旅游、交通数据库信息；天津可以查询人才库、科技成果库、法规库、文告库；河北能够查询气象数据、会计师事务所、农产品价格等信息资源；湖南网站能查询湖南经济信息库；湖北可以查询湖北之最、湖北法律法规数据库、民营企业数据库、湖北旅行社数据库、湖北科技成果数据库；广东可以查询国家法规数据库、广东省人大法规库；安徽可以查询经济数据库。不过，政府网站的数据库大多集中在政务信息、公文、法规、政策等方面，范围还比较狭窄，远远不能满足企业和社会公众的需要。所以，每个站点都应该建设内容丰富、品种齐全的数据库，并加大与站外信息数据库共享的力度。

（10）网站的隐私信息和版权保护。几乎所有政府网站都不涉及个人隐私信息保护，说明我国政府网站普遍没有保护读者个人隐私的意识，这与我国社会长期以来不重视保护个人隐私有密切的关系。随着以后公民个人隐私保护意识的增强，政府网站也应该重视此问题。北京市政府网站的隐私保护声明也仅是在北京市电子政务在线服务平台中出现。每一个政府网站，不但凝聚了建设单位大量创造性的劳动成果，而且对发布的信息拥有版权，因此对网站进行版权保护是理所当然的事情。在所有的网站中，只有河北网站有详细的版权保护声明，大部分网站只声明版权所有，少部分网站则根本没有提这个问题。总体来看，政府网站版权意识有待加强。

（11）是否为弱势群体服务。从访问28个网站的结果来看，仅有两个网站涉及这方面的问题。吉林网站有"青少年维权"栏目，北京网站的社会福利栏目中涉及为残疾人服务。至于能为残疾人提供服务的特殊软件，没有一个网站涉及。老年人、青少年、残疾人等都是社会的弱势群体，政府网站应该把满足他们需求放在重要位置。

（12）网站信息组织方式。政府网站的组织形式突破了单一的文字形式，采用多种信息组织形式，使政府网站的页面丰富多彩，赏心悦目。比较常见的组织形式有分类、主题、动画、列表、图片、信息滚动栏、信息移动条，此外还有视频、电子地图、统计表等，其中分类、列表、图片在每一个政府网站都出现。采用组织形式最多的是陕西网站，有动画、图片、信息移动条、信息滚动栏、视频、列表、分类、主题、地图等9种形式。最少的是浙江网站，只有图片、分类、列表、主题四种形式。采用8种信息组织形式的有一家网站——贵州网站。采用7种形式的有10家，采用6种形式的有11家，采用5种形式的有3家。上海、贵州、北京、陕西、山西等网站还采用了视频形式，从而充分发挥了网络媒体优势。

（13）信息服务的深度。拓展信息服务的深度，可以提高政府网站信息服务的能力，而大多数政府网站尚停留在提供一次信息的层次上，少数网站提供并不多的深层次信息服务，如青海网站有电脑行情分析，新疆网站有统计摘要，重庆、北京则提供统计信息分析，湖南网站有湖南经济形势分析、市场分析，安徽网站提供安徽经济展望、经济预警等。因此，政府网站应加强信息资源的深度开发，编制发布有广度、有深度、质量高、具有指导意义的信息。

（14）网站使用指南。政府网站的栏目多、信息组织形式复杂、网页链接深度也在不断增加，不熟悉的人很容易在浏览网站时发生"迷路"现象，所以为读者提供纯文本的网站使用指南，可以帮助读者快速了解网站，掌握网站的浏览技巧。在访问的网站中，有北京、上海、河北、黑龙江、云南、青海等6个网站有网站使用指南，其余均没有。

（15）网站内的链接质量。政府网站代表着政府的形象，原则上所有的栏目都应有内容，所有的链接都应打开，否则就会给读者带来不便。在访问的网站中，大多数网站的链接都能顺利打开，少数网站则存在一定问题，主要是链接网页打不开。

（16）网站的栏目。省、市、自治区政府网站，既要发挥政府的政治职能、管理职能，又要履行社会发展的信息引导和社会服务职能，其栏目的设置在一定程度上决定着这些职能作用的强弱。根据政府上网工程服务中心（http://www.gov.cn/）2004年发布的政府门户网站评价指标体系，一个较完善的政府网站应该开设有"本地概况、政务公开、政策法规、办事指南、便民服务、采购招标、招商引资、企业信息、特色内容、网站介绍、导航链接、数字地图、政务邮箱、信息分类、信息检索、交互服务"等栏目。从访问的结果来看，完全能包含上述栏目的网站尚不多，只有北京、重庆、河北、上海、四川、青海等。多数政府网站的栏目设置都少于上述的栏目，存在欠缺，个别网站设置的栏目基本上是一个政府公文的介绍，缺乏实质的内容。

（17）山东、西藏没有建立统一省级政府门户网站。西藏是一个经济、交通、通讯欠发达的地区，未能开通政府门户网站，也许有客观原因，而山东不知是什么原因一直没有开通。从 2004 年调查以来直到 2005 年 3 月，仍然查不到山东省的政府门户网站，实为遗憾。

3. 省级政府网站的存在问题及其对策

（1）省级政府网站的定位。省、市、自治区政府网站是各地方的公众信息网，主要承担两个任务，一方面它是各个地方政府向社会展示的窗口，及时发布政府信息，展现政府形象，推行政务公开，提供便民利民服务项目，加强政府与社会、政府与民众的沟通，进一步提高政府为公众服务的效率和质量，让人们了解一个地方的过去、现在和美好未来。另一方面，它是各地方政府在国际互联网上的门户网站，是各个地方最权威、最详实的信息发布和交换平台，由一个中心网站、地市级以上政府和省级政府各部门子网站组成，最终为社会提供一站式服务。所以，每一个省内的政府网站之间，一定要相互连接起来，相互建立合作关系，在工作上相互支持，在信息上相互交流。从现状来看，一些网站还处在建网初期，相关信息还不够全面及时；至于网上服务，特别是网上办事，仅少数几个网站能实现。这远远不能满足社会发展的需要。因此，当前的当务之急是完善省级政府网站的信息发布功能，同时开展力所能及的网上办公尝试，最终建成网上办公与信息发布并重、功能齐全的网站。

（2）发达地区与中西部地区的差异。人们的传统看法是，经济发达地区的政府网站要整体好于中西部地区，从省级政府网站的建设现状来看，真是大谬不然。处于发达地区的山东、江苏的省政府网站不能正常访问，海南、广东、浙江的网站信息量小，更新缓慢，而不发达地区只有宁夏、西藏没有上网，新疆、青海、陕西等地方的网站图文并茂、丰富多彩，还有交互功能。中西部的许多省已经赶上来，并超过了山东、江苏、海南、广东、浙江诸省。因此，发达地区的这些省应尽快努力建好省级政府网站，才能与所处的经济地位相称，省级政府才能更好地发挥信息引导作用。对于西藏、宁夏两个自治区，国家应给予资金、计算机网络设备、人力等方面的扶持，早日促使其上网。

（3）信息资源建设。省级政府网站不但是一个地区电子政务发展的火车头，还应该成为一个区域信息资源利用的入口和导航，成为一个地方的信息利用指南和信息库。因此整合一个地方的政治、经济、科技、文化、社会、自然地理等方面的信息资源是政府网站的重要任务。原则上县级以上政府机构的政务信息、企业信息、重要的社会资源信息都应该能在网站上查到。目前，许多网站已经整合了地方的部分信息资源，如一些网站可以链接到图书馆、医院、学校、律师事务所等机构，通过福建的数字福建栏目、北京的数字北京栏目，可以看到许多地理和空间数字信息等等。要搞好省级政府网站的信息资源建设，应做好以下工作：制定区域的电子政务信息资源开发计划，建立区域的综合信息资源检索系统，加强政府网站与信息提供机构的链接，逐步开展收费低廉的有偿信息服务，增加网上信息服务的应用项目。

（4）政府网站应与政府内网建设协调发展。政府网站只是政府与社会公众接触的窗口，从信息流来看，网站既是信息的流出方，又是信息的流入方。政府内部的政务信息流通过网站发布，社会公众提交的建议、办事要求通过网站转到政府内部处理。无论信息的流出和流入，都需要政府内部办公网与网站做到无缝链接，及时做出响应处理，政府网站与内部办公网的任何脱节，都会导致信息交换的困难，进而造成政府网站的信息发布和网上办公无法准时实现，所以政府网站应与政府内外网建设协调发展。与此同时，政府网站在发展过程中，逐步减少静态网页的制作方式，转向采取信息发布系统和数据库，信息的采集、发布、维护实现结构化动态管理。

13.3.2 省级电子政务外网建设

政务外网是政府的业务专业网，主要运行政务部门面向社会的专业性服务业务和不需在内网上运行的业务。电子政务外网在省级建设中更为重要。

1. 省级电子政务外网建设的三原则

（1）电子政务外网与行政体制改革有机整合的原则。电子政务外网建设和应用旨在改善政府工作流程，提高政府的透明度，进行规范化、实时性和全天候运作，促进政府机构高效、互动和廉洁运转。

（2）网络应用与"实用为本"的原则。政务外网建设基础设施和信息系统价格都非常昂贵，如果没有足够的业务应用及时跟上，这些投资将无法转化为收益，电子政务外网建设也无法实现可持续发展。"实用为本"首先是一种指导思想。电子政务外网是一项浩大的系统工程，要求相当数额的投资，降低政务运营成本是建设电子政务外网的目的之一。其次，"实用为本"是一种工作方法，使用电子政务外网系统的公务员和开发电子政务系统的技术人员必须有良好的沟通，避免电子政务外网系统不适合政务工作的需要，无法投入使用。

（3）安全为先与机制设定的原则。对于网络安全的问题，从技术层面上已经有了很多解决方案。但是电子政务的安全问题更需要受到关注的是安全意识和政府机构内部的安全机制。比如不安装防火墙和防病毒软件，或者安装以后不及时升级，这些做法都会把自身暴露在危险之中。还有，很多人认为，安全问题全部是来自外部。实质上，据权威统计，75%以上的安全问题是由组织内部人员引起的。所以要全面防护，严格管理，防止发生泄密事件。

2. 省级电子政务外网建设的工作重点

（1）统一规划，科学设计。必须把电子政务外网工程的互联互通作为建设的重要规划和设计内容，在网络层首先提供全面的保证，同时在应用层保证各级单位电子政务外网工程中采用规范的存储格式和传输格式。从时间的角度来讲，电子政务外网工程建设是一个长期发展的过程，前期的积累是后期发展的资源，因此要保证每个资源的长久生命力，这也必须依靠统一规划和科学设计来保障。

（2）明确体制，理顺管理，有效领导。电子政务外网建设从某种意义上是对政府传统行政管理方式的一场深刻变革，其实质是利用现代化的信息技术来构造更适合信息时代要求的政府结构和权力运行方式，因此必然会遇到困难和阻力。如何打破信息孤岛，实现网络时代和网络经济的管理由传统的金字塔模式走向网络模式？必须有一个电子政务外网的管理机构，其地位必须具备一定的高度，并加以明确，这样才能保障电子政务外网系统的成功。这也是人们总是将电子政务建设总结为"正职"工程的原因。

（3）整合现有资源，突出重点项目。电子政务外网建设必须确定优先发展的具体项目。从黑龙江省电子政务外网发展情况看，优先发展项目包括：不断增加对公民的服务并持续改进；提高各级政府部门的工作效率，促进本地主要经济的发展；改进政府的办事程序；加强立法和执法的体系建设；提高公众和企业的参与程度等。实践证明，不管确定怎样的优先发展项目，都必须把为民服务和为企业服务放在最核心的地位。在具体优先项目的选择上，要充分结合已有的资源，避免全新的开发先行；要从小的、容易实现的项目起步，确保最开始发起的项目取得成功，以获得领导的信任以及公众、企业的支持。在已经取得经验和效益的基础上，要快速扩展系统，推广电子政务外网建设和应用的成功经验。

（4）横向纵向一起实现。目前在电子政务建设领域，一直有着"横切"（以地方区域为主）还是"竖切"（以垂直职能为主）的争论。在黑龙江省电子政务外网建设中，这个争论是不存在的。黑龙江省的电子政务外网，在一个网络平台下，既包含了各个垂直部门的纵向网络，也包含了各个职能部门之间互联互通的横向网络，横向和纵向一并实现。这有效解决了"横切""竖切"的争论，从而也具备了解决我国"普遍存在的纵强横弱的现象——纵向的部门的系统比较强、横向的互联互通存在着局部的信息孤岛"的基础。

（5）抓住关键系统，统一建设，坚持标准化。电子政务外网中，有很多是共性的内容，还有一些需要通过集合多个职能部门的资源形成基础信息库。这些工作必须由政务外网的管理服务部门负责起来，统筹规划和建设。如 CA 认证体系、政策法规库、公文交换平台等等。有的是各个职能部门开展服务业务都需要的，如 CA 体系。分散建设会造成投资浪费，而且还存在互相之间的信任问题和技术问题。例如有些数据库分散在各个职能部门之中，使用者查找使用时相当麻烦。而将公用部分统一形成一个大型数据库则有很大的好处。再例如公文交换平台，是一个或者几个职能部门建设不了的，需要适应各个不同的职能部门的公文格式，必须由政务外网的管理部门统一建设。只有这样才能保证电子政务外网的应用和服务持续、稳步、快速发展。

（6）加强培训，成立专家组。为了确保工程建设的顺利展开，宜立足本地，邀请各个方面的专业人士成立专家组，必要时邀请外地专家参与，对电子政务外网建设从体制规划和设计，到各个项目的技术设计进行宏观和微观的指导。

（7）加强制度建设，实现信息公开。除了法律规定的国家秘密、商业秘密、个人隐私以及其他不能公开的信息以外，所有其他政府信息应该都对社会公开。一些必要的信息采取不对社会公开但是要在职能部门之间有限制地公开。可以考虑以多种方式建立规范的政府信息公开制度，如各个政府机关必须通过统一的规范公布其机关组织、职能、程序、实体规则以及一般政策声明；公众和企业如需了解其他政府信息，可以通过向有关政府机关提出信息申请。政府机关通常应在规定时间内回复申请人的申请，并决定是否提供信息。如果拒绝向申请人提供信息，应详细说明理由，并告知申请人可以向专门的信息机构提出申诉等等。在国家层面尚未建立规范的政府信息公开制度之前，为顺利在省级实现政府信息公开制度，有必要设立主要由政府机关负责人与社会贤达人士组成的独立的信息机构，听取信息申请人的申诉，并向有关政府机关提出是否应该公开政府信息的建议。

（8）抓住重点解决四大问题。如果抓住电子政务外网建设的重点，就能够基本解决中国电子政务的四大问题：重新建轻整合，重硬件轻软件，重管理轻服务，重电子轻政务，防止孤岛型、克隆型、冒进型电子政务外网建设情况发生。

电子政务外网建设是一项复杂的系统工程，需要政府从制度、政策、资金等方面予以大力支持。只有以需求为导向，以应用促发展，以公众服务为中心，有计划、有步骤地建立统一的电子政务外网平台，加强标准化和规范化建设，加强信息安全管理，坚持经济效益和社会效益相统一，才能有效杜绝重"面子"不重实效的"形象"工程，提高政府的办公效率，加强政务的公开度和透明度，也才能在注重实效的同时，提高公共服务水平，从而达到引导电子政务有层次的良性发展的目标。

13.3.3　省级电子政务建设经验

从我国大陆的31个省级行政单位的电子政务的建设情况来看，不论是发展速度，还是发展水平，具有一定的一致性，同时也具有较大的差异。总体而言，由于经济、社会、通讯的超前发展，东部地区省级行政单位的电子政务建设状况比较好，但也个别例外，山东多年未建立统一的省级政府门户网站就是一个典型个案。事实上，一个地区的电子政务发展水平，并不完全决定于物质条件和技术条件，在很大程度决定于政府领导者的政治意识和政治决策以及对电子政务的认识，尤其是那些具有决策权的"正职"对电子政务的认识。因此，一些学者认为，建设电子政务关键在于"政治"，这是有一定道理的。在我国现行政府管理体制和政治运行模式的情况下，领导者的认识跟不上去，很多都不能得到较好解决，比如资金、人才等，没有基本的物质条件，一切建设都是空话。

13.4　地、县电子政务建设与管理

13.4.1　地、县电子政务建设与管理概况

根据2004年政府上网工程服务中心等组织的"全国地市电子政务应用调查"，我国省以下地方政府电子政务建设与管理情况大致如下：

各地方政府的便民服务意识在不断加强，极大的促进了政府门户网站建设和各类便民服务的发展；各地方政府门户网站建设的硬件设施包括通讯、通道都比较完善和正常；各地方政府门户网站普遍重视政府信息服务和对外宣传；政府门户网站的政务信息服务内容不断丰富，电子政务交互服务功能还有待加强。

存在的问题主要是便民服务应用的能力需要加强，尤其是在对公众的交互能力上亟待提高。

政府信息化建设遇到的问题，绝大部分的地方还是集中在资金、上级部门支持和国家相关政策方面的。

实施政务信息化的建设，它的指标也是主要体现在这几个方面：

政务公开方面，相对来说比较平均一点。其中整体的内容完整性和政府机构指南、政府领导的介绍等等，这些方面在各地方政府网站都有了体现。办事指南应该说是比较丰富的，占到了47.5%，其余不够丰富的接近一半。便民服务信息，主要体现于信息查询的功能，这方面数据资料明显提高，但是关于更深层次的，像涉及到老百姓衣食住行方方面面的这些更深入的系统信息相对来说还比较少。招标采购信息，从反映程度上来看，信息丰富的程度将近40%左右。这是招商引资的一个简单情况。

网站链接方面，与政府上网工程主站点链接的网站达到了45%左右，与本地其他政府

的链接基本上都做得比较完善。政务邮箱的应用,现在达到了 76.3%,应该说这个数字比往年来看是大有提高。在数字地图方面刚刚处于一个起步阶段。信息检索方面,关键字检索属于比较普遍使用的方式,采用其他更细的检索方式的比较少。领导信箱普遍都设置了,但是通过邮件测试有响应的比例还不是很高。政府便民服务的表格下载和网上申报,占 50%。

关于网站建设的经费投入,绝大多数地、县(市)政府首次投入都在二十万以内。随着每年的投入,显示逐年递增的趋势。

服务器的带宽出口,普遍都达到了 10M 和 100M。政务信息发布系统的使用是占到了 7%左右,其中 60%左右是提供了扫描校对和辅助表应用。"一站式"网上审批系统,应该说这一块工作还刚刚起步,提供这项服务的地方政府还比较少。在安全措施方面,地方政府部门都非常重视,采取了相关的与互联网隔离及防病毒信息加密等措施。

网站建设指标方面,2001 年开通时间在占到 27%,访问速度 5 秒以内达到 90%,网站语种两种以上的占到 50%左右,符合政府域名规范的 37%左右,还有部分提供中文上网,也就是说输入中文域名和中文方式能够实现上网。政府门户网站的推广措施,88%的地方政府在上级政府部门网站进行链接,同时和政府上网工程主站点的链接也达到 50%。

整个调查当中,公众评议应该说是我们这次调查的一个重要指标。因为它体现了我们各级政府部门实施电子政务的一个最大的应用目的。公众对于政府网站应具备的功能,认为办事以及网上联系方式应该提供的占到 16.8%,对于可以直接对公务流程进行处理的占到 44%,应该说公众的需求还是比较旺盛的。在公众认为电子政务发挥的最大作用方面,认为增加政府工作的透明度的达到 18.8%,提高政府各部门的办事效率的达到 17%,增进政府和市民沟通的达到 17.47%。公众希望从政府网站得到的服务,首先是信息服务的最基本内容,即政府公告、统计数据、政策法规等,在网上投诉信访监督方面也比较高。

公众使用政府网站的情况,应该说还不是很高,这里面主要也是跟我们刚才提到的整个政府网站建设的实际应用程度有关系,每天使用的不到 7%,从未使用过的还有一定的比例。公众了解政府网站的渠道,通过政府上网工程主站点的达到 20%,通过搜索引擎的达到 7%,通过门户网站链接的达到 20%,因此我们建议政府部门利用这些渠道来推广自己的网站。政府网站急需改善的部分,其中在网上投诉信访和监督方面居于最高的位置,信息丰富达到 18.52%。

对于中国电子政务的看法,公众都认为是发展阶段,从应用的角度来讲,与一般的生活还有一段距离,这还是有待我们各级政府需要付出很多努力的,对网上投诉问题的处理满意程度,应该说处于一般的水平,在 20%左右,非常满意的,就是说如果投诉有反馈了的达到 20%,政府网站发邮件咨询结果回复的情况,可以看出得到回复的比例相对来说不是很高。地方政府部门要加强对于网上政府信箱和公众反馈的意见处理。

公众认为电子政务的最大作用是提高政府办事效率,促进政府和市民的沟通,发挥政府服务职能,为市民提供生活信息服务。公众最想在政府网站上得到的服务,包括政务信息服务和网上办事功能。公众认为政府网站需要改进的方面主要体现在丰富信息和增强网上办事的能力上。

13.4.2 地、县电子政务建设经验

我国现有地级政府 333 个、县、级政府 2861 个，这些地县政府所处的环境不同，所在地区的社会、经济各异，不同地方的电子政务建设与管理，也不尽相同，因此，不可能存在放之四海而皆准的地、县电子政务建设与管理的理论与方法，只可能存在一些局部的知识经验，供其他地区参考与借鉴。

13.5 基层电子政务建设与管理

2003 年，我国乡镇级行政区划数 44850 个，其中乡镇 39274 个，街道办事处 5576 个。相当于乡镇行政级的政府机关单位又有大约 10 万个。这些行政区和政府机关构成我国政府的最基层。从总体上看，全国这类基层单位的电子政务建设，基本还处于起步阶段、甚至未起步阶段。据粗略估计，全国 39000 多个乡镇开通政府网站的不到 3%，全国 5000 多街道办事处也不到 10%，至于乡镇级的政府机关（科级单位）建立了网站的不到 5%。由此，我国基层电子政务平台建设总体上还没有开始建设。当然，随着我国省县电子政务建设的发展与完善，不是所有乡镇政府以及乡镇级单位都有必要独立建设电子政务平台，可以依托上级电子政务平台实现电子政务。但是，我们必须看到，在这些基层单位实现电子政务是全面实现电子政务的重要环节，更能实现电子政务与广大民众直接利益联系起来，更能为广大民众提供最广泛的服务。因此，从一个角度看，基层电子政务的建设是真正全面实现电子政务的关键。

在一些经济发达地区，基层电子政务建设已经引起地方政府的重视。如广州市在 2005 年年初，就启动了"村级基层电子政务工程"，预期在 2005 年建立 1 个村民上网培训中心、12 个村民和市民上网服务站和 293 个村民上网点，这次行动将购置 380 台电脑、正版软件和相关培训费用等，投资近 350 万元，将采用由政府和企业共同出资的形式进行解决。计划在 2006 年底，完成在全市 39 个镇各建立一个村民上网培训中心，若干村民上网服务站，并实现 1177 个村"村村有电脑上网"。同时在全市 125 条街道或单独建、或联合共建市民上网服务站。完善残疾人上网、用网的条件。

同时，一些基础条件较好的乡镇或街道也开始电子政务的初步建设，并取得较好效果，如北京市宣武区广安门内街道办事处的电子政务建设。2002 年 10 月 23 日，广内街道启动了北京市首家通过 BOO（Building、Owning、Operation，建设、拥有、运行的英文缩写）模式建立的街道级电子政务工程。BOO 模式是由首信投资，对广内街道网络进行设计、建设、运营、维护和人员培训，硬件设备及软件系统的产权归属首信，而街道提出建设需求，每年支付使用费用。在当天的发布会上，广内街道办事处与首信签署了合作合同。根据合同规定，首信三年内对广内街道网络的投资额将达到 460 万。采用这种创新的模式，广内街道办既节省了大量财力、物力、人力，又可在瞬息万变的信息技术发展中始终处于领先地位；而企业也可以从项目承建和维护中得到相应的回报。BOO 模式不仅减轻了政府投资的风险和压力，而且提高了网络建设运行效率。经过几年的努力，初步建立起办公局域网，同时为所辖地区 26 个社区居委会配备了计算机及打印机，统一安装了计算机软件。广内社

会保障事务所与街道办事处内部局域网、区劳动和社会保障局网络都实现了互联。利用与市、区劳动保障局相连的"失业人员管理系统",社会保障事务所建立起了低收入困难人员基本情况台账,并可以按月进行动态管理。总之,广内街道将电子政务做得有声有色:政务办公实现了"无纸化";居民通过查询机上的触摸屏查询社会保障、衣食住行等日常信息;居民免费上网交纳水电、电话费用;下岗失业人员求职登记、失业金发放、职业指导、社保接续等等便民服务完全实现了系统化的管理等等。

一些企业和社会组织也开始关注基层电子政务的建设问题,如广州金宇恒科技有限公司成立"基层电子政务实验室":以服务基层电子政务为任务,从事国家电子政务标准的研究及应用,核心中间件平台技术的研究及开发,公司产品整体技术架构的规划和设计,基于电子政务通讯、安全等关键技术的研究及应用,软硬件结合、网络技术方面的研究及应用,对外技术交流与合作,内部科研成果推广。又如派得伟业公司基于对村级办公流程和业务特点的理解,根据我国政务信息化建设的总体思路和办公方式的变化趋势,结合不同村的实际情况,搭建了基于网络的、高效的信息化办公系统——派得村级电子政务系统。它以农村政府日常信息管理、事务处理为基本内容,在完善办公自动化管理的基础上,强化信息共享功能,融入协作办公理念,结合硬件系统和网络建设,突出个性化服务,为农村信息化建设和村务管理提供了有力的保障。再如北京新华联合数据服务有限公司开发了"数字神州政务乡镇版和村务版",可直接用于乡镇、村社的网站开发、办公网络等电子政务建设。

后 记

  电子政务建设的理论研究是一个新的课题,也是一个应用性和发展性很强的主题,好在近几年以来,学术界越来越注意这一主题的研究,产生了不少很有见地的成果。这些成果成为我们编写这本教材的基础。我们一向认为,教材就要博采众家之长,不能成为一家之言,因此,我们在编写该书时参考和引用了许多同仁的研究成果。但由于无法与这些同仁一一取得联系、征得同意,只好先行参考和引用,定有不妥之处,在此深表歉疚、敬请谅解。如有错误之处,也敬请指出,我们愿在今后的行文中或该书再版时,加以修正。

  该书写作与完成,得益于姚国章先生、黄庆生先生以及北京大学出版社的支持与帮助。该书初稿完成后,责任编辑桂春老师等做了十分细致的文辞修订工作,使该书增色不少。在此一并深表谢意。

刘邦凡

2005 年 3 月 5 日初稿,2005 年 5 月 8 日修订